RICHARD SCHAEFFLER

EINFÜHRUNG IN DIE GESCHICHTSPHILOSOPHIE

DIE PHILOSOPHIE

EINFÜHRUNGEN IN GEGENSTAND, METHODEN
UND ERGEBNISSE IHRER DISZIPLINEN

1973
WISSENSCHAFTLICHE BUCHGESELLSCHAFT
DARMSTADT

RICHARD SCHAEFFLER

EINFÜHRUNG IN DIE GESCHICHTSPHILOSOPHIE

1973
WISSENSCHAFTLICHE BUCHGESELLSCHAFT
DARMSTADT

Bestellnummer: 5591
Schrift: Linotype Garamond, 9/11

Satz: Maschinensetzerei Janß, Pfungstadt
Druck und Einband: Wissenschaftliche Buchgesellschaft, Darmstadt
Printed in Germany

ISBN 3-534-05591-8

INHALTSVERZEICHNIS

Zweiter Teil:
Genese und Wandel des philosophischen Geschichtsproblems

VORWORT

Die folgenden Gedankengänge sollen in die Geschichtsphilosophie „einführen". Das bedeutet einerseits, daß sie sich auch an solche Leser wenden, die nicht über eigene Erfahrungen in der Bearbeitung geschichtsphilosophischer Fragestellungen oder über spezielle Kenntnisse der auf diesem Felde geführten Diskussionen verfügen. Es bedeutet andererseits, daß nicht abschließende Ergebnisse vorgetäuscht, sondern Dimensionen des Fragens aufgeschlossen werden sollen. Diese doppelte Abgrenzung der Aufgabenstellung gegenüber der Fachdiskussion unter Spezialisten, aber auch gegenüber popularphilosophischen „Zusammenfassungen" für „Laien", machte es nötig, die hier versuchte Einführung in didaktischer Hinsicht zu erproben. Insofern sind in den vorgelegten Text die Erfahrungen eingegangen, die ich in Lehrveranstaltungen zu sammeln versucht habe.

Ich danke den Teilnehmern meiner geschichtsphilosophischen Vorlesungen und Seminarien für ihre kritischen Rückäußerungen. Insbesondere aber habe ich meinen Mitarbeitern, Herrn Dr. Meist, Herrn Dr. Niewöhner und Herrn cand. phil. Große, für wertvolle bibliographische Vorarbeiten, dem Letztgenannten außerdem für sorgfältige Fundstellenkontrolle und für die Mithilfe bei der Durchsicht der Korrekturbögen herzlich zu danken.

Einleitung

AUFGABENSTELLUNG UND AUFBAU DIESER EINFÜHRUNG

Unter dem Titel ›Geschichtsphilosophie‹ pflegen sehr unterschiedliche Sachfragen abgehandelt zu werden. Beispiele dafür sind: Fragen nach dem Umfang dessen, was „Geschichte" heißen kann (ist nur der Mensch ein „historisches Wesen"? Ist eine „Geschichte der Natur" im selben Sinne Geschichte wie eine Geschichte der Menschen?); Fragen nach der Eigenart historischer Ereignisverläufe (wie verhält sich „Kausalität" in der Natur zur spezifisch historischen Wirksamkeit? Wie verhält sich „Evolution" zur spezifisch historischen Entwicklung? Wie verhalten sich Notwendigkeit und Freiheit in der Geschichte?); Fragen nach dem „Träger" der Geschichte (sind es Individuen, welche die Geschichte machen? Oder macht die große Zahl der Beteiligten ein Geschehen zum historischen Ereignis? Oder zählen in der Geschichte nur die staatlich organisierten Völker?); Fragen nach den Bedingungen der Erkenntnis des Historischen (was ist „historisches Bewußtsein"? Wie verhält sich die „verstandene Geschichte" zur „geschehenden Geschichte" und zur „Geschichte des Verstehens"?); Fragen nach den Folgen der historischen Erkenntnis (kann das Erkennen noch „Wahrheit" beanspruchen, wenn es sich seiner eigenen historischen Bedingtheit bewußt wird? Wie verhält sich historisches Bewußtsein zum „Historismus" und zum „Relativismus"?); Fragen nach dem Verhältnis von „wissenschaftlicher" und „philosophischer" Befassung mit der Geschichte (tut die Philosophie den historischen Phänomenen notwendig Gewalt an? Ist die Geschichte überhaupt ein möglicher Gegenstand philosophischer Betrachtung? Hat die Frage nach dem „Sinn der Geschichte" selber einen Sinn?).

Die Beispiele ließen sich vermehren. Sie zeigen, daß sehr unterschiedliche Fragestellungen in das Sachgebiet der Geschichtsphilosophie fallen. Aus dieser Beobachtung ergeben sich erste Methodenprobleme. Sind die geschichtsphilosophischen Einzelfragen voneinander zu isolieren und getrennt zu lösen? Oder sind sie nur sachgerecht stellbar, wenn sie in einen Zusammenhang untereinander gebracht werden? Von welcher Art ist dieser Zusammenhang? Konstituieren die Teilprobleme ein gemeinsames Problemfeld?

Ein erster Teil der folgenden Einführung soll der Eigenart, der Mannigfaltigkeit und dem Zusammenhang geschichtsphilosophischer Fragestellungen gewidmet sein. Seine Aufgabe würde im Idealfall durch eine Darstellung von solcher Art gelöst werden, daß sie einer „Landkarte" der geschichtsphilosophischen Probleme vergleichbar wäre. Aus ihr könnte die relative Nähe oder Ferne der Teilprobleme abgelesen werden; es würden aber auch die „Wege" (= Problemverweisungen) sichtbar, die es möglich und zuweilen sogar nötig machen, von einer Teilfrage zur anderen weiterzuschreiten und dabei „dazwischenliegende" Teilprobleme zu berühren. Im hier gesteckten Rahmen muß es jedoch genügen, anstelle einer ausgeführten „Landkarte" ein sehr unvollständiges Netz von „Orten" und „Wegen" zu skizzieren.

Der Vergleich mit der Landkarte zeigt jedoch zugleich die Schwächen und Gefahren einer solchen Darstellung. Sie könnte den Eindruck erwecken, als lägen die geschichtsphilosophischen Fragen (wie die Orte in einem Lande) jederzeit bereit, und als bliebe es in unser Belieben gestellt, bald hier und bald dort eine von ihnen „aufzusuchen". Gerade die Geschichtsphilosophie jedoch sollte am allerwenigsten in den Fehler verfallen, sich selber ahistorisch zu verstehen. Einem historischen Wandel unterliegen nicht nur die Antworten, die auf geschichtsphilosophische Fragen gegeben worden sind, sondern schon die Fragestellungen, mit ihnen die Methoden und infolgedessen auch der Begriff davon, wonach man fragen will: der Begriff der Geschichte. Sogar diejenige Überzeugung, die jeder Erörterung geschichtsphilosophischer Probleme vorauszuliegen scheint, daß es einen eigenen Umkreis von Phänomenen und ein eigenes Feld von Problemen gibt, das mit dem Namen „Geschichte" bezeichnet wird, ist erst im Verlauf der Geschichte entstanden. Und selbst in Zeiten, in denen Einmütigkeit darüber bestand, daß es ein besonderes Phänomenfeld und Problemfeld namens „Geschichte" gebe, wechselten die Meinungen darüber, welche Probleme als zentral oder als peripher für eine Geschichtsbetrachtung zu gelten hätten, welche Phänomene exemplarischen Rang beanspruchen und deshalb als Ansatz und Bewährungsprobe geschichtsphilosophischer Fragen fungieren könnten. Das „Land", dessen „Karte" gemäß der Aufgabenstellung des ersten Teiles zu zeichnen wäre, befand sich in überschaubarer Zeit noch im Zustande der Entstehung, und es befindet sich bis heute im Zustande der Umgestaltung. Nicht nur der Umfang, sondern auch die Struktur der zur Geschichte gehörigen Phänomene und der zur Geschichtsphilosophie gehörigen Fragen befindet sich in einem Wandel, und dieser Wandel ist selber ein Teil der Geschichte. Die Genese und den Wandel des philosophischen Geschichtsproblems nachzuzeichnen, wird die Aufgabe eines zweiten Teiles dieser Einführung sein. Dabei wird es nicht primär auf die Geschichte der Lehrmeinungen ankommen, sondern weit mehr darauf, die Veränderung der Fragestellungen und Methoden nachzuzeichnen und aus ihren Gründen verständlich zu machen.

Einblick in Problemzusammenhänge und Rückblick auf die Geschichte der Fragestellungen ermöglichen gemeinsam einen weiterführenden Vergleich. Nicht alle Fragen, von denen die geschichtsphilosophische Bemühung sich in den verschiedenen Epochen ihrer Geschichte hat leiten lassen, erweisen sich im gleichen Maße als geeignet, der Geschichtsphilosophie die Weite ihres Horizontes und die Intensität ihrer Problembearbeitung zu sichern. Es gab Weisen des Frage-Ansatzes, die das Blickfeld verengt, und solche, die es erweitert haben. Es gab Methoden, die die Radikalität des Fragens erhöhten, und solche, die sie verminderten. Es wird sich zeigen, daß die Geschichtsphilosophie in verschiedenen Epochen ihrer Geschichte immer wieder einen bestimmten Frageansatz gewählt hat, der einen besonders weiten Umkreis ihrer möglichen Teilprobleme der Behandlung zugänglich machte, und der die Entwicklung besonders fruchtbarer Methoden begünstigte. Ein dritter Teil dieser Einführung wird diesen Problemansatz, das Verhältnis von „Transzendentalphilosophie und Geschichte“, systematisch zu entwickeln versuchen.

Erster Teil

EIGENART, MANNIGFALTIGKEIT UND ZUSAMMENHANG GESCHICHTSPHILOSOPHISCHER FRAGESTELLUNGEN

I. Einleitender Vorblick auf das Problemfeld

Im Folgenden soll von Fragestellungen die Rede sein, die ihrer Art nach philosophisch sind, ihrem Gegenstand nach aber sich auf die Geschichte beziehen. Schon der Versuch, ein Beispiel dafür auszuwählen, setzt einen Vorbegriff davon voraus, was Geschichte sei. Die Antwort auf die Frage, was Geschichte sei, läßt sich jedoch allenfalls als Zusammenfassung einer ausgeführten Geschichtsphilosophie geben; „Realdefinitionen", die das „Was" oder das „Wesen" einer Sache angeben, haben deshalb ihren Ort am Ende, nicht am Anfang einer Untersuchung und schon gar nicht am Anfang einer ›Einführung‹. Derjenige Vorblick auf das Problemfeld, der nötig ist, um auch nur eine einzige Teilfrage als zur Sache gehörig auszuweisen, kann deshalb nicht durch eine Realdefinition, sondern nur durch eine „Nominaldefinition" eröffnet werden, d. h. durch eine Klärung des Gebrauchs von Namen. Nun ist ein Autor im Gebrauch seiner Termini frei, solange er Äquivokationen (den Gebrauch gleicher Namen für ungleiche Sachen) vermeidet. Äquivokationen werden begünstigt, wenn ein Autor einen Terminus, den er nicht neu prägt, sondern einem „allgemeinen Sprachgebrauch" entnimmt, in einer Weise definiert, die von diesem allgemeinen Sprachgebrauch in wichtigen Hinsichten abweicht. Denn dann kann der Eindruck entstehen, er spreche über die gleiche Sache, über die auch sonst unter dieser Bezeichnung gesprochen wird, während er nur das gleiche Wort gebraucht.

Einem einleitenden Vorblick auf das philosophische Problemfeld „Geschichte" dient also eine Nominaldefinition, die sich einerseits dem allgemeinen Sprachgebrauch anpaßt, andererseits Bedeutungsmomente dieses allgemein gebrauchten Namens hervorhebt, welche den Anlaß deutlich machen, das mit diesem Namen Gemeinte philosophisch zu befragen.

1. Eine Nominaldefinition von „Geschichte" und ihre Momente

Zur vorläufigen Klärung des Sprachgebrauches soll hier folgende Nominaldefinition von „Geschichte" vorgeschlagen werden:

> Geschichte ist die Abfolge von Veränderungen menschlicher Lebensverhältnisse, sofern sie für uns durch Interpretation von Zeugnissen rekonstruierbar wird.

Der hier gewählte Wortlaut soll dazu dienen, folgende Momente hervorzuheben, die im vorwissenschaftlichen Sprachgebrauch mitenthalten zu sein scheinen, und die zugleich auf Phänomene verweisen, die eine philosophische Problemstellung veranlassen können.

a) Zur Geschichte gehört, daß *Veränderungen* geschehen. Aber nicht isolierte Einzelereignisse machen die Geschichte aus, sondern ihr *Nacheinander,* das sich erzählen läßt. Ob in diesem Nacheinander ein Zusammenhang sichtbar wird und eine Ordnung herrscht, muß untersucht werden. Die Nominaldefinition darf dem Ergebnis einer solchen Untersuchung nicht vorgreifen und beschränkt sich deshalb darauf, von einer *Abfolge* zu sprechen.

b) Zur Geschichte gehört, daß die Veränderungen, die sie enthält, die *Bedingungen* mitbetreffen, unter denen Menschen leben. Tun und Leiden der Einzelnen und der Gruppen sind nicht von solcher Art, daß sie in gleicher Weise zu jeder Zeit geschehen könnten. Ihre Möglichkeit hängt von *Verhältnissen* ab. Und dieses Tun und Leiden erlangt „historische Bedeutung" nur in dem Maße, in welchem es die Verhältnisse so verändert, daß kommende Möglichkeiten neuartigen Tuns und Leidens dadurch eröffnet, alte Bedingungen aber aufgehoben werden. Ob und in welchem Maße es möglich ist, die Veränderung dieser Verhältnisse planmäßig zu steuern, ob und in welchem Umfang umgekehrt alle Versuche aktiver Geschichtsgestaltung nur Ausdruck der Verhältnisse sind, das muß untersucht werden. Die Nominaldefinition darf das Ergebnis dieser Untersuchung nicht vorwegnehmen. Wohl aber muß sie darauf hinweisen, daß die Veränderungen, die im Verlauf der Geschichte geschehen, nicht nur die Absichten und Taten der Menschen, sondern auch und gerade diese Verhältnisse betreffen.

c) Zur Geschichte gehört, daß das Erinnern und Vergessen reale Folgen hat. Ereignisse wirken, indem sie von Späteren gewußt, verstanden oder auch mißverstanden werden (z. B. als verpflichtende Vorbilder oder als abschreckende Gegenbilder, als Gründungshandlungen, die eine Tradition begründen, oder als Manifestationen des

Unerträglichen, die eine Revolution provozieren). Deshalb gehört zur Geschichte auch, daß der, der in die Zukunft wirken will, Einfluß darauf nehmen muß, wie die Späteren von dem, was er getan hat, Nachricht erhalten. Die Hinterlegung von *Dokumenten* ist ein unentbehrliches Mittel historischer Wirksamkeit. Die *Kritik* an solchen Dokumenten aber (z. B. durch Vergleich mit ungewollt und deshalb ungeplant hinterlassenen Spuren der gleichen Handlung) ist deshalb zugleich das geeignete Mittel, durch dessen Gebrauch die Späteren den Einfluß, dem sie unterliegen, unter ihre eigene Kontrolle zu bringen versuchen. Das Verhältnis von *Zeugnis* und kritischer *Interpretation* ist deshalb nicht nur ein Problem für die Wissenschaft, die die Geschichte betrachtet, sondern ein wirksames und Wirksamkeit steuerndes Moment innerhalb des Geschichtsprozesses selbst. Möglichkeit und Grenzen des Wirkens durch Stiftung von Gedächtnis und durch Kritik von Überlieferungen ist Gegenstand einer Untersuchung, der die Nominaldefinition nicht vorgreifen darf. Wohl aber kann diese Definition eine solche Untersuchung veranlassen, indem sie darauf hinweist, daß das Verhältnis von Zeugnis und Interpretation zu denjenigen Faktoren gehört, welche die „Abfolge von Veränderungen der menschlichen Lebensverhältnisse“ beeinflussen.

Die hier vorgeschlagene Nominaldefinition enthält also Hinweise auf mögliche geschichtsphilosophische Fragestellungen, ohne schon eine Vorentscheidung über die Antworten zu treffen. Zugleich aber ist sie, wie noch zu zeigen sein wird, dazu geeignet, verständlich zu machen, daß gewisse Modelle für die Deutung der Geschichte besonders leicht Zustimmung finden. Diese Modelle nämlich enthalten nichts anderes als die Explikation solcher Momente, die im vorwissenschaftlichen Gebrauch des Wortes „Geschichte“ schon mitenthalten sind und deshalb auch ohne ausdrückliche Prüfung plausibel erscheinen. Erst der Hinweis darauf, daß diese Modelle untereinander divergieren, veranlaßt dann ihre kritische Überprüfung.

2. Divergierende Modelle der Geschichtsdeutung

a) Das sozio-ökonomische Geschichtsmodell

Die vorgeschlagene Nominaldefinition spricht von *„menschlichen Lebensverhältnissen“*. Sie spielt damit an auf einen geläufigen Begriff von „Leben“, welcher besagt, daß ein Wesen durch eigene Tätigkeit sich selbst realisiert (vgl. dazu die auffällige Häufung reflexiver Verbformen bei der Beschreibung von Lebensvorgängen wie: sich entwickeln, sich ernähren, sich fortpflanzen usw.). Doch gelingt diese Selbstrealisation stets nur in Auseinandersetzung mit einer Umwelt. Zu ihr und den in ihr vorfindlichen Umständen muß das Lebendige sich verhalten, um an ihnen seinen „Halt“ (die Bedingung seiner Existenz) zu finden. Das Gefüge dessen, wozu es sich in dieser Weise verhält, wird mit dem Namen „Lebensverhältnisse“ bezeichnet.

Die spezifisch *„menschlichen* Lebensverhältnisse“ sind dann die Folge einer Umkehrung des Anpassungsvorganges. Gegenüber einer relativ geringfügigen Anpassung des Menschen an seine Umwelt überwiegt die Anpassung der Umwelt an den Menschen, d. h. planmäßige Herstellung geeigneter Lebensbedingungen durch menschliche Arbeit.

Unter diesem Gesichtspunkt betrachtet erscheint die Geschichte (schon in einer vorplatonischen und noch in der marxistischen Auffassung) als die fortschreitende Perfektionierung der Arbeitsmethoden (z. B. der Werkzeugherstellung) und der Arbeitsorganisation (z. B. durch Arbeitsteilung und Institutionalisierung des Marktes). So gesehen ist die Wirtschafts- und Sozialgeschichte der „Kern“ der Geschichte überhaupt.

Diese Geschichtsbetrachtung stößt an eine Grenze angesichts des historischen Befundes, daß die Impulse für die großen Veränderungen der ökonomisch-sozialen Verhältnisse häufig nicht von ökonomischen Notwendigkeiten ausgingen. Klassische Beispiele dafür sind: die Entstehung des Geldes aus dem magischen Gebrauch von Amuletten, aber auch die Bedeutung der puritanischen Konsum-Askese für die Entstehung der modernen Investitionswirtschaft. Solche und ähnliche Beispiele beweisen, daß die Wirtschafts- und Sozialgeschichte sogar auf ihrem eigenen Felde aus sich selbst allein nicht zureichend erklärbar ist.

b) Das moralphilosophische Geschichtsmodell

Die eingangs gegebene Nominaldefinition spricht von *„Veränderungen“* der menschlichen Lebensverhältnisse. Sie spielt damit vor allem auf jene Ereignisse an, in denen nicht ein bestehendes Gefüge von Lebensbedingungen verbessert (d. h. den Bedürfnissen der Menschen angepaßt), sondern ein neues Ziel gesetzt wird, aus dem sich neue

Maßstäbe für die Verbesserung der Mittel ergeben. Der oben erwähnte Vorgang, in welchem nicht die Produktionsmittel effektiver, die Produktionsverhältnisse den Produktivkräften angemessener gestaltet werden, sondern die menschliche Arbeit im ganzen den Charakter von „Produktion" erst annimmt, ist dafür ein ausgezeichnetes Beispiel. Ein erster Eindruck von diesen Veränderungen spricht sich schon in der archaischen Sprichwort-Weisheit aus, daß im Leben der Menschen nichts schlechthin Neues, aber auch nichts schlechthin Gleiches geschehe. Eine erste begriffliche Verarbeitung dieser Erfahrung führt zu der Ansicht, daß es sich bei den Veränderungen menschlicher Lebensverhältnisse um eine unabsehbare Fülle von Variationen eines identischen „Zugrundeliegenden" handle, welches im Begriff gefaßt werden kann. Die Geschichte gilt dann als der Wandel der Erscheinungsformen einer sich gleichbleibenden „substantia" (eines Wesens, einer Natur) der Dinge und des Menschen. Doch ist der Wandel dieser Erscheinungsformen, sofern er das menschliche Leben betrifft, nicht nur in auffälliger Weise unberechenbar (was sich in häufigen Fehlprognosen zeigt), sondern auch in immer wieder überraschender Weise radikal. Immer wieder nämlich erweist sich als veränderlich, was noch vor kurzer Zeit zum „unwandelbaren Wesen" des Menschen gerechnet wurde. Der historische Prozeß zehrt so in wachsendem Maße das scheinbar „Substantielle" auf. Was aber auch bei voller Beachtung der historischen Veränderungen wirklich als unveränderlich anerkannt werden kann (z. B. die unvermeidliche Sterblichkeit aller Menschen), das scheint nicht das „Wesen" des Menschen auszumachen; es macht ihn nicht zum Menschen, sondern stellt ein Gefüge von Bedingungen dar, unter denen er sich selbst in historisch wechselnder Weise zum Menschen machen muß (z. B. durch eine unter vielen möglichen Weisen, das physisch unvermeidliche Sterben zu einem Moment menschlichen Lebens zu machen). Dem Wesen des Menschen liegen also zwar naturhafte Bedingungen voraus; aber was „Menschsein" heißt, das scheint nicht als Natur gegeben zu sein, sondern als Ergebnis freier Handlungen je neu definiert zu werden.

Unter diesem Gesichtspunkt betrachtet erscheint die Geschichte (in einer nachrelativistischen, insbesondere in einer existenzphilosophischen Betrachtung) als die Abfolge je neuer Selbstdefinitionen des Menschen, sofern diese nicht nur von Einzelnen vollzogen werden, sondern das Selbstverständnis und die Selbstverwirklichung ganzer Gruppen und Zeitalter bestimmen. So gesehen ist die Geschichte der Moralen und ihrer gesellschaftlichen Geltung der „Kern" der Geschichte überhaupt.

Diese Geschichtsbetrachtung stößt an eine Grenze angesichts des historischen Befundes, daß die Weise, wie Menschen sich selbst definieren, (obgleich dieser Akt stets ein Akt der Freiheit ist) sich stets als zeitbedingt erweist. Auch die freie Selbstbestimmung unterliegt also einem Gesetz der Epochen und ihrer Abfolge. (Das gilt sogar dann, wenn es sich um die Selbstdefinition als „unvertretbares Individuum" handelt: eine zeittypische Weise, wie die Menschen der Renaissance und der „Geniezeit" sich zu definieren pflegten). Solche und ähnliche Beispiele beweisen, daß die Geschichte der Moralen und ihrer gesellschaftlichen Geltung sogar auf ihrem eigenen Felde aus sich allein nicht zureichend erklärbar ist.

c) Das kulturhistorische Geschichtsmodell

Die Nominaldefinition spricht von einer *„Abfolge"* in den Veränderungen der menschlichen Lebensverhältnisse. Sie scheint damit dem soeben erwähnten Einwand Rechnung zu tragen, daß auch die freie Selbstdefinition des je Einzelnen deutliche Charakteristika ihres Zeitalters aufweist. Nicht jede Art der Selbstwahl ist zu jeder Zeit möglich. Gleichzeitig erfahrbare Weisen, wie andere Menschen den gegebenen Lebensbedingungen Möglichkeiten menschlichen Lebens abgewinnen, stehen als konkrete Alternativen zur Wahl. Frühere Formen menschlichen Lebens (und entsprechende Formen der Gestaltung von Lebensverhältnissen) eröffnen oder beschränken die Möglichkeiten der gegenwärtigen Entscheidung. Diese ihrerseits zeichnet späteren Wahlmöglichkeiten die Bedingungen vor. Insofern unterliegt die freie Selbstwahl dem Verhältnis der Wechselwirkung mit Gleichzeitigem, dem Verhältnis von Bedingung und Folge hinsichtlich des Früheren und Späteren.

Doch ist, wenn es sich um spezifisch historisches Wirken und Wechselwirken handelt, die fundierende Kraft der Bedingungen und die determinierende Kraft der Partner in Auseinandersetzungen von besonderer Art. Sie hängt nicht nur ab von der Weise, wie diese Wirkung jeweils angeeignet wird (ungleiche Rezeptoren reagieren auf gleiche Einflüsse jeweils verschieden). Sie ist außerdem bestimmt von einer je unterschiedlichen Weise der Auslegung und des Verstehens. Denn die Vergangenheit wirkt, indem sie (z. B. als verpflichtendes Vorbild oder warnendes Gegenbild) verstanden wird; die Gegenwart stellt Aufgaben, sofern sie auf Alternativen der Entscheidung hin ausgelegt wird; die Zukunft wird intendiert, indem Einfluß darauf ausgeübt wird, wie kommende Generationen ihre Vergangenheit verstehen sollen.

Unter diesem Gesichtspunkt betrachtet erscheint die Geschichte (in einer von der Geschichtswissenschaft häufig bevorzugten Betrachtungsweise) als Überlieferungszusammenhang. So gesehen ist die Geschichte der Kulturen der „Kern“ der Geschichte überhaupt — vorausgesetzt, man versteht unter „Kulturen“ nicht irgendwelche rein geistigen Güter, die sich (vermeintlich) unabhängig von den politischen und ökonomischen Verhältnissen entwickeln, sondern diejenigen Sozialverbände, die durch gemeinsame Überlieferung verbunden sind. (In diesem Sinne wird von einer „europäischen“ oder „vorderasiatischen“ Kultur gesprochen.) Die Gemeinsamkeit der Überlieferung ermöglicht das gemeinsame Verstehen der Vergangenheit wie der Gegenwart und damit die Interaktion der Glieder einer Kultur im Verhältnis zu ihrer Vergangenheit und Zukunft.

Die in diesem Sinne „kulturhistorische“ Betrachtung stößt an ihre Grenze angesichts des historischen Befundes, daß sich sowohl die Selektion des Überlieferungsstoffes als auch die Funktionszuweisung dessen, was als überlieferungswürdig ausgewählt wird, nicht allein aus dem vorliegenden Material, sondern weit mehr aus der jeweiligen Perspektive der gegenwärtig Lebenden ergibt. Nicht die „geschehene Geschichte“, sondern die unter wechselnden Gesichtspunkten „gesehene Geschichte“ bildet diejenige Vergangenheit, zu der die jeweilige Gegenwart sich verhält. (So kann auch chronologisch Entferntes für eine Gegenwart „jüngste Vergangenheit“, chronologisch Naheliegendes für sie „ferne Geschichte“ sein. Die objektive Chronologie deckt sich nicht mit der historischen Epochenperspektive.) Das Selbstverständnis einer Gegenwart und ihr Bewußtsein von der Historie bedingen sich gegenseitig und stellen gemeinsam die Bedingung für Art und Grad der historischen Wirksamkeit des Vergangenen dar. Solche und ähnliche Überlegungen beweisen: Die Einheit einer Kultur und die Gemeinsamkeit ihrer Überlieferung sind nicht ein für allemal gegebene Subjekte einer kulturhistorischen Entwicklung. Vielmehr stellen sie sich jeweils erst in der Rückschau her, und zwar je nach der Weise, wie eine gegenwärtige Situation den Blick auf die Vergangenheit veranlaßt und steuert.

d) Das Verhältnis von Theorie und Praxis und das dialektische Geschichtsmodell

Die Nominaldefinition spricht von einer *„Rekonstruktion aus Zeugnissen"*. Sie trägt damit dem soeben explizierten Einwand Rechnung, daß der Überlieferungszusammenhang nicht an-sich-seiende Ereignisse verknüpft, sondern stets nur eine *interpretierte* Vergangenheit mit einer sich selbst im Verhältnis zu dieser Vergangenheit *interpretierenden* Gegenwart verbindet.

Schon jede einzelne Gegenwart in der Geschichte kann nur beschrieben werden als ein Verhältnis von „Situationen" und „Perspektiven". Dabei sind Situationen nicht ungegliederte Aggregate aller gleichzeitig gegebenen Umstände. Vielmehr integriert sich das Mannigfaltige des Gegebenen nur unter je einer Perspektive zu einer Situation. Andererseits sind Perspektiven nicht willkürlich gewählte Betrachtungsweisen, sondern ergeben sich aus der Notwendigkeit, sich in einer Situation theoretisch und praktisch zu orientieren. Situation und Perspektive setzen sich also gegenseitig voraus.

Ähnliches gilt für das Verständnis der Vergangenheit. Perspektiven auf die Vergangenheit interpretieren die gegenwärtige Situation; gegenwärtige Situationen eröffnen oder verschließen Perspektiven auf die Vergangenheit. Die Gegenseitigkeit dieses Auslegungsverhältnisses ist, sofern es sich um spezifisch historisches Verstehen handelt, durch zwei Momente qualifiziert. Die Vergangenheit wird in „Zeugnissen" hinterlegt, deren Aufgabe es ist, die Geschichte in einer bestimmten Perspektive sehen zu lassen; und das Verständnis der gegenwärtigen Situation kann nur in kritischer Auseinandersetzung mit solchen Selbstinterpretationen der Vergangenheit gesucht werden. Die gegenseitige Auslegung der gegenwärtigen Situation durch historische Perspektiven und der historischen Vergangenheit durch die gegenwärtige Situation hat hier den Charakter der Kritik — einerseits an der „tendenziösen" Selbstdarstellung der Vergangenheit in ihren Zeugnissen, andererseits an der Befangenheit der Gegenwart in ihren allzu ephemeren „Augenblicksperspektiven".

Unter diesem Gesichtspunkt betrachtet erscheint die Geschichte als „Praxis durch Theorie" und „Theorie durch Praxis". Praxis durch Theorie, das bedeutet die Herstellung neuer Handlungsalternativen durch Veränderung des Bewußtseins; Theorie durch Praxis aber, das bedeutet die Veränderung des Bewußtseins durch Herstellung neuer

Handlungssituationen. So gesehen ist die Geschichte in ihrem „Kern“ diejenige dialektische Bewegung, in welcher Theorie und Praxis sich gegenseitig so bedingen, daß das Bewußtsein und die als real erfahrenen Verhältnisse sich aneinander entwickeln. Diesen Zusammenhang nachzuzeichnen, ist die Aufgabe der dialektischen Geschichtsphilosophien.

Das dialektische Geschichtsmodell schließt wesentliche Momente der anderen Modelle in sich ein und erweist dadurch seine Überlegenheit. Durch seine Darstellung der Praxis und ihres Situationsbezuges berücksichtigt dieses Modell die Bedeutung der Lebensverhältnisse (erstes Modell) und ihrer Veränderung bei gleichzeitiger neuer Selbstdefinition des Menschen (zweites Modell). Durch seine Darstellung der Theorie und ihres Wechselverhältnisses zur Praxis deutet dieses Modell die Abfolge der Veränderungsschritte (drittes Modell) und stellt sie unter ein dialektisches Gesetz. Eine Grenze dieser Geschichtsbetrachtung aber wird dort erreicht, wo das neue Bewußtsein, die neuen Realverhältnisse und mit ihnen die neuen Interpretationen der Vergangenheit nicht mehr nach einem angebbaren Gesetz aus den alten Zusammenhängen hervorgehen, sondern alle „Entwicklung“ zugunsten eines unvermittelten Neubeginns abgebrochen wird.

3. Vorbereitung eines philosophischen Problemansatzes

Schon eine erste Klärung desjenigen Geschichtsverständnisses, das im vorwissenschaftlichen Sprachgebrauch von „Geschichte“ impliziert ist und in der einleitenden Nominaldefinition expliziert wurde, hat dazu geführt, einige geläufige Modelle der Geschichtsdeutung verständlich zu machen. An jenen Grenzen aber, an denen die Deutungskraft der angeführten Modelle versagte, konnte jeweils ein neues Modell entworfen werden, das auch dasjenige darzustellen vermochte, was in den vorangehenden Modellen keine Stelle fand. So ergab sich ein Erkenntnisfortschritt, insofern der Umkreis interpretierter Phänomene erweitert und dennoch die Beziehung des Mannigfaltigen auf ein einheitliches Interpretationsprinzip gesichert blieb.

Schon die wenigen behandelten Beispiele zeigen: Es fehlt nicht an plausiblen Formen des Verständnisses von Geschichte. Aber damit ist noch nicht gezeigt, wo der Ansatz für ein sachgerechtes Fragen nach der Geschichte zu suchen ist. Antworten springen in die Augen, ehe geklärt ist, was solche Antwortversuche leisten sollen. Erst eine klar gestellte Frage würde die Kriterien für die Beurteilung der Geschichtsinterpretationen angeben, so plausibel diese im übrigen auch sein mögen.

Der einleitenden Nominaldefinition kann jedoch auch ein Hinweis auf ein erstes philosophisches Problem entnommen werden. Die vier Elemente dieser Definition („Lebensverhältnisse", „Veränderungen", „Abfolge", „Rekonstruktion") enthalten Merkmale, die jedesmal für spezifisch menschlich gehalten werden. Die menschlichen Lebensverhältnisse zeichnen sich aus durch eine Umkehrung des Anpassungsvorganges, eine Gestaltung der Umwelt durch Arbeit. Ihre Veränderungen erscheinen (im Gegensatz zu den Veränderungen der Natur) als unberechenbar bis zur „Aufzehrung des Substantiellen", und es scheint, daß es ein Spezifikum des Menschen ist, in dieser Weise das „noch nicht festgestellte Wesen" zu sein. Die Abfolge dieser Veränderungen erfordert, daß die Vergangenheit in ausdrücklicher Auseinandersetzung angeeignet wird. Das Verhältnis schließlich zwischen Situation und Perspektive, welches eine Rekonstruktion der Vergangenheit aus ihren Zeugnissen nötig macht, ist beherrscht durch zwei Versuche bewußt geplanter Situationsgestaltung: durch den Versuch, das Bewußtsein zukünftiger Generationen zu beeinflussen, und durch die Versuche ausdrücklicher Kritik an diesem Einfluß. Alle diese Merkmale unterscheiden die Geschichte vom Naturprozeß.

Als vorläufiges Ergebnis läßt sich festhalten: Das im Sprachgebrauch der eingangs gegebenen Nominaldefinition hinterlegte Geschichtsverständnis ist bestimmt durch einen Kontrast der Geschichte gegen die Natur. Alle Geschichtsmodelle, die durch diese Definition verständlich gemacht werden konnten, beruhen insofern auf der Voraussetzung, daß die Geschichte einen eigenen, vom Naturprozeß strukturell verschiedenen Ereigniszusammenhang darstelle, mag dieser Zusammenhang im übrigen auf dem Verhältnis von Arbeitsbedingungen und Arbeitsprodukt, von Selbstdefinitionen der Individuen und ihrer sozialen Anerkennung, von Überlieferungsinhalten und Kulturgemeinschaften oder von Theorie und Praxis beruhen.

Eine erste philosophische Frage kann daher lauten: Besteht die Meinung von einer Strukturverschiedenheit zwischen Geschichte und Naturprozeß zu Recht? Worin besteht der Unterschied derjenigen Ereignisse und Zusammenhänge, welche die Geschichte einerseits, die Natur andererseits ausmachen?

Mit der Frage nach dem Verhältnis von Natur und Geschichte wird das Problemfeld geschichtsphilosopischen Fragens betreten, und es muß sich zeigen, ob von diesem „Ort“ aus ein Teil der „Landkarte“ dieses Problemfeldes entworfen werden kann.

II. Natur und Geschichte

Die Frage nach dem Verhältnis von Natur und Geschichte kann erst dann gestellt werden, wenn die Differenz zwischen beiden entdeckt ist. Diese Entdeckung ihrerseits ist ein Ereignis innerhalb der Geschichte. So enthält die Sachfrage nach dem Verhältnis von Natur und Geschichte einen Verweis auf das historische Problem, unter welchen Bedingungen eine solche Fragestellung habe entstehen können. Umgekehrt enthält die Klärung des historischen Problems schon eine Teilantwort auf die Sachfrage: Die Geschichte ist so, daß sie die Bedingungen dafür enthält, ob, wann und wie nach ihr und ihrem Unterschied gegenüber der Natur gefragt werden kann.

1. Historischer Hinweis:
Die Entdeckung der Differenz von Kosmos und Geschichte

Mit der Gründung der orientalischen Großreiche wurde zwar die Geschichte als ein eigenes Feld bedeutsamer Erfahrungen entdeckt. Aber die qualitative Verschiedenheit zwischen Geschichtsverlauf und Naturprozeß blieb noch unbeachtet. Ein Zeugnis dafür ist die Tatsache, daß identischen Gottheiten sowohl „politische“ als auch „naturhafte“ Funktionen zugeschrieben wurden. Frühe Zeugnisse eines Bewußtseins von der Differenz zwischen Kosmos und Geschichte finden sich jedoch bei den Israeliten, in der Religion des Zarathustra und in der platonischen Philosophie.

a) Die Religion Israels

Die Religion Israels kennt, im Gegensatz zu den Religionen der Umwelt, kein Fest der Weltgründung. Der zentrale Gehalt des religiösen Gedenkens und der kultischen Erneuerung ist ein historisches Ereignis: die Herausführung aus Ägypten. Gedächtnis und kultische

Erneuerung dieser göttlichen Gründungstat sollen nicht eine im Jahreslauf erschöpfte Fruchtbarkeit des Ackers wiederherstellen, sondern jenes Bundesverhältnis erneuern, das durch die göttliche Gründungstat gestiftet, durch menschliche Untreue aber gebrochen wurde. Dementsprechend kann die Möglichkeit solcher Erneuerung nicht darin gesucht werden, daß Ackerfrucht und Opferfleisch die göttliche Qualität der Fruchtbarkeit in sich enthalten, so daß in Gestalt dieser Gaben die Kraft zur Lebensspendung an die Götter zurückgegeben werden könnte, um sie zu stärken. Die Möglichkeit zur Wiederherstellung des Bundes beruht vielmehr darauf, daß Gottes frei gewährte Vergebung den Menschen die Möglichkeit der Umkehr eröffnet. Folgerichtig wird die Opferhandlung aus einer „Ernährung der Götter" zu einem Versöhnungsmahl Gottes und der Menschen umgedeutet.

Die göttliche Gründung im Anbeginn, die gegenwärtige Schwächung des Gottesverhältnisses, aber auch die Möglichkeit zu seiner Erneuerung beruhen also nicht auf der Notwendigkeit der Natur, sondern auf Freiheit: auf der göttlichen und menschlichen Freiheit der gegenseitigen Erwählung von Bundesgott und Bundesvolk, aus der freien Entscheidung der Menschen gegen die Bundestreue, schließlich auf dem freien Angebot und der freien Annahme der Möglichkeit zur Umkehr. Der Zusammenhang von Vergangenheit, Gegenwart und Zukunft des Volkes im Verhältnis zu seinem Gott wird nicht als naturhaft und notwendig, sondern als historisch und frei verstanden.

Damit aber hängt ein weiteres Merkmal dieses religiösen Selbst- und Weltverständnisses zusammen, wodurch die Differenz der Geschichte gegenüber der Natur ausdrücklich bewußtgemacht wird. Vergebung und Umkehr führen nicht den früheren Zustand wieder herauf. Wenn durch die Sünde eine bestimmte Form des Gottesverhältnisses zerbrochen ist (z. B. der Zwölfstämme-Bund durch den Wunsch des Volkes, statt der charismatischen Theokratie der „Richter" einen König zu haben „wie alle Völker"), so öffnet Gottes Vergebung nicht den Rückweg, sondern eine neue Möglichkeit der Bundesverwirklichung (z. B. durch Verheißung an das nun eingesetzte davidische Königshaus). Trotz der bleibenden Treue und Vergebungsbereitschaft Gottes bleiben die in der Geschichte gefallenen Entscheidungen irreversibel.

Diese *Irreversibilität* der historischen Entscheidungen steht nun der zyklischen Verlaufsform des Naturprozesses gegenüber, die sich im Jahreskreislauf ebenso deutlich zeigt wie in der Erneuerung der Art im Wechsel der Generationen.

b) Die Religion Zarathustras

Die Religion des Zarathustra, etwa gleichzeitig mit dem persischen Großkönigtum entstanden, verehrt die göttliche Weisheit, im Gegensatz zur altpersischen Religion, nicht mehr als die Helferin der Götter bei der Gründung des Kosmos und als die Lehrerin der Menschen bei den welterneuernden Kulten des Todes und der Fruchtbarkeit. Der zentrale Dienst an der „Herrscherin Weisheit" (Ahura Mazda) ist die weltverändernde Arbeit, wie sie z. B. dort geschieht, wo Sümpfe entwässert, Steppen berieselt, Straßen in unwegsamem Gelände gebaut werden. Dieser Gottesdienst zielt auf historische Veränderung der Weltverhältnisse ab und nimmt dabei so wenig Rücksicht auf die bei der Weltgründung gestiftete Weltgestalt, daß er die Götter des Todes und der Fruchtbarkeit zu Teufeln erklärt. Die Schändung ihrer Heiligtümer wird neben der weltverändernden Kulturtätigkeit zu jenen guten Werken gezählt, die im jenseitigen Totengericht die Sünden der Menschen aufwiegen.

Dem Zyklus von Geburt und Tod steht so die Zielrichtung einer weltverändernden Tätigkeit gegenüber, die nun allein als der wahre Dienst der Gottheit gilt. Nicht der göttlich gegründete Anfang, der allen Dingen ihr Wesen gibt, indem er welterneuernd wiederkehrt, sondern das verheißene und geforderte Ziel gibt dem so verstandenen Weltlauf seine Bedeutung. Der Prävalenz des Ursprungs, durch die der Kosmos den ewigen Gesetzen der Natur und ihrer Erneuerung unterworfen zu sein scheint, tritt hier die *Prävalenz der Zukunft* als Merkmal der Geschichte gegenüber. Diese ist als der Bereich von Auftrag und Verheißung von der Natur als dem Bereich je schon gestifteter maßgeblicher Gründung so deutlich verschieden, daß der alte Kosmos in einem endzeitlichen Weltbrand vergehen kann, während zugleich die Verheißung der Geschichte sich erfüllt.

c) Die Philosophie Platons

Die Philosophie Platons hält, nach der Aussage des Sokrates im „Phaidros" und im Gegensatz zur „Naturphilosophie" Ioniens und Großgriechenlands (= Unteritaliens), nicht die „Räume und Bäume" für lehrreich, sondern allein „die Menschen in der Stadt". Nur an ihnen gewinnt sie den Hinweis auf diejenige Wahrheit, die sie sucht.

Denn ihr Zentralthema ist nicht der Urstoff oder die Zahl der Elemente, die Gestalt und die Bewegung der Atome, das Verhältnis der Urkräfte, sondern „das Gute" und „das Gerechte". Zwar soll zuletzt erwiesen werden, daß dieses auch der Möglichkeitsgrund des Kosmos sei; seine Fundstelle aber ist die Seele des Einzelnen und die Gemeinschaft der Polis.

Was sich aber dort zeigt, ist (in deutlichem Gegensatz zur ewigen Erneuerung des Kosmos) die Unbeständigkeit der Verhältnisse und ein anscheinend unaufhaltsamer Verfall aller Staatsverfassungen. Was gesucht wird, ist dementsprechend nicht ein Naturgesetz, das ohne menschliches Zutun wirkt, sondern die Möglichkeit einer Erneuerung, die der Mensch selber leisten muß und zu welcher er durch Erziehung fähig gemacht werden soll.

Was aber den Verfall möglich und die menschliche Bemühung um Erneuerung notwendig macht, kann nicht anders erklärt werden als durch die Annahme, Gott habe sich vom unmittelbaren Weltregiment zurückgezogen und die Verwaltung der menschlichen Angelegenheiten dem Menschen überlassen — wenigstens für diejenige Weltzeit, die wir aus Erfahrung kennen und an deren katastrophenartigem Ende der Gott selbst wieder „ins Steuerruder treten" wird. Für diese unsere Weltzeit scheint der politisch handelnde Mensch sein eigener Herr zu sein. (So Platon in ›Politikos‹)

Diese *Anthropozentrik* der historisch-politischen Verhältnisse unterscheidet sich deutlich von der Theozentrik der antik verstandenen kosmischen Ordnung oder anderer, besserer Weltalter.

2. *Die Frage nach der Einheit der entdeckten Merkmale*

Durch die Entdeckung dreier Merkmale (der Irreversibilität der Entscheidungen, der Prävalenz der Zukunft gegenüber den Ursprüngen und der Anthropozentrik des Geschehens) erwies sich die Geschichte als ein Eigenbereich von Ereignissen mit einer Verlaufsstruktur, die sie von allen Naturprozessen unterscheidet. Die drei genannten Merkmale sind zu verschiedenen Zeiten, an verschiedenen Orten und in sachlich verschiedenen Erfahrungszusammenhängen entdeckt worden. So entsteht eine weitere Sachfrage: Läßt sich ein Zusammenhang zwischen den aufgefundenen Unterscheidungsmerkmalen des Historischen entdecken, der es gestattet, die Geschichte in ihrem Gegensatz zur Natur in einen einheitlichen Begriff zu fassen?

Eine häufig gegebene Antwort lautet: Irreversibilität der Verlaufsrichtung, Prävalenz der Zukunft und Anthropozentrik können als gemeinsame Folge davon verstanden werden, daß der Zusammenhang der Geschichte durch freie Handlungen gestiftet wird. Diese nämlich sind, als sittliche Entscheidungen, nicht ungeschehen zu machen; sie sind durch Zwecksetzung bestimmt und also auf Zukunft bezogen; und sie können nur vom Menschen geleistet werden oder haben (als göttliche Handlungen) nur den Menschen zu ihrem „Adressaten". Unter dieser Voraussetzung erscheint die Geschichte als das „Reich der Freiheit" im Gegensatz zur Natur als dem „Reich der Notwendigkeit".

Ein solcher Deutungsversuch erzeugt jedoch sogleich die neue Frage, ob und in welcher Weise auch in der Geschichte eine Notwendigkeit der Ereignisverknüpfung sichtbar werde, ob nicht gerade die Irreversibilität und Ausrichtung auf eine Zukunft eher eine verborgene Notwendigkeit der Geschichte als eine Freiheit der an ihr Beteiligten erkennen lasse, schließlich, ob nicht die freien Entscheidungen selber einem solchen verborgenen Gesetz unterliegen. Die Frage nach der Einheit der entdeckten Unterscheidungsmerkmale der Geschichte verweist auf solche Weise weiter auf das Problem, wie sich menschliche Freiheit zur historischen Notwendigkeit verhalte.

Auf diese Frage kann geantwortet werden, darin eben sei aller Unterschied zwischen Natur und Geschichte begründet, daß die Notwendigkeit der Natur keinen Raum für freie Entscheidungen lasse, die Notwendigkeit der Geschichte aber einerseits freie Entscheidungen fordere (weil Gesellschaft und Staat nicht möglich sind ohne den freien Konsens ihrer Glieder), andererseits den Ausgang dieser freien Entscheidungen zum voraus regle (weil die Individuen nicht lebensfähig sind ohne gesellschaftlichen und staatlichen Zusammenschluß). So ist der Eintritt der Einzelnen in den Zusammenhang der Gesellschaft und des Staates zugleich notwendig und frei. Dieses Beispiel aber macht deutlich: Die Naturnotwendigkeit macht freie Entscheidungen ebenso unnötig wie unmöglich; die historische Notwendigkeit dagegen „bedient" sich der freien Entscheidungen und lenkt sie unausweichlich auf ein gemeinsames Ziel.

Ein solcher Deutungsversuch erzeugt jedoch sogleich die neue Frage, wie das Prinzip jener Notwendigkeit zu denken sei, welche die Freiheit nicht beseitigt und dennoch den Ausgang derjenigen Ereignisreihen bestimmt, die durch freie Entscheidungen zustande gebracht werden. In unserem Erfahrungsbereich ist dies die Aufgabe der politischen Ordnung: die Bürger nicht zu Unfreien zu machen (wie die Herde unter der Leitung des Hirten), wohl aber das Zusammenwirken aller freien Handlungen so zu ordnen, daß ein gemeinsames Ziel erreicht wird. Verläuft die Geschichte nach einer Notwendigkeit solcher Art, daß sie die Freiheit nicht ausschließt, sondern einschließt, so scheint sie nach Analogie eines Staatswesens deutbar zu sein. Die Frage nach dem Prinzip der historischen Notwendigkeit wird so zur Frage nach der „Regierungsweise" eines verborgenen „Weltregiments", mag dieses im übrigen von einer weisen Vorsehung, von einer listigen Idee oder von einer verborgenen Vernunft in den Tatsachen ausgeübt werden. Die Frage nach der Einheit der Unterscheidungsmerkmale des Historischen hat die Frage nach dem Verhältnis von historischer Notwendigkeit und menschlicher Freiheit erzeugt; diese ihrerseits verweist weiter auf das Problem eines „Regenten", der fähig ist, über freie Subjekte zu herrschen, ohne deren Freiheit auszulöschen.

Diese Frage gestattet verschiedene Antworten. Man kann auf Gott und seine Vorsehung rekurrieren, oder auf eine Weltvernunft und ihre Wirksamkeit, vielleicht auch (mit Marx) auf den Weltmarkt und seinen bestimmenden Einfluß auf die freien Entscheidungen der produzierenden und konsumierenden Menschen. In jedem Falle aber wird die Antwort zugleich eine Aussage der philosophischen Theologie enthalten: sei es, daß der aus der Bibel bekannte Vorsehungsgedanke in die philosophische Geschichtsdeutung übernommen wird, sei es, daß diesem Gedanken eine philosophische Parallele in der Form der Rede von einer „Weltvernunft" an die Seite gestellt wird, sei es, daß der Philosoph die „Realität" angeben will, die (in Gestalt des Weltmarktes) „in Wahrheit" immer schon jene Herrschaft über die Geschichte ausgeübt hat, welche die Menschen, solange sie den wahren Grund ihrer Abhängigkeit nicht kannten, dem Gott oder den Göttern zuschreiben mußten. Die Frage nach dem Prinzip geschichtsmächtiger Herrschaft über die freien Entscheidungen der Einzelnen führt auf diese Weise notwendig auf die Frage der Auslegung und Beurteilung des Gottesglaubens (also auf eine philosophische Theologie im positiven oder negativen Sinne bzw. auf eine philosophische Rechtfertigung oder Widerlegung der Religion).

Wie immer jedoch die Antwort auf diese Fragen ausfallen mag, stets erzeugt sie das weitere Problem, wie die sittliche Verantwortung des Menschen gewahrt werden könne, wenn die Notwendigkeit der Geschichte alle Entscheidungen der Menschen, die guten wie die bösen, ihrer eigenen unbeirrbaren Teleologie dienstbar mache.

Eine solche Geschichtsteleologie scheint einerseits alle menschlichen Handlungen zu rechtfertigen, weil sie objektiv dem Ziel der Geschichte dienen, unabhängig davon, aus welchen Absichten sie subjektiv entsprungen sind. Andererseits scheint die gleiche Geschichtsteleologie jeden Versuch einer theoretischen Kritik oder praktischen Veränderung zu verbieten. Denn die faktischen Zustände, die ein Gegenstand der Kritik sein könnten, erweisen sich als unentbehrliche Phasen im notwendigen Geschichtsprozeß; die beobachtbaren Entwicklungstendenzen aber, denen ein Wille zur Veränderung entgegentreten könnte, erweisen sich als Realisationen der immanenten Zielrichtung der Geschichte. Der Unterschied von guten und bösen Handlungen scheint auf diese Weise historisch unerheblich zu werden. Die einzige „Sünde" ist dagegen der Versuch, dem Geschichtsprozeß theoretisch oder praktisch in den Weg treten zu wollen. Und diesem Versuch folgt die „Strafe" auf dem Fuße, weil die Geschichte denjenigen vernichtet, der sich der jeweiligen Forderung der „historischen Stunde" widersetzt.

Es ist deutlich, daß bei einer solchen Auffassung von der Geschichte die Moralität nur gerettet werden kann, wenn sie zu einer Aufgabe der subjektiven Gesinnung erklärt wird, während die gesellschaftliche Effizienz der Handlungen allein davon abhängt, ob sie den objektiven Geschichtszwecken dienen. Die Innerlichkeit moralischer Gesinnungen und die Wirksamkeit historischer Funktionen treten bei solcher Betrachtung bis zur Beziehungslosigkeit auseinander. Unter dieser Voraussetzung aber kann das moralische Subjekt seiner selbst nur dann gewiß bleiben, wenn es sich als eine gegenüber der Gesellschaft und ihrer Geschichte selbständige, von der Übermacht der historischen Entwicklung unbetroffene „Seele" versteht, die auch dann in ihrer Innerlichkeit unverletzt bleibt, wenn die äußeren Handlungen, die aus ihrer moralischen Gesinnung entspringen, erfolglos bleiben sollten. Es ist diese Stelle im Problemzusammenhang, an welchem die alte Lehre von der „Unsterblichkeit der Seele" (d. h. von ihrer Überlegenheit über jedes äußere Schicksal) eine neue Relevanz gewinnt.

Die Frage nach der Einheit derjenigen Merkmale, durch die die Geschichte sich von der Natur unterscheidet, führte auf das Problem der Freiheit (in ihrem Verhältnis zur Notwendigkeit). Die Frage nach dem Prinzip jener historischen Notwendigkeit, welche die Freiheit nicht ausschließt, wohl aber die freien Handlungen der Einzelnen auf ein gemeinsames Ziel hinordnet, führte auf das Problem einer philosophischen Gotteslehre (oder einer philosophischen Kritik des Gottesgedankens). Die Frage nach dem Verhältnis zwischen objektiver Geschichtsteleologie und subjektiver moralischer Gesinnung führte auf das Problem der „Seele“ (d. h. der gegenüber Gesellschaft und Geschichte unabhängigen Innerlichkeit) und ihrer „Unsterblichkeit“ (d. h. ihrer Überlegenheit über das gesellschaftlich-historische Schicksal).

Für den hier unternommenen Versuch, einen Einblick in diejenigen Problemzusammenhänge zu gewinnen, die das Problemfeld der Geschichte gliedern, kann aus dem Gesagten eine Folgerung gezogen werden. Wird das Problem der Geschichte bei der Frage angesetzt, was die Geschichte von der Natur unterscheide, so ergeben sich eine Reihe von Problemverweisungen, die schließlich dazu führen, daß die klassischen Themen der Metaphysik „Freiheit“, „Gott“ und „Unsterblichkeit“ unter einem geschichtsphilosophischen Aspekt neu aufgeworfen werden.

Doch erhebt sich die Frage, ob die Geschichte in angemessener Weise zum Thema philosophischer Untersuchungen gemacht wird, wenn primär von ihrer Differenz gegenüber der Natur die Rede ist. Wird nämlich diese Differenz als unvermittelter Gegensatz gesehen, so nehmen einige Fragen den Charakter unlösbarer Aporien an. Dazu gehört insbesondere die philosophische Frage nach dem Menschen, sofern dieser zugleich ein Wesen der Natur und der Geschichte ist.

3. Die Strukturdifferenz von Natur und Geschichte und das Problem des anthropologischen Dualismus

a) Die Entstehung des Problems

Irreversibilität, Prävalenz der Zukunft und Anthropozentrik erwiesen sich als Merkmale, durch welche die Struktur des Geschichtsverlaufes von der des Naturprozesses verschieden ist. Die gleiche Differenz grenzt „Naturwesen“ von „historischen“ Wesen ab. Die einen reproduzieren sich nach den Gesetzen ihrer Art, die anderen definieren sich durch irreversible Entscheidungen; deshalb sind die einen durch ihre Entstehung bestimmt, die anderen bestimmen sich selbst durch Gestaltung ihrer Zukunft; die einen sind nach Anfang, Eigenart und Ende dadurch bestimmt, wie sie in die sie umgebende Welt eingepaßt sind, die anderen verhalten sich zur Welt als frei handelnde, sich selbst bestimmende Subjekte.

Diese Prädikate sind so gegensätzlich, daß sie nicht zugleich vom gleichen Subjekt ausgesagt werden können. Nun ist aber der Mensch zugleich Naturwesen und historisches Wesen. Daher scheint die Folgerung unvermeidlich, die (unbezweifelbare) Einheit des Menschen bei gleichzeitiger Gegensätzlichkeit seiner Eigenschaft als Naturwesen und als Geschichtswesen sei nur dann angemessen zu beschreiben, wenn diese Einheit als die Zusammenfügung gegensätzlicher „Wesensteile" verstanden werde.

Die Freilegung der Strukturdifferenz von Natur und Geschichte erweist sich so als einer der Gründe für eine dualistische Auffassung vom Menschen — mag es sich dabei um eine Gegensatz-Einheit von naturhaftem Leib und geschichtsmächtiger Seele handeln (wie im „klassischen" Dualismus Zarathustras und Platons) oder um die Gegensatz-Einheit von naturhaft-unfreier und gnadenhaft-freier Existenzform des ganzen Menschen (wie im Christentum).

Da der „anthropologische Dualismus" so eng mit der Entdeckung der Differenz von Natur und Geschichte zusammenhängt, ist der Wunsch, ihn zu überwinden, nur erfüllbar, wenn auch das Verhältnis von Natur und Geschichte neu bestimmt wird.

b) Philosophiehistorische Voraussetzung einer Problemlösung

In der Neuzeit wurde das Verhältnis von Seele und Leib lange Zeit als ein Spezialfall des Verhältnisses von Subjekt und Objekt erörtert. Der Leib unterscheidet sich, so verstanden, von allen anderen Objekten durch zwei Merkmale. Er allein ist unserer Erkenntnis unmittelbar gegeben, alle anderen Objekte sind uns nur durch Vermittlung des Leibes und seiner Sinnesorgane bekannt; und er allein ist unserer Erkenntnis dauernd zugänglich, alle anderen Objekte nur für die Zeit, in der die jeweilige räumliche Lage des Leibes geeignete Beobachtungsbedingungen zur Folge hat.

Das Verhältnis des Subjekts zu seinen Objekten, also auch das Verhältnis der Seele zum Leib, wurde zunächst, unter dem Einfluß von

Descartes, als unvermittelter Gegensatz von „res cogitans“ und „res extensa“ gesehen. Dieser Gegensatz wird nur durch die Wahrhaftigkeit Gottes überbrückt, welche garantiert, daß das Denken, wenn es gemäß seinen eigenen Regeln verfährt, zu Ergebnissen gelangt, die mit der Außenwelt übereinstimmen. Später, im Deutschen Idealismus, wurde das Verhältnis von Subjekt und Objekt unter Rückgriff auf eine Einsicht Platons als das Verhältnis zweier Größen verstanden, die beide gemeinsam in einer „dritten Größe“ fundiert sind und von ihr untereinander vermittelt werden. So konnte Schelling behaupten, das Ich und die Natur seien gleich unmittelbar zum Absoluten, und dieses erscheine nicht einseitig in einem von ihnen, sondern in ihrer Vermittlung untereinander. Die Betrachtung des Ich und die Betrachtung der Natur seien als zwei gleichberechtigte Wege zur Erkenntnis desjenigen Absoluten aufzufassen, von dem wir nicht mehr wissen als eben dies, daß es der gemeinsame Grund und der Grund der Gemeinsamkeit von Subjekt und Objekten sei.

Die platonische und von Schelling erneuerte Behauptung, es gebe einen gemeinsamen Ursprung des Geistes und der Gegenstände, war eine der Voraussetzungen dafür, den Gegensatz von Leib und Seele zu überwinden. Dazu war freilich noch eine zweite Überlegung erforderlich, durch welche Schelling das philosophische Verständnis der Objektwelt (der „Natur“) so veränderte, daß es sich dem schon früher gewonnenen Selbstverständnis des Geistes annäherte. Was seit Kant als Unterscheidungsmerkmal des Geistes gegolten hatte, glaubte Schelling zugleich in der Natur wiederzufinden.

Seit Kant nämlich wurde der Gegensatz von Ich und Natur darin gesehen, daß das denkende Ich durch die Weise, wie es die mannigfachen Sinneseindrücke aktiv verknüpft (durch seine „Synthesis“), die Erscheinungswelt und die einzelnen Gegenstände in ihr „aufbaue“, so daß das Ich ein produktives Prinzip, die Natur dagegen nur das Produkt dieser geistigen Produktivität darstelle. Entsprechend sah auch Fichte in der Natur nur das Ganze der „Setzungen“ des denkenden Ich — die Philosophie der Natur, die die Erscheinungen auf ihr Prinzip hin durchschauen will, wurde so zu einer Selbsterkenntnis des Ich. Wenn dagegen Schelling die Philosophic des Ich und die Philosophie der Natur als gleichberechtigte komplementäre Teile des philosophischen Systems verstehen wollte, so mußte er nachweisen, daß die Produktivität das gemeinsame Merkmal von Ich und Natur darstelle. Es ist, wie Schelling zu zeigen versuchte, ebensogut möglich, das Ich als (produktives) Produkt der Natur aufzufassen wie die Natur als (produktives) Produkt des Ich.

Diese von Schelling geforderte Naturbetrachtung, der nicht „die Produktivität über dem Produkt", sondern „das Produkt über der Produktivität verschwindet", verlangt, daß auch die scheinbar festen Gestalten der Natur nur als vorübergehende Stufen („Hemmungspunkte") des Prozesses verstanden werden. Das gilt für die Gestalten und Bahnen der Gestirne ebenso wie für die erblichen Merkmale der Arten. So deutet Schelling z. B. einfach organisierte Lebewesen als „Dokumente" für früh erreichte Entwicklungsstufen des Lebens.

Unter dem Einfluß dieses Entwicklungsgedankens wurde die Naturwissenschaft auf allen ihren Gebieten (wieder) zur Erzählung von Gestaltungsvorgängen, zur Natur-Geschichte. Die Natur, die durch ihre Produktivität erkennen ließ, daß sie mit dem Ich strukturverwandt sei, zeigte sich eben dadurch in einer Weise, die auch den Gegensatz zwischen ihr und der Geschichte zu überwinden schien.

Die Entdeckung der Strukturdifferenz von Natur und Geschichte hatte zunächst den Anschein erweckt, als sei die Einheit des Menschen nur als seine Zusammensetzung aus gegensätzlichen Wesensteilen erklärlich. Das Bestreben, diesen anthropologischen Dualismus zu überwinden, erwies sich als gebunden an die Versöhnung des Gegensatzes von Geschichte und Natur. Vorbereitet durch Reflexionen auf das Verhältnis von Subjekt und Objekt, entwickelte Schelling einen Gedanken der Entwicklung, der geeignet erschien, diese Versöhnung begrifflich zu leisten. Die geschichtsphilosophische Frage nach dem Verhältnis von Natur und Geschichte, die zunächst auf das Problem des Verhältnisses von „Seele", „Leib" und „Einheit des Menschen" verwies, läßt sich nun konkreter stellen. Was leistet der Entwicklungsgedanke zur Auslegung der Natur, zum Verständnis der Geschichte und zur Bestimmung ihres Verhältnisses untereinander?

4. Der Entwicklungsgedanke — ein Mittel zur begrifflichen Versöhnung von Natur und Geschichte

a) „Entwicklung" als Zentralbegriff des Naturverständnisses

Schon zur Zeit Schellings erwies sich der Entwicklungsgedanke als geeignet, einen Grundlagenstreit der Biologie zu schlichten. Die „Evolutionisten" hielten (aus theoretischen Erwägungen und aufgrund von Erfahrung) die Erbausstattung eines Lebewesens für unveränderlich. Um diese Tatsache zu erklären, nahmen sie an, daß die Individuen mit allen ihren Eigenschaften schon im Keim (in der Samen- bzw. Eizelle) vorhanden seien und sich nur durch quantitatives Wachstum „ausfalteten". Da die solchermaßen fixierten Eigenschaften auch auf die Nachkommen vererbt werden, mußten die Evolutionisten konsequenterweise weiterhin annehmen, daß auch die Keime aller Nachkommen schon im ersten Keim des Stammvaters vorgebildet seien. Die „Epigenetiker" dagegen rechneten mit der Möglichkeit spontaner Neubildung von Leben und von neuen Arten des Lebendigen. Freilich konnten sie unter dieser Voraussetzung nicht erklären, warum die Arteigenschaften normalerweise in immer neuen Individuen reproduziert werden. Der Entwicklungsgedanke im Sinne Schellings dagegen gestattete es, einerseits daran festzuhalten, daß die Eigenschaften der Individuen und ihrer Nachkommen durch das Erbgut bestimmt sind, andererseits aber eine schrittweise Veränderung dieser erblichen Eigenschaften anzunehmen. Während die alte „forma substantialis" sich nur entweder in immer neuen Exemplaren der gleichen Art identisch reproduzieren kann oder aber völlig neu entstehen muß, ist die „sich entwickelnde Gestalt" fähig, Neubildungen zu produzieren, ohne dabei in völlige Regellosigkeit zu verfallen.

Durch Charles Darwin setzte sich der Entwicklungsgedanke in den Wissenschaften vom Lebendigen endgültig durch. Auch in diesem Falle verdankte er seine Bedeutung der Tatsache, daß er sich als geeignet erwies, einen Grundlagenstreit der Biologie zu schlichten. Die Anhänger einer finalen Naturbetrachtung betonten, daß es unmöglich sei, ein Lebewesen angemessen zu *beschreiben,* ohne dabei von finalen Begriffen Gebrauch zu machen (z. B. „zweckmäßige Ausstattung", „Einpassung in die Umwelt" usw.). Die Anhänger einer rein kausalen Naturbetrachtung erwiderten, es sei unmöglich, besondere „Zweckursachen" einzuführen, um aus ihnen Gestalt, Funktion und andere Merkmale des Lebendigen zu *erklären,* weil auf diese Weise die Frage nach den Gründen nicht beantwortet werde. (So sei z. B. die Aussage, die Ausformung der Körpergestalt während der Embryonalentwicklung sei einer besonderen „Gestaltungskraft" zuzuschreiben, eine leere Tautologie.) Weil aber finale Erklärungen den Anspruch erheben, die Gründe für beobachtete Phänomene gefunden zu haben, schneiden sie die Fragestellung ab, verhindern die Erforschung kausaler Zusammenhänge und stehen auf diese Weise der Forschung im Wege. Der Entwicklungsgedanke in derjenigen Fassung, die Darwin ihm gegeben hat (breite Streuung von Mutationen, Selektion der jeweils am besten angepaßten Individuen), macht es möglich, auf die Annahme eigener Finalursachen bei der *Erklärung* zu verzichten, ohne bei der *Beschreibung* die Zweckmäßigkeit des Ergebnisses außer acht lassen zu müssen.

Es ist also mit Hilfe des Entwicklungsgedankens zweimal gelungen, falsche Alternativen zu überwinden (Gesetzmäßigkeit der Vererbung „oder" Variabilität der Arten, rein kausale Erklärung „oder" finale Beschreibung der Lebewesen). Daß der Entwicklungsgedanke geeignet ist, solche Grundlagenkontroversen der Biologie zu schlichten, beweist, daß er der Wirklichkeit des Lebendigen in hohem Grade angemessen ist. Gesetzmäßigkeit im Prozeß, kausaler Zwang zum zweckmäßigen Ergebnis zeichnen das Naturgeschehen, insbesondere im Bereich des Lebendigen, aus. Ist aber dies ein Strukturmerkmal des Naturprozesses, dann muß auch sein Verhältnis zur Geschichte neu bestimmt werden.

b) „Historisierung der Natur" und „Naturalisierung der Geschichte"

Sobald der Naturprozeß als Entwicklungsvorgang verstanden wird, zeigen sich auch an ihm diejenigen Merkmale, die zuvor als Unterscheidungsmerkmale der Geschichte gegolten haben.

Nicht nur die historischen Entscheidungen, auch die Mutationsschritte in der Entwicklung der Arten sind *irreversibel.* Denn auch dann, wenn die Umweltbedingungen wiederkehren, unter denen die Vorfahren einer bestimmten Art gelebt haben, kehren die Nachkommen dieser Art nicht zu den früheren Eigenschaften zurück, sondern suchen „neue Antworten" auf die „alten Bedingungen".

Nicht nur der historisch handelnde Mensch verändert seine Umwelt, statt sich ihr nur passiv einzupassen. Auch die Arten des Lebendigen wirken auf diese Weise auf ihre Umwelt ein. So verändert z. B. das Pflanzenkleid den Wasserhaushalt des Standortes, und diese Veränderung wirkt auf das Pflanzenkleid zurück. Auch hier also zeigt sich die *Prävalenz der Zukunft* gegenüber den Ursprüngen.

Nach einer (freilich durchaus nicht unbestrittenen) Meinung mancher Biologen ist auch die *Anthropozentrik* ebensosehr ein Merkmal der Natur wie eines der Geschichte. Nach dieser Auffassung verläuft die Entwicklung der Arten „in einer Richtung" (orthogenetisch) auf den Menschen als die bisher höchstentwickelte Species zu (Teilhard de Chardin).

Wenn aber diejenigen Strukturmerkmale, die bisher als Besonderheiten der Geschichte gegolten hatten, auch am Naturprozeß beobachtet werden können, dann scheint es nötig, die Natur nach Analogie der Geschichte zu verstehen. Der Entwicklungsgedanke hat also das Naturverständnis in einer Weise verändert, die es gestattet, von einer „Historisierung der Natur" zu sprechen.

Diese Veränderung des Naturverständnisses wirkt jedoch sogleich auf das Verständnis der Geschichte zurück. Denn wenn der Naturprozeß gerade hinsichtlich jener Merkmale, durch welche die Geschichte sich von ihm zu unterscheiden schien, mit der Geschichte vergleichbar ist, dann legt es sich nahe, auch umgekehrt die Geschichte nach Analogie des Naturprozesses zu deuten. Anlässe zu einem solchen Verfahren bieten sich insbesondere dann, wenn in der Geschichtsphilosophie Probleme auftreten, die die Naturphilosophie auf ihre Weise schon gelöst hat.

Nun zeigt sich, daß gerade jene Schwierigkeit, die auf dem Felde der Naturphilosophie durch den Entwicklungsgedanken gelöst werden konnte, auf dem Felde der Geschichtsbetrachtung wiederkehrt. Es scheint unmöglich, den Geschichtsprozeß ohne finale Begriffe zu *beschreiben*; aber es scheint ebenso unmöglich, ihn durch Annahme eigener Finalursachen zu *erklären*.

Historische Verhältnisse und menschliche Handlungen wirken immer wieder zu Ergebnissen von solcher Art zusammen, daß diese zwar nicht mit den Absichten der Beteiligten zusammenfallen, wohl aber dem Historiker gestatten, die mannigfaltigen Einzelheiten in der Rückschau von diesem Ende her zu interpretieren (z. B. als „Voraussetzungen" einer Staatsgründung, an die zu dem betreffenden Zeitpunkt noch niemand dachte, oder als „Vorgeschichte" eines Krieges, den damals niemand wollte). Nur im Hinblick auf ein solches Teilziel ist es möglich, dem Einzelnen eine Funktion im Ganzen zuzuschreiben, Wichtiges (d. h. in seiner Funktion Unentbehrliches) von Unwichtigem zu unterscheiden und ein Stück Geschichte zusammenhängend zu erzählen. So ist es unumgänglich, die Geschichte jeweils zielbezogen zu beschreiben. Wollte man aber diese Zielbezogenheit dadurch erklären, daß man neben der Absicht der beteiligten Menschen (die oft genug auf ein ganz anderes Ziel gerichtet war) eine eigene Finalursache einführt, die den Geschichtsgang „lenkt", während der Mensch ganz anders „denkt", so hätte man innerhalb der Geschichtswissenschaft einen inhaltsleeren Satz ausgesprochen. Denn das Wort „Wille Gottes" oder „Vorsehung" bedeutet für den Historiker entweder gar nichts oder nur eine Metapher für die Feststellung, daß die Ereignisse faktisch so und nicht anders verlaufen sind. Sofern aber eine solche Formel den Anspruch erhöbe, eine Erklärung der historischen Zusammenhänge zu sein, würde sie die Forschung nur behindern. Denn sie schnitte die Frage nach den „innerweltlichen" Gründen für den beobachteten Geschichtsverlauf vorschnell ab, ganz ähnlich wie die Einführung von Finalursachen in die Erklärung der Natur die Frage nach dem Kausalmechanismus des Naturgeschehens vorschnell abgeschnitten hatte.

Da nun der Begriff „Entwicklung" sich als geeignet erwies, auf dem Felde der Naturwissenschaft den scheinbaren Gegensatz von finaler Beschreibung und kausaler Erklärung aufzulösen, liegt es nahe, die analoge Schwierigkeit auch auf dem Gebiet der Geschichtsbetrachtung dadurch zu lösen, daß der Entwicklungsbegriff in seiner darwinschen Prägung auf die Geschichte übertragen wird.

Ein liberaler „Sozial-Darwinismus" erklärt dann den beobachtbaren Fortschritt der Wissenschaft, der Wirtschaft, der Technik usw. weder aus den guten Absichten und weisen Plänen der Beteiligten noch aus dem Walten einer Vorsehung, sondern daraus, daß der Kampf ums Dasein nur den Tüchtigen überleben läßt. So läßt sich die Geschichte final (als „Fortschritt") beschreiben, aber rein kausal (aus dem „Kampf ums Dasein") erklären.

Innerhalb des vormarxistischen Sozialismus konnte diese Theorie weiterentwickelt werden. Wie die biologische Entwicklung der Arten nicht einseitig von der Veränderung der Umweltbedingungen bestimmt wird, sondern ihrerseits auf diese zurückwirkt, so kann auch die historische Entwicklung als eine Wechselwirkung von sozialen Umweltbedingungen und sozialen Auslesemechanismen beschrieben werden. Die Unaufhaltsamkeit des Fortschritts ergibt sich dieser Auffassung gemäß nicht nur daraus, daß unter dem Druck der sozialen Verhältnisse nur die jeweils Tüchtigsten sich durchsetzen, sondern auch daraus, daß diejenigen, die jeweils durch soziale Auslese zur Herrschaft gelangen, neue Verhältnisse stiften und damit die Bedingungen des künftigen „Kampfes ums Dasein" verändern. So hat beispielsweise die „bürgerliche Revolution" die Entstehung einer Industriegesellschaft ermöglicht, innerhalb derer der Kampf ums Dasein als Gegensatz von Kapital und Arbeit ausgetragen wird, woraus sich weiter ergibt, daß das Proletariat genötigt wird, sich zu organisieren und so die sozialistische Revolution vorzubereiten.

Unabhängig von der Differenz zwischen Liberalismus und Sozialismus ist diesen historischen Entwicklungslehren gemeinsam, daß sie die Zielrichtung des historischen Prozesses (den „unaufhaltsamen Fortschritt") aus einer objektiven Notwendigkeit erklären, deren Wirksamkeit unabhängig ist von den subjektiven Absichten der Beteiligten. Die Geschichte ist insofern nicht als Summe freier Handlungen von Einzelnen zu verstehen, sondern als notwendiger Prozeß, in den die wirklich oder vermeintlich freien Taten als Momente eingehen. Die Teleologie der so verstandenen Geschichte wird gedacht nach Analogie der unbewußten Produktivität der Natur.

Eine solche „Naturalisierung der Geschichte" läßt die schon einmal dargestellte Frage wiederkehren, wie sich die historische Notwendigkeit (nun verstanden als das Gesetz der historischen Entwicklung) zur sittlichen Freiheit verhalte. Denkt man sich die Teleologie der historischen Entwicklung als unabhängig von den Absichten der Beteiligten, so bleiben zwar die Gesinnungen und Taten der Individuen einer moralischen Beurteilung unterworfen; die Geschichte als Gesamtprozeß aber kann dann nicht mehr moralisch beurteilt werden. Auffassungen, die einen bestimmten historischen Weltzustand im ganzen als „sündhaft" erklären (Erbsündelehren!), müssen dann in einem moralisch wertneutralen Sinne umgedeutet werden als bildhafte Rede von biologischen oder sozialen Entwicklungskrisen. Auffassungen, die den Weltlauf als ganzen auf ein Gericht über die Sünde zulaufen sehen (Apokalyptik!), werden als bildhafte Rede davon verstanden, daß eine neue Entwicklungsphase der Welt die bisherige Weltgestalt überbietet, so daß zwar eine alte Gestalt dieser Welt vergeht, die Kräfte jedoch, die in dieser alten Welt schon wirksam waren, nicht verworfen, sondern erst freigesetzt werden.

Für das Verhältnis evolutionistischer Geschichtstheorien zur Frage nach der sittlichen Freiheit ist es bezeichnend, daß drei moralische Begriffe einer evolutionistischen Interpretation besonders große Schwierigkeiten bereiten: die Begriffe „Schuld", „Strafe" und „Gericht" (im Gegensatz zu anderen Geschichtsauffassungen, für die diese Begriffe zentrale Bedeutung haben: Vgl. etwa den Verfasser des Johannes-Evangeliums, wenn er die „Lehren des Geistes" in die drei Sätze zusammenfaßt „. . . daß es eine Sünde, eine Gerechtigkeit und ein Gericht gibt").

Die Frage nach dem Verhältnis von Natur und Geschichte eröffnet also zwei sehr unterschiedliche Problemperspektiven. Wird sie primär als die Frage nach der Strukturdifferenz von Naturprozeß und Geschichtsverlauf verstanden, so führt sie zu einer Neuformulierung der alten metaphysischen Zentralprobleme „Gott", „Freiheit", „Unsterblichkeit". Wird dagegen primär versucht, denjenigen anthropologischen Dualismus zu überwinden, der sich notwendig ergibt, wo Natur und Geschichte als unvermittelter Gegensatz gesehen werden, so wird die Interpretation der Phänomene in wachsendem Maße durch solche Begriffe beherrscht, die eine historisierende Naturbetrachtung und eine naturalisierende Geschichtsbetrachtung gestatten. Dafür bietet sich vor allem der Begriff „Entwicklung" an, zumal er sich als geeignet erwiesen hat, zunächst in der Naturphilosophie, sodann in der Geschichtsphilosophie gewisse grundsätzliche Methoden-Aporien zu überwinden.

Die Versuche jedoch, die Geschichte auf solche Weise nach Analogie der unbewußten Naturproduktivität zu beschreiben, mußten zugleich die sittliche Verantwortung des Einzelnen auf die Innerlichkeit der Gesinnung beschränken, den überindividuellen Geschichtsprozeß jedoch als Ausdruck einer Notwendigkeit deuten. Die Überwindung des Gegensatzes von Natur und Geschichte hat so einen neuen Gegensatz von Geschichte und Sittlichkeit aufbrechen lassen. Zugleich aber fragt sich, ob bei einer solchen naturalisierenden Geschichtsbetrachtung die Rolle des Bewußtseins in der Geschichte nicht zu gering veranschlagt werde. Da nun Sittlichkeit Bewußtsein voraussetzt, soll auch an dieser Stelle zunächst von dem Problem „Geschichte und Bewußtsein", dann erst von dem Problem „Geschichte und Sittlichkeit" gehandelt werden.

III. Geschichte und Bewußtsein

Die hier gestellte Frage nach dem Verhältnis von Geschichte und Bewußtsein ist von anderer Art als die oben aufgeworfene Frage nach dem Verhältnis von Natur und Geschichte. Dort war die Rede von zwei Arten der Ereignisverknüpfung, von ihrer Strukturdifferenz und von der Frage, ob ihr Gegensatz unvermittelt sei oder eine Vermittlung gestatte. Hier dagegen handelt es sich nicht um zwei Arten von Ereignisreihen, sondern um die Frage, ob das Bewußtsein, welches sich zweifellos auf die Geschichte richten kann, um sich von ihr eine Vorstellung zu bilden, auch die Fähigkeit habe, auf sie zu wirken, um sie zu gestalten.

Die historischen Entwicklungstheorien, von denen im letzten Abschnitt die Rede war, stellen zwar hohe Ansprüche an das Bewußtsein, das die Geschichte betrachtet (an das Bewußtsein *von* der Geschichte). Denn sie wollen ein Entwicklungsgesetz sichtbar machen, das den Verlauf der Geschichte bestimmt, den Beteiligten aber zumeist unsichtbar bleibt. Aber die gleichen Theorien rechnen nur in sehr engem Rahmen mit der Möglichkeit des Bewußtseins, die Geschichte zu gestalten (mit einer geringen Wirksamkeit des Bewußtseins *in* der Geschichte). Denn nicht bewußt gefällte Entscheidungen der Freiheit, sondern die unbewußt produzierende Notwendigkeit der Entwicklung soll die Ereignisse untereinander verknüpfen.

Das Problemfeld „Geschichte und Bewußtsein" öffnet sich also nur unter der Voraussetzung, daß es unzweifelhaft ein Bewußtsein *von* der Geschichte gibt, daß es aber höchst zweifelhaft ist, welche Rolle dieses Bewußtsein *in* der Geschichte spiele (z. B. die Rolle eines unbeteiligten und zugleich einflußlosen Betrachters, oder die Rolle eines Symptoms, dessen Veränderung die geschehenen oder bevorstehenden Umwälzungen der Realverhältnisse anzeigt, oder die Rolle eines gestaltenden Faktors im Realprozeß selbst).

Da es die naturalisierenden Geschichtsbetrachtungen waren, die diesen Zweifel hervorgerufen haben, wird zunächst zu fragen sein, bis zu welcher Grenze diese Betrachtungsweise tauglich sei, die historischen Phänomene verständlich zu machen.

1. Grenzen der biomorphen Geschichtsmodelle

Biomorphe Geschichtsmodelle (d. h. solche, die den Geschichtsverlauf nach Analogie des Lebensprozesses deuten) lassen nicht erst dort ihre Grenze erkennen, wo vereinzelte Tatsachen nur mühsam oder gewaltsam in demjenigen Zusammenhang „untergebracht" werden können, den die Theorie vorgezeichnet hat. Ihre hermeneutische Tauglichkeit (d. h. ihre Fähigkeit, eine Auslegung zu begründen und ein Verstehen zu stiften) erweist sich schon dadurch als begrenzt, daß sie von ihren eigenen Leitbegriffen einen metaphorischen Gebrauch machen müssen, der geeignet ist, Zweideutigkeiten zu stiften, indem diese

Begriffe stets etwas mit-bedeuten, was sie zugleich zum Vergessen bringen. So haben die historischen Entwicklungslehren zentrale Begriffe ihrer Geschichtsdeutung aus der Naturbetrachtung übernommen. Versucht man, diese Begriffe auszulegen, so zeigt sich, daß sie in ihrem metaphorischen Gebrauch stets jenen Einfluß des Bewußtseins auf den Geschichtprozeß mitbedeuten, den sie zugleich dadurch verbergen, daß sie in ihrem ursprünglichen Gebrauch und in ihrer wörtlichen Bedeutung gerade die unbewußte Produktivität der Natur bezeichnen. Das gilt sowohl für den Begriff „Entwicklung" selbst als auch für die zu jeder Entwicklungslehre gehörigen Begriffe „Erbgut", „Umwelt" sowie „Einpassung" in die bestehenden und „Anpassung" an die sich verändernden Umweltbedingungen.

Der Begriff „Erbgut" bezeichnet jene vorgegebene Ausstattung mit Fähigkeiten der Orientierung und des Verhaltens, welche die jeweils lebende Generation schon mitbringt und, durch spontane Veränderungen und durch Auslese des jeweils Funktionstüchtigsten „weiterentwickelt", den kommenden Generationen weitergibt. Wird jedoch innerhalb der Geschichtsbetrachtung von einem solchen „Erbgut" gesprochen, so ist damit nicht eine physische Ausstattung gemeint (nach Art des „Gen-Satzes" in den Chromosomen), sondern eine *Tradition,* d. h. die ins Selbstverständnis der jeweiligen Gegenwart aufgenommene Vergangenheit. Diese mag im übrigen als verpflichtendes Vorbild, als warnendes Gegenbild oder als wertneutrale Information verstanden und verwendet werden: in jedem Falle bestimmt sie die Möglichkeiten gegenwärtiger Orientierung. Solche Tradition ist der gemeinsame Möglichkeitsgrund für Beharrung und Fortschritt: für Beharrung, weil nur das „bewahrt" werden kann, was gewußt und als bewahrungswürdig ausgelegt ist; für den Fortschritt, weil keine Gegenwart über die primitivste Stufe des individuellen und des gemeinschaftlichen Lebens hinauskommen könnte, wenn jede Generation wieder von vorne anfangen müßte. Traditionen aber, die in solcher Weise gegenwärtige Orientierung ermöglichen, Bewahrung veranlassen und Fortschritt gestatten, üben diese Wirksamkeit nur in dem Maße und nur in der Weise aus, wie sie verstanden werden. Dabei stellt das Mißverständnis der Vergangenheit eine ebenso wirksame Weise des Verstehens dar wie ihr historisch zutreffendes Verständnis. Historisches Erbgut, das historisch entwickelt werden kann, ist also stets gewußter und ausgelegter Überlieferungsinhalt. Gäbe es kein Bewußtsein, so gäbe es kein historisches Erbe. Gerade dieser Sachverhalt aber wird durch die biomorphe Beschreibung mit der Vokabel „Erbgut" eher verdeckt als deutlich gemacht.

Entsprechendes gilt von dem Begriff „Umwelt". Er meint im Zusammenhang der Entwicklungslehren das Gefüge derjenigen Bedingungen, die darüber entscheiden, welche Individuen oder Gruppen im Kampf ums Dasein die höhere Chance des Überlebens haben. Wird dieser Begriff jedoch im Zusammenhang einer Geschichtsbetrachtung gebraucht, so bedeutet er nicht ein eindeutig vorgegebenes Bedingungsgefüge nach Art des Futterplatzes, der Konkurrenz zwischen den Artgenossen bei ihrer Nahrungs- und Gattensuche oder der natürlichen „Feindschaft" der Arten, sondern eine *Situation*, d. h. jene Ganzheit der Umstände, die als Bedingung für gewisse Möglichkeiten des Verhaltens und als Herausforderung zu einer Entscheidung ausgelegt ist. Erst die Verhaltensabsicht läßt die Umstände als förderlich oder hinderlich erfahren und schließt damit die Vielfalt der Gegebenheiten zur Einheit der Situation zusammen. Das gemeinsame Verständnis solcher Verhaltens-Alternativen und Entscheidungs-Provokationen ist der gemeinsame Möglichkeitsgrund für den gesellschaftlichen Konsensus und Dissensus: für den Konsensus, weil nur die Identität der verstandenen Aufgabe eine Übereinstimmung in den Lösungsprogrammen möglich macht; für den Dissensus, weil ohne die Identität der strittigen Sache nicht einmal ein Streit möglich wäre und jeder Versuch der Kommunikation im vollen Sinn des Wortes gegenstandslos werden müßte. Situationen üben nur in dem Maße und nur in der Weise eine Herausforderung aus, wie sie *verstanden* werden. Dabei kann die Einigkeit der Streitenden über die strittige Sache ebensosehr auf einem gemeinsamen Mißverständnis der Umstände beruhen wie auf einer gemeinsamen richtigen Einschätzung dessen, welche Möglichkeiten des Verhaltens durch diese Umstände aufgeschlossen oder versperrt werden. Wer aber am gemeinsamen Situationsverständnis nicht partizipiert, wer sich deshalb nicht vor die gleichen Alternativen des Verstehens und des Verhaltens gestellt sieht, hat auch keinen Anteil an den theoretischen oder praktischen Entscheidungen seiner Zeitgenossen und ist deshalb weder ihr Freund noch ihr Feind, sondern „zählt nicht" in ihrem historischen Kontext. Jene historische Umwelt, welche Einpassung bzw. Anpassung fordert, um historische Überlebenschancen zu gewähren, ist also immer die als gemeinsame Herausforderung einer Gruppe (oder konkurrierender Gruppen) ausgelegte Situation. Gäbe es keine Auslegungen, so gäbe es nichts, woran die historisch Handelnden sich anpassen könnten. Gerade dieser Sachverhalt jedoch wird durch die aus der Naturbetrachtung entlehnte Rede von der „Umwelt“ eher verdeckt als verdeutlicht.

Aus dem Gesagten ergibt sich, daß auch der Funktionszusammenhang von Mutationen und Selektionen, durch welchen die Entwicklung vorangetrieben und gesteuert wird, auf dem Gebiet der Geschichtsbetrachtung anders verstanden werden muß als auf dem der Naturbetrachtung. Denn jene „Einpassung“ bzw. „Anpassung“, die darüber entscheidet, welche Mutationsergebnisse einen Selektionsnutzen zur Folge haben, muß in historischen Zusammenhängen auf spezifische Weise beschrieben werden: nicht als ein Verhältnis zwischen physischer Ausstattung und eindeutig vorgegebenen Lebensbedingungen, sondern als eine sich jeweils herstellende *Verständigungsfähigkeit*, d. h. eine die Individuen verbindende Ähnlichkeit der Form, wie sie sich selbst und die Welt verstehen. Sie „sprechen die gleiche Sprache“, auch wenn sie sich in dieser Sprache inhaltlich heftig widersprechen mögen. Diese Verständigungsfähigkeit ist es, die einen historischen „Selektionsnutzen“ gewährt, weil sie die Möglichkeit historischen Wirkens begünstigt und damit die Durchsetzung gegenüber konkurrierenden Absichten und Kräften erleichtert. Die historisch relevanten „Mutationen“ bestehen deshalb in Veränderungen der Aufgabenhorizonte und der Problemperspektiven, aus denen sich eine neue Form von Kommunikation und Kooperation ergibt. Einpassung und Anpassung sind also, auf dem Felde der Geschichte, Formen solcher Kommunikations- und Kooperationsfähigkeit. Und auch dieser Sachverhalt wird durch die Übernahme biomorpher Beschreibungen eher verdunkelt als erhellt.

Die der Naturbetrachtung entlehnten Metaphern „Erbgut“, „Umwelt,“ „Einpassung und Anpassung“ sind also geeignet, die Bedeutung des Bewußtseins für den Geschichtsprozeß zu verdecken. Was diese Metaphern jedoch bezeichnen, wenn sie auf den Geschichtsprozeß angewendet werden, das erweist sich, in Gestalt von Traditionen, Situationen und Formen der Verständigungsfähigkeit, jeweils als eine Weise des Verstehens. Dabei gestatten die verwendeten Termini einen metaphorischen Sprachgebrauch, der auf die Geschichte angewandt werden kann. In dieser Möglichkeit liegt ein Hinweis auf die Strukturverwandtschaft von Natur und Geschichte. Aber dieser metaphorische Sprachgebrauch droht jeweils dasjenige zu verdecken, worauf er hinweist: die Bedeutung des Bewußtseins für die Überlieferung (das historische „Erbgut"), für die Konstitution von Situationen (die historische „Umwelt") und für die Ermöglichung historischer Wechselwirkung (die historische „Einpassung und Anpassung"). An dieser Grenze der hermeneutischen Leistungsfähigkeit biomorpher Geschichtsmodelle erweist sich die Dringlichkeit der Aufgabe, die Funktion des Bewußtseins in der Geschichte angemessen zu beschreiben. Dieser Aufgabe sind andere Geschichtsmodelle gewidmet, die den Geschichtsprozeß nach Analogie des Fortschrittes von Wissenschaft und Technik auslegen.

2. *Die Leistung der technomorphen Geschichtsmodelle: Der Fortschritt von Wissenschaft und Technik als Modell der Geschichtsbetrachtung und als Ideal der Geschichtsgestaltung*

Die Bedeutung des Bewußtseins als eines gestaltenden Faktors der Geschichte wird, so hat sich gezeigt, sogar von den biomorphen Geschichtsmodellen allenfalls verdeckt, nicht verleugnet. Darum liegt es nahe, den Geschichtsverlauf nach dem Vorbild anderer Ereigniszusammenhänge zu beschreiben, an denen unmittelbar abgelesen werden kann, was die Rede vom historischen „Erbe", der historischen „Umwelt" und der historischen „Selektion" nur in metaphorischer Weise zum Ausdruck bringt.

Ein solcher Ereigniszusammenhang ist der Fortschritt der Wissenschaft und der Technik. Theorien, die den Geschichtsverlauf im ganzen nach diesem Beispiel deuten, leisten zunächst das, wodurch die biomorphen Geschichtsmodelle sich empfohlen haben: Auch sie verbinden teleologische Beschreibung mit kausaler Erklärung und versöhnen den Gegensatz von Notwendigkeit und Freiheit. Denn ähnlich wie der Naturprozeß scheint auch der Fortschritt von Wissenschaft und Technik einer Gesetzmäßigkeit zu unterliegen, die durch die Willkür der Beteiligten nicht wesentlich beeinflußt werden kann. Die jeweils „beste Lösung" setzt sich durch und bestimmt die neuen Aufgabenstellungen und Lösungsalternativen. In diesem Sinne gibt es auf diesem Felde nicht weniger als in der Natur eine Entwicklung, deren Stetigkeit durch Auslese garantiert wird, ohne daß dafür eigene Finalursachen verantwortlich zu machen wären. Und in diesem Sinne ist hier nicht weniger als in der Natur alle Selbstbestimmung der Lebewesen (ihr Wille zum persönlichen Überleben und zur Überbietung der Konkurrenten) immer schon in Dienst genommen für die Weiterentwicklung der Gattung.

Zugleich aber läßt sich am Fortschritt von Wissenschaft und Technik in exemplarischer Weise ablesen, wie die Veränderungen des Bewußtseins die Voraussetzung für die Umgestaltung der Realverhältnisse sind (denn welche Revolutionen der Denkart mußten geschehen, ehe die technischen Revolutionen möglich wurden) und worin jene Funktion von Traditionen, Situationen und Kommunikationsformen besteht, von der innerhalb biomorpher Modelle nur unter den Metaphern von Erbgut, Umwelt und Anpassung gesprochen werden konnte.

Tradition (historisches „Erbgut") ist auf dem Gebiet von Wissenschaft und Technik der angesammelte Schatz von Tatsachenkenntnis und Methodengeschick. Weil aber dabei nur das überliefert wird, was sich bewährt hat, ermöglicht diese Tradition durch Vermehrung gesicherter Kenntnisse und durch Differenzierung erfolgreich erprobter Methoden einen stetigen Fortschritt.

Situation (historische „Umwelt") ist hier diejenige Konstellation von bekannten Gegebenheiten (Daten), welche die Herausforderung zu jeweils vordringlichen Aufgabenstellungen der wissenschaftlichen Theorie oder der technischen Praxis enthält. Weil dabei die Aufgabe eindeutig formulierbar ist, ermöglicht die Situation die Prüfung konkurrierender Lösungsangebote, die Ausscheidung ungeeigneter Lösungsversuche und schließlich die allgemeine Anerkennung der jeweils besten Lösung.

Verständigungsfähigkeit (historische „Einpassung und Anpassung") ist in diesem Zusammenhang die Fähigkeit, über die gestellte Aufgabe soweit Einigkeit zu erzielen, daß die unterschiedlichsten Kenntnisse verwertbar werden, divergierende Meinungen aber auf klare Entscheidungs-Alternativen gebracht werden können. Weil dabei die Formulierung der Aufgabe zugleich die Kriterien für die Falsifikation von theoretisch-wissenschaftlichen oder praktisch-technischen Lösungsangeboten enthält, ist es in Wissenschaft und Technik prinzipiell immer möglich, auftretende Kontroversen über die beste (bzw. die einzig richtige) Lösung entscheidbar zu machen.

Auf diesen Momenten (der Stetigkeit des Fortschritts, der allgemeinen Anerkennung optimaler Lösungen, der Entscheidbarkeit der Kontroversen) beruht die *Rationalität* der Geschichte von Wissenschaft und Technik. Diese ihrerseits ist der Anlaß dafür, daß Versuche der theoretischen Geschichtsdeutung und der praktischen Geschichtsgestaltung sich an dem Ideal des wissenschaftlich-technischen Fortschritts orientieren.

Eine theoretische Geschichtsdeutung, die den Geschichtsverlauf im ganzen nach diesem Beispiel begreift, will auch in anderen Teilbereichen der Geschichte jene verborgene Teleologie auffinden, die alle scheinbaren Wechselfälle der Geschichte als Momente eines stetigen Fortschritts erkennen läßt, alle scheinbare Zufälligkeit in Aufbau und Zerstörung als einen Selektionsmechanismus zugunsten des jeweils Besten verständlich macht und damit wenigstens dem rückschauenden Betrachter gestattet, hinsichtlich aller innerhistorischen Kontroversen eindeutig zu entscheiden, auf welcher Seite jeweils das „historische Recht“ gelegen war.

Da jedoch der faktische Geschichtsverlauf sich nicht ohne Rest in ein solches rationales Erklärungsschema einfügt, wird der wissenschaftlich-technische Fortschritt mehr und mehr aus einem Modell der Geschichtsdeutung zu einem Ideal der Geschichtsgestaltung. Die Gesamtgeschichte *ist* nicht im gleichen Maße rational wie die Entwicklung der Wissenschaft und der Technik, aber sie *soll* es werden.

Eine geschichtsgestaltende Praxis, die sich am Beispiel von Wissenschaft und Technik orientiert, ist von dem Willen geleitet, die Gesamtgeschichte in gleicher Weise rational zu machen. Die gesellschaftlichen und politischen Verhältnisse sollen nach Regeln einer wissenschaftlich begründeten Sozialtechnik planmäßig umgestaltet werden mit dem Ziel, daß auch auf dem Felde von Staat und Gesellschaft alle auftretenden Konflikte nach einsichtigen Regeln entscheidbar werden, so daß die Auswahl der jeweils besten Problem- und Konfliktslösung gesichert und damit die Stetigkeit des Fortschritts garantiert wird.

3. Das geschichtsphilosophische Problem: Macht und Ohnmacht des Bewußtseins in der Geschichte

Im Zusammenhang einer „Topographie“ geschichtsphilosophischer Probleme ist der soeben dargestellte Gegensatz zwischen biomorphen und technomorphen Geschichtsmodellen deshalb von Interesse, weil er geeignet ist, einige Teilprobleme und Problemverweisungen deutlich zu machen.

Die erste Frage, *ob* das Bewußtsein einen Einfluß auf den Geschichtsverlauf habe, scheint eindeutig positiv beantwortet zu sein. Die Funktion des Bewußtseins als eines Faktors in der Geschichte wird durch die biomorphen Geschichtsmodelle nicht verleugnet, durch die technomorphen aber ausdrücklich deutlich gemacht.

Die zweite Frage, *wie* das Bewußtsein den Geschichtsverlauf beeinflusse, scheint durch den Hinweis auf den wissenschaftlich-technischen Fortschritt geklärt zu sein. Traditionen, Situationen und Kommunikationsformen, deren Wirkungsweise sich am Beispiel der Geschichte von Wissenschaft und Technik studieren läßt, erfüllen im historischen Zusammenhang die gleiche Funktion, die bei der Entwicklung der Arten durch Erbausstattung, Umweltbedingungen und Anpassungsvorgänge erfüllt wird. Indem das Bewußtsein Traditionen ermöglicht, Umstände zu Situationen mit angebbaren Entscheidungsalternativen gliedert, Formen der Kommunikation und der Kooperation für die Gestaltung der Zukunft entwirft und erprobt, verleiht es dem Geschichtsprozeß Stetigkeit und gesetzmäßige Zielrichtung. Diese Merkmale aber konstituieren jene Rationalität, durch welche die historische Entwicklung den Vergleich mit der natürlichen gestattet.

So bleibt zunächst nur die dritte Frage offen, *wie weit* die Fähigkeit des Bewußtseins reiche, dem Geschichtsverlauf im ganzen die Rationalität des wissenschaftlich-technischen Fortschrittes aufzuprägen. Diese Frage aber führt auf das umfassendere Problem, an welchen Grenzen die Macht des Bewußtseins in der Geschichte ende.

Grenzen dieser Macht werden nicht nur dort erfahren, wo physische Mächte die Verwirklichung rationaler Absichten verhindern. Sie zeigen sich noch deutlicher darin, daß das Bewußtsein gerade zu denjenigen Leistungen nur beschränkt fähig ist, auf denen seine Macht im Geschichtsprozeß beruht: zur Aneignung von Traditionen, zur Konstitution entscheidungsrelevanter Situationen, zur Herstellung von Möglichkeiten der Verständigung und des Zusammenwirkens.

a) Die Zweideutigkeit der Traditionen und die Gefahr der Selbstentfremdung

Die *Tradition* treibt den Geschichtsprozeß dadurch voran, daß sie späteren Generationen gesicherte Kenntnisse, erprobte Verhaltensformen, bewährte Orientierungsmethoden zur weiteren Verfügung an die Hand gibt. Mit Bezug auf diese Kenntnisse, Fertigkeiten und Methoden ist den Späteren der mühsame Weg von Versuch und Irrtum erspart. Das einmal Gefundene und Gesicherte ist zum selbstverständlichen Besitz geworden.

Aber gerade das Selbstverständliche ist schon auf dem Wege, zum Unverständlichen zu werden. Antworten werden nachgesprochen, Lösungen nachvollzogen; aber die Fragen, die beantwortet werden sollten, werden nicht mehr mitgefragt, die Not, die die Lösungen notwendig machte, wird nicht mehr miterlebt. Damit aber werden auch die Antworten und Lösungen in ihrer Funktion nicht mehr verstanden. Aus Erben werden Epigonen.

Die auf solche Weise unverständlich gewordene Tradition wird nun als fremd erfahren. Die Menge des fremd gewordenen Traditionsgutes wird schließlich als Last empfunden, die man abwerfen will. Aus Epigonen werden Vergeuder des Erbes.

Das Abwerfen der Traditionslast und damit zugleich die Zerstörung überlieferter Kulturformen wird in dieser Lage zu einem Akt der Befreiung. Kultur-Überdruß erzeugt ein Pathos der Emanzipation, das sich mit Emphase zu einem „neuen Barbarentum" bekennt.

Die Folge dieses Vorganges ist ein doppelter *Identitätsverlust* des Einzelnen. Wo eine Tradition, die ihm fremd geworden ist, ihm seine soziale Rolle zuweist, kann er in dieser Rolle „sich selbst" nicht wiedererkennen. Im Abwerfen dieser Tradition und in der Verweigerung der traditionellen Rolle aber wird er zunächst zum vereinzelten Individuum. Die bleibende Notwendigkeit, in der Gesellschaft mit anderen zusammenzuleben und zusammenzuwirken, ist nun nicht mehr durch Tradition und überkommene Rollenverteilung gesichert, sondern wird als zufälliger Funktionszwang erfahren. Zwischen eine fremd gewordene Tradition und eine als äußerlich erfahrene Funktion gestellt, kann das Individuum „sich selbst" weder in seiner historisch-sozialen Rolle noch in einer aus solchen Zusammenhängen ausgesparten Innensphäre wiederfinden. Was immer es als sein „Selbst" erfährt, erscheint ihm fremd und äußerlich. Es ist *sich selbst entfremdet.*

b) Die Ambivalenz der Situationen und die Gefahr der Realitätsentfremdung

Die *Situation* ist diejenige Konstellation von Bedingungen, welche angebbare Alternativen des Verstehens und des Verhaltens entstehen läßt und dadurch Entscheidungen möglich macht. Erst dadurch wird der Ereigniszusammenhang als Geschichte erfahren. Wenn es auf solche Weise gelingt, die Vielfalt der Umstände durch den Vorblick auf Verhaltens- und Verstehensmöglichkeiten zur Einheit der Situation zu ordnen, so wirkt diese Erfahrung befreiend. Umstände sind bloß faktisch gegeben; Situationen fordern heraus. Gerade diese Herausforderung aber überwindet die Sinnlosigkeit der bloßen Tatsachen und eröffnet befreiende Perspektiven.

Aber gerade die befreiende Perspektive ist schon dabei, perspektivische Befangenheit zu erzeugen. Der Vorblick auf eine als verpflichtend empfundene Möglichkeit läßt alles, was sich zeigt, nur „sein", was es für dieses Ziel bedeutet, nur „bedeuten", was es zur Erreichung dieses Zieles beiträgt. Alle Erfahrung kann deshalb den Entwurf dieses Zieles immer nur bestätigen, weil nur das, was sich auf dieses Ziel als Mittel oder als Hindernis beziehen läßt, in den Gesichtskreis des Erfahrenden fällt. Das „Worumwillen" umgrenzt den „Horizont", innerhalb dessen Seiendes „entgegenstehen" kann.

Wer das Wirkliche so erfährt, ist nicht mehr offen für die überraschende Herausforderung, sondern eingeschlossen in seine Perspektive. Aus dem Propheten ist der Schwärmer geworden.

Die auf solche Weise fixierte Perspektive ist nun weder durch Erfahrung zu korrigieren noch durch Begründung zu rechtfertigen, weil sie ihrerseits vorweg entscheidet, was erfahren wird und welche Argumente verstanden werden. Deshalb gelingt Verständigung über das entworfene Ziel und den gewählten Weg in diesem Zustand nur noch unter „Gleichgesinnten". Schwärmer werden zu Sektierern.

Ist dieses Stadium erreicht, so erscheinen alle Ideen als zweideutig. Für die Angehörigen der sich schließenden Gruppe beziehen sich die Ideen, die in dieser Gruppe konzipiert wurden, auf verpflichtende Möglichkeiten und gestatten es, in ihrem Lichte das Gegebene zu sehen und in den Kontext einer Situation einzuordnen. Für denjenigen, der nicht zur Gruppe gehört, erscheinen die gleichen Ideen wie Fiktionen, die die Wirklichkeit verfehlen. Wenn aber diese Gefahr einmal erfahren wurde, so scheint der Wille zur Wirklichkeit die Abwendung von allen idealen Zukunftsentwürfen zu erzwingen. Die alleinige Anerkennung der „nackten Tatsachen" wird so zu einem Akt der Befreiung aus perspektivischer Befangenheit. Der Wille, nur diese Tatsachen gelten zu lassen, verbindet sich in dieser Lage mit einem Pathos der Emanzipation, das sich ausdrücklich zur „neuen Primitivität" der Ablehnung aller Ideale bekennt.

Die Folge dieses Vorganges ist ein doppelter Realitätsverlust. Die im Lichte einer Idee gedeutete Situation erscheint nun wie ein Traum, der gewisse Fragmente der Erfahrung zu phantastischen Gebilden verknüpft. Im Zerbrechen aller Traumbilder aber sieht sich der Mensch zunächst nur an verstreute Einzeltatsachen verwiesen, die an ihn keine Forderung stellen und ihm keine Möglichkeiten eröffnen. Zwischen fiktiv gewordene Ideen und belanglos gewordene Tatsachen gestellt, findet der Mensch nicht die Wirklichkeit, die ihn angehen und ihm etwas bedeuten könnte. Denn weder das Fiktive noch das Belanglose fordert ihn zu theoretischer Auslegung oder zu praktischer Entscheidung heraus oder dient seinen theoretischen Ansichten und praktischen Absichten zur Bewährungsprobe. Dasjenige aber, was ihm in Theorie und Praxis aufschlußreich begegnen könnte, ist dem Menschen in dieser Lage unauffindbar geworden. Er ist *der Realität entfremdet.*

c) Kommunikationsverlust und soziale Entfremdung

Identitätsverlust und Realitätsverlust gemeinsam zerstören schließlich auch die intersubjektive *Verständigungsfähigkeit.* Der Einzelne erfährt seine gesellschaftliche Rolle als äußerlich, mag sie nun durch eine fremdgewordene Tradition bestimmt sein oder durch den traditionslosen Funktionsmechanismus eines „Apparates". Seine Handlungsmöglichkeiten erscheinen ihm beliebig, mögen sie sich im übrigen aus dem Traum von Ideen ergeben oder aus dem willkürlichen Gebrauch von bedeutungslosen Tatsachen. Wo sich aber weder der Einzelne mit seiner sozialen Rolle identifizieren noch die Gesellschaft einen Konsensus über gemeinsame Aufgaben erreichen kann, da werden die Meinungsdifferenzen aus entscheidbaren Alternativen zu inkommensurablen Entwürfen. Über die Kriterien, an denen solche Entwürfe zu messen wären, läßt sich nun nicht mehr diskutieren, weil sie selber erst durch Entwürfe zustande kommen, die, als Ideen, nur für diejenigen Verbindlichkeit besitzen, die sich zu ihnen bekennen. Die Argumentation wird darum gruppenintern-monologisch. Im Außenverhältnis zwischen den Gruppen jedoch erzwingt die Verzweiflung an der Überzeugungskraft der Argumente, da auf Kooperation nicht verzichtet werden kann, die Durchsetzung von Handlungsprogrammen mit Hilfe von repressiver oder revolutionärer Gewalt.

Die Folge dieses Vorganges ist ein doppelter *Intersubjektivitäts-*

verlust. Wo weder das Selbstverständnis der Einzelnen noch ein gemeinsames Bewußtsein von einer objektiven Aufgabe, die durch die Situation gestellt wäre, die Glieder einer Gesellschaft verbindet, da verliert die Vernunft die Fähigkeit, zwischen den konkurrierenden Gruppen und ihren Interessen zu vermitteln. Der Versuch, Andersdenkende zu überzeugen, wird nun nur noch als Mittel zur Durchsetzung fremder Interessen erfahren und verfällt so prinzipiell dem Ideologieverdacht. Aber auch die Ideologiekritik wird, wenn sie zur prinzipiellen Weigerung führt, auf fremde Argumente zu hören, zu einem bloßen Mittel der Selbstdurchsetzung und insofern zur Gruppenideologie. Wo aber fremde Argumente und eigene Kritik gleichermaßen ideologisch werden, da zerfällt die Gesellschaft in verständigungsunfähige Einzelne und Teilgruppen, die den Zusammenhang untereinander verloren haben und so *der Gesellschaft entfremdet* sind.

d) Die Ohnmacht des Bewußtseins als Entfremdungsphänomen

Die Frage nach der Rolle des Bewußtseins in der Geschichte hat zunächst ihre Beantwortung dadurch gefunden, daß die Tatsache und die Eigenart seines Einflusses auf die Geschichte geklärt werden konnten. Um nun die Reichweite dieses Einflusses zu bestimmen, war nach den Grenzen gefragt worden, die der Macht des Bewußtseins gesteckt sind. Dabei zeigte sich, daß diese Macht nicht durch fremde Mächte (z. B. durch physische Gewalt) begrenzt werde, sondern vor allem dadurch, daß die spezifisch geschichtsbildenden Funktionen des Bewußtseins (die Begründung von Traditionen, die Konstitution entscheidungsrelevanter Situationen und die Ermöglichung von effektiven Formen der Kommunikation und der Kooperation) ambivalent sind. Sie können einen Zustand heraufführen, in welchem das Bewußtsein gegenüber der Gesellschaft, der Realität und sich selbst entfremdet erscheint.

Dabei äußert sich die *gesellschaftliche Entfremdung* der Vernunft darin, daß aus klaren Entscheidungsalternativen, die an einer gemeinsamen Aufgabe meßbar wären, inkommensurable Zielprojektionen geworden sind, die nicht durch Argumente ausgewiesen, sondern nur mit Gewalt durchgesetzt werden können. Die Inkommensurabilität solcher Programme wird besonders dadurch deutlich, daß nicht einmal über die Bestimmung des Dissenspunktes ein Konsens erzielt zu werden pflegt. Das beweist, daß die Differenz nicht im Inhalt des Gedachten, sondern in der Struktur des Denkens zu suchen ist.

Die *Realitätsentfremdung* äußert sich darin, daß aus einer Herausforderung durch objektive Aufgaben die Projektion subjektiver Wunschvorstellungen geworden ist, die weder an Erfahrungen korrigiert noch durch Argumente kritisiert, sondern nur aus der fixierten Form des Bewußtseins erklärt werden können. Die Unfähigkeit, sich durch Erfahrungen oder Argumente belehren zu lassen, ist ein besonders deutliches Anzeichen für die Fixierung eines „falschen Bewußtseins". Denn sie beweist, daß dieses Bewußtsein nicht mehr auf Wirklichkeit bezogen, sondern ausschließlich mit sich selbst und seinen Projektionen beschäftigt ist.

Die *Selbstentfremdung* äußert sich darin, daß individuelle Subjektivität und soziale Rolle nicht mehr zur Deckung gebracht werden können, so daß jeder gesellschaftliche Einfluß auf die Gestaltung des Bewußtseins (und deshalb auch jede Art von „Bildung") als fremde Gewalt empfunden wird, die die Selbständigkeit des Denkens einschränkt. Da jedoch das Bewußtsein sich dem gesellschaftlichen Einfluß nicht entziehen kann, erfährt es sich nun teils als „manipuliert" durch fremde Kräfte, teils als gesteuert durch eigene unbewußte Interessen, jedenfalls aber nicht mehr als Herr der eigenen Gedanken.

Durch die Entfremdung erfährt das Bewußtsein sich von allem Einfluß auf die Gesellschaft, auf die Gesamtwirklichkeit und auf sein eigenes Schicksal ausgeschlossen. Dennoch ist jede dieser drei Formen der Entfremdung ein spezifisches Bewußtseinsphänomen. Die Grenze, die dem geschichtswirksamen Einfluß des Bewußtseins gesteckt ist, erscheint insofern nicht als eine äußere Grenze, an der das Bewußtsein einer fremden Übermacht begegnet, sondern als eine innere Begrenztheit, an der es seine Ohnmacht erfährt. Diese Ohnmacht wird gerade dort erfahren, wo auch die geschichtsgestaltende Macht des Bewußtseins offenkundig wurde: im Verhältnis zu Traditionen, Situationen und Kooperationsformen. Darum erscheint die Entfremdung als eine Selbstauflösung der Vernunftfunktionen. Es liegt daher nahe, sie wie eine Krankheit zu beschreiben und nach möglichen Therapien zu suchen.

Die Frage nach Macht und Ohnmacht des Bewußtseins verwandelt sich auf solche Weise in die Frage nach Diagnose und Therapie einer Erkrankung der Vernunft, für welche die erfahrene Entfremdung das deutlichste Symptom darstellt.

4. Diagnosen und Therapieprogramme

a) Der verwandelte Charakter der Fragestellung

Wenn die Frage nach Macht und Ohnmacht des Bewußtseins ersetzt wird durch die Frage nach Diagnose und Therapie seiner Entfremdung (gegenüber der Realität, der Gesellschaft und sich selbst), so könnte es scheinen, als handle es sich nur um eine andere Formulierung für das gleiche Problem. In Wahrheit jedoch ist der Schritt von einer dieser Fragen zur anderen zugleich der Übergang in ein neues und andersgeartetes Teilgebiet jenes Problemfeldes, das durch den Titel ›Geschichte und Bewußtsein‹ bezeichnet worden ist.

Die Frage nach Macht und Ohnmacht des Bewußtseins konnte noch die Erwartung wecken, hier solle ein für allemal bestimmt werden, was das Bewußtsein als Faktor des Geschichtsverlaufes vermag, und was es nicht vermag. So verstanden setzt die Frage voraus, das Bewußtsein sei durch unveränderliche Funktionen und entsprechende, wenn auch begrenzte, Funktionstüchtigkeiten ausgezeichnet, die Geschichte aber sei das äußere Objekt, auf das sein Wirken sich richtet.

Beide Voraussetzungen sind preisgegeben, wenn nach Diagnose und Therapie der Entfremdung gefragt wird. Diese Frage setzt im Gegenteil voraus, daß das Bewußtsein in seinen Funktionen und Tüchtigkeiten einer Veränderung unterliege (z. B. in den Zustand der Entfremdung geraten und aus ihm wieder befreit werden könne), so daß seine Macht nicht nur an unveränderlichen Grenzen endet, sondern überdies im Wechsel von Zuständen verloren und wiedergewonnen werden kann. Unter dieser Voraussetzung aber hat das Bewußtsein die Geschichte nicht nur als Objekt seines Wirkens sich gegenüber, sondern ist selber einem geschichtlichen Wandel unterworfen, nicht nur hinsichtlich seiner Erkenntnisse und Meinungen, sondern weit mehr hinsichtlich seiner Funktionen und Fähigkeiten.

Der Übergang zwischen den beiden eingangs genannten Fragen verändert darum zugleich den Sinn der Frage nach dem Verhältnis von Geschichte und Bewußtsein. Zunächst wollte diese Frage die Rolle des Bewußtseins als eines geschichtsgestaltenden *Faktors* klären, nun rückt sie das Bewußtsein in seiner Eigenschaft als *Produkt* geschichtlicher Prozesse in den Blick.

Daß nicht nur das Gewußte (das Inhaltliche der Erkenntnise und Meinungen), sondern auch das Bewußtsein (das Formale der Funktionen und Fähigkeiten) einem historischen Wandel unterliegt, ist nicht ohne besondere Bemühung erkennbar. Es ist daher verständlich, daß dieser Sachverhalt auch der philosophischen Reflexion lange Zeit hindurch verborgen geblieben ist. Die tatsächlich geschehende Geschichte der Vernunft erregte erst dann die Aufmerksamkeit der Philosophen, als sie eine Krisensituation heraufführte. Das geschah im ausgehenden 18. Jahrhundert, als sich zeigte, daß der „Fortschritt der Wissenschaften und [technischen] Künste“ den Verfall des gesellschaftlichen Lebens nicht hat aufhalten können (vgl. Rousseaus negative Antwort auf die Preisfrage der Akademie von Dijon). Hier wurden diejenigen Erfahrungen gemacht, die später unter den Bezeichnungen „Realitätsentfremdung“, „Gesellschaftsentfremdung“ und „Selbstentfremdung“ beschrieben worden sind. Denn indem der wachsenden Rationalität der wissenschaftlich-technischen Entwicklung gesellschaftlich-politische Verhältnisse gegenübertraten, die in wachsendem Maße als irrational empfunden wurden, machte die Vernunft die Erfahrung, gegenüber der Gesellschaft und gegenüber den für sie relevanten oder durch sie gestalteten Realitäten machtlos zu sein. Der Mensch aber, der sich als Vernunftsubjekt verstand, fand sich in derjenigen Rolle, die er in dieser Gesellschaft zu spielen genötigt war, nicht wieder.

Es ist kein Zufall, daß erst diese Situation die Entdeckung veranlaßte, daß die Vernunft nicht nur Geschichte gestaltet, sondern auch durch Geschichte gestaltet wird. Die neuentdeckte Historizität der Vernunft wurde deshalb zunächst in der Weise beschrieben, daß ihre drohende Zerstörung aufgezeigt und mögliche Wege ihrer Wiederherstellung entworfen wurden. Die dabei entwickelten Krankheitsdiagnosen und Therapieprogramme sind unter den Titeln „Aufklärung“ und „Romantik“ in ein aufschlußreiches Gegensatzverhältnis getreten.

b) Gegensätzliche Diagnosen und Programme: Aufklärung und Romantik

Die *Aufklärung* versteht die beobachtete Zerstörung der Vernunft teils als deren fortschreitende Verstrickung in (inhaltliche) Vorurteile, teils als ihre (formale) Entstellung durch unvernünftige Konventionen. Vorurteile und Konventionen sind historisch entstanden; sie werden durch historische Traditionen stabilisiert und von historischen Autoritäten geschützt. Die Wiederherstellung der Vernunft (oder, wie Kant diesen Vorgang nannte, ihr „Ausgang aus der selbstverschuldeten Unmündigkeit") verlangt insofern die Emanzipation von der Geschichte. Darum appelliert die Aufklärung von der Erfahrung der Geschichte an die ewigen Wahrheiten der Vernunft, von der verdorbenen Vernunft der historisch Gebildeten an den allgemeinen „gesunden Menschenverstand". Die durch historische Kräfte bestimmte „Bildung" (jene „informatio intellectus", die bewirkt, daß der so geformte oder auch verformte Verstand alle Inhalte immer schon in einen durch historische Überlieferungen vorgeprägten Zusammenhang aufnimmt) soll zurückverwandelt werden in ein bloßes „Zur-Verfügung-Stellen von Kenntnissen" (in jene Information, aufgrund deren der gesunde Menschenverstand, unbeeinflußt von historischen Vorurteilen, rationale Entscheidungsalternativen formulieren und ein selbständiges Urteil fällen kann).

Die *Romantik* dagegen versteht die beobachtete Zerstörung der Vernunft als fortschreitende Verwandlung des „konkreten" Bewußtseins in „abstrakte" Subjektivität, die nur deswegen allgemein ist, weil sie als leere Form des „ich denke" alle Beziehung zum Inhalt verloren hat. Begriffe, ursprünglich in konkreten Situationen geprägt und zur Erfüllung konkreter Aufgaben bestimmt, sind zu „leeren Worthülsen" geworden, weil die Erinnerung an ihre Entstehungssituation und Lebensfunktion verblaßt ist. Die Wiederherstellung der Vernunft verlangt deshalb statt einer bloßen Vermehrung gleichgültiger Tatsachen-Informationen und statt einer bloßen Perfektionierung der abstrakten Denkformen den Prozeß einer Bildung, in welcher das Bewußtsein jeweils an seinen Inhalten seine jeweils neue konkrete Gestalt gewinnt. Dieser Prozeß ist ablesbar an der Geschichte der Sprachen. Darum appelliert die Romantik gegen die abstrakte Theorie an die Erfahrung, gegen die leere Subjektivität an die konkrete Sprachform, gegen das „Rechnen mit Begriffen" an die Erinnerung, die den durchlaufenen Bildungsprozeß des Bewußtseins gegenwärtig aneignet.

So sieht die Aufklärung die „Krankheit" der Vernunft vorwiegend in einer historischen Befangenheit, aus der sie durch Freilegung ewiger Vernunftwahrheiten gelöst werden soll. Die Romantik dagegen sieht die gefährliche Krise der Vernunft darin, daß sie abstrakt geworden ist, weil sie ihre historische Bildung vernachlässigt hat.

Schon das Problem, an dem der Streit von Aufklärung und Romantik sich entzündet (wie die Zerstörung der Vernunft zu erklären und zu beenden und wie eine Wiederherstellung der Vernunft zu erreichen sei), erweist zwei Theorien als unzulänglich: den reinen Rationalismus und den reinen Empirismus. Auch wer die Emanzipation der Vernunft von ihren „historisch-zufälligen“ Vorurteilen und Konventionen betreibt, setzt schon durch dieses Programm voraus, daß die Vernunft (auch ihrer Form nach) eine Geschichte habe. Eben dadurch aber hat er den reinen Rationalismus, der auf die unwandelbare Vernunftgestalt vertraut, im Prinzip schon aufgegeben. Wer andererseits dem abstrakt gewordenen Denken die Fähigkeit zur Konkretheit zurückgeben möchte, setzt schon durch dieses Programm voraus, daß die Fähigkeit zur Erfahrung (die allein geeignet ist, konkrete Bewußtseinsinhalte zu liefern und die Bewußtseinsformen konkret zu entwickeln) verlorengehen kann und daß deshalb eine eigene Bemühung um die rechte Form des Denkens nötig ist, wenn Erfahrung möglich sein soll. Eben dadurch aber hat er den reinen Empirismus, dem die Erfahrung als etwas Voraussetzungsloses erscheint, im Prinzip schon hinter sich gelassen.

Der Gegensatz von Aufklärung und Romantik ist insofern der Gegensatz zweier Weisen, die Historizität der Vernunft auszulegen, wobei es im einen Falle darauf ankommt, ihr die verlorene Fähigkeit zum selbständigen Urteil wieder zu verschaffen, im anderen Falle darauf, ihr die verlorene Erfahrungsfähigkeit wieder zu vermitteln.

Daß diese beiden Therapieprogramme sich nicht ausschließen, sondern ergänzen, ist durch die Überlegungen Kants und Herders deutlich geworden. Denn Kant hat gezeigt, daß die Denk- und Urteilsfähigkeit der Vernunft gerade in ihrer Fähigkeit besteht, Erfahrung möglich zu machen; und Herder hat aufgewiesen, daß die Funktion der Erfahrung gerade besteht, daß sich an ihr die Formen des Denkens in jener Weise entwickeln, wie das an der Geschichte der Sprachen abgelesen werden kann.

c) Das Schlüsselproblem: Vernunft und Erfahrung

Der bisher durchlaufene Gedankengang hat folgende Orientierung im Problemfeld der Geschichtsphilosophie ergeben: Das Verhältnis von Natur und Geschichte (das teils dualistisch, teils durch biomorphe Geschichtsmodelle beschrieben wird) läßt die Frage nach Art, Grad und Reichweite desjenigen Einflusses entstehen, den das Bewußtsein auf den Geschichtsverlauf ausübt. Diese Frage verweist (vermittelt durch das Problem der Grenzen, die der Macht des Bewußtseins gesteckt sind) auf das Phänomen der Entfremdung und auf die Aufgabe ihrer Überwindung. Dadurch wird die Historizität der Vernunft in den Blick gerückt, und zwar zunächst unter dem Gesichtspunkt ihrer „Erkrankung" oder möglichen Zerstörung, ihrer „Therapie" oder versuchten Wiederherstellung.

Der Gegensatz der Diagnosen und Therapieprogramme, die angesichts dieser historischen Krisis der Vernunft nötig wurden und durch Aufklärung und Romantik formuliert worden sind, läßt sich auf folgende Frage bringen: Hat die Vernunft ihre Fähigkeit zu selbständigem Denken dadurch verloren, daß sie sich unter dem Einfluß historischer Traditionen und Autoritäten (die ihrerseits vermittelte und institutionalisierte Erfahrung sind) in historische Vorurteile verstrickte und dadurch in historische Befangenheit geriet? Oder ist sie vielmehr dadurch funktionsunfähig geworden, daß sie in der Abstraktheit leer gewordener Begriffe oder „Worthülsen" die Fähigkeit zur Erfahrung verloren hat? Krankt sie an Überlast überlieferter und institutionalisierter Erfahrung oder am Verlust der Erfahrungsfähigkeit?

Von der Antwort auf diese Frage hängt die Beurteilung der aufgeklärten und der romantischen Therapieprogramme ab. Die Antwort selber aber läßt sich nur gewinnen, wenn das Verhältnis von Vernunft und Erfahrung bestimmt ist. Der Problemzusammenhang, dem die hier versuchte Darstellung folgt, hat damit einen Ort erreicht, an dem das spezielle Problemfeld der Geschichtsphilosophie endet. Schon die Tatsache, daß soeben Kant erwähnt werden mußte (und zwar nicht hinsichtlich einer seiner geschichtsphilosophischen Schriften, sondern hinsichtlich einer zentralen These seiner „Kritik der reinen Vernunft"), beweist: Die Geschichtsphilosophie stellt kein in sich geschlossenes Problemfeld dar. Es gibt vielmehr Fälle, in denen über die Beantwortung geschichtsphilosophischer Fragen auf einem anderen Felde entschieden wird, z. B. auf dem Felde einer allgemeinen Theorie der Erfahrung. Denn die Frage nach dem Verhältnis von Vernunft und Erfahrung ist kein speziell geschichtsphilosophisches Problem, auch wenn von ihrer Beantwortung das Urteil über eine Reihe von geschichtsphilosophischen Theorien, z. B. über die Aufklärung und die Romantik, abhängt.

Das Verhältnis von Vernunft und Erfahrung fällt in den Themenbereich eines Teilgebiets der Philosophie, das gewöhnlich mit dem

Namen „Transzendentalphilosophie" bezeichnet wird. Insofern ist der hier vorgetragene Gedankengang nun ein erstes Mal auf die geschichtsphilosophische Relevanz transzendentalphilosophischer Erörterungen gestoßen. Im zweiten Teil dieser ›Einführung‹, der der Geschichte des philosophischen Fragens nach der Geschichte gewidmet werden soll, wird sich zeigen, daß besonders fruchtbare Leistungen der Geschichtsphilosophie immer wieder dann erreicht worden sind, wenn dieser Zusammenhang transzendentalphilosophischer und geschichtsphilosophischer Problemstellungen ausdrücklich zum Thema der Reflexion erhoben wurde. Der dritte, systematische Teil wird bei diesem Problemzusammenhang seinen Ansatz nehmen.

Im gegenwärtig erörterten Zusammenhang jedoch ist es nötig, an der Grenze des speziell geschichtsphilosophischen Problemfeldes umzukehren und zu fragen, welche neuen geschichtsphilosophischen Probleme sich aus den hier nur angedeuteten transzendentalphilosophischen Einsichten ergeben.

Es ist deutlich geworden, daß weder das „reine Denken" (etwa gar noch in einer zur Erfahrung unfähig gewordenen Gestalt) noch die „reine Erfahrung" (etwa gar noch in jenem Zustande, in welchem sie ihre eigenen theoretischen Bedingungen vergessen hat) die beschriebene „Erkrankung" zu beheben vermögen. Es ist weiterhin deutlich geworden, daß Denken und Erfahrung untereinander durch ein wechselseitiges Bedingungsverhältnis verbunden sind. Denn weder reicht eine vermeintlich „ewige Vernunft" aus, um die Möglichkeit von Erfahrung zu sichern (ist sie doch nicht davor geschützt, ihrerseits erfahrungsunfähig zu werden), noch ist eine vermeintlich „jederzeit verfügbare Erfahrung" fähig, ein Denken zu begründen (ist doch die Möglichkeit der Erfahrung ihrerseits durch Vernunft begründet und durch Theoriebildung zu sichern). Wenn aber Vernunft und Erfahrung sich gegenseitig bedingen, so scheinen sie sich in einem dialektischen Prozeß gegenseitig hervorzutreiben. Dann aber kann die Vernunft sich selbst nur verstehen, indem sie diesen Prozeß als ihre eigene Genese begreift. Und sie kann diesen Prozeß nur begreifen, indem sie sich selbst als sein Ergebnis versteht.

Aus dieser transzendentalphilosophischen Einsicht müssen geschichtsphilosophische Folgerungen gezogen werden. Der dialektische Prozeß, als dessen Ergebnis die Vernunft sich selbst versteht, schließt das Ganze aller Erfahrung ebenso ein wie die Entstehung und Veränderung des Bewußtseins. So bleibt nichts, was für uns Gegenstand irgendeiner

Kenntnis sein kann, außerhalb seiner; er ist der allumfassende Prozeß der Geschichte. Wenn also gesagt wurde, die Vernunft könne sich selbst nur verstehen, indem sie diesen Prozeß als ihre eigene Genese begreift, so kann nun gefolgert werden: Das Selbstverständnis der Vernunft ist nur aus der Kenntnis des gesamten Geschichtsprozesses zu gewinnen, und das Verständnis dieses Geschichtsprozesses ist nur zu erreichen, indem er zugleich als die Entstehungsgeschichte der Vernunft begriffen wird. Das vollendete Selbstverständnis der Vernunft und ihr vollendetes Geschichtsverständnis fallen zusammen.

Ein Bewußtsein, in welchem Selbstverständnis und Geschichtsverstehen zusammenfallen, heißt „historisches Bewußtsein"; eine Theorie aber, die die Notwendigkeit dieses Zusammenfalls einsichtig machen kann, muß, wie noch zu zeigen sein wird, die Gestalt einer „dialektischen Geschichtstheorie" annehmen. Jener Gestalt des Bewußtseins und dieser Form der Theoriebildung wendet sich daher der Gedankengang in seinem folgenden Abschnitt zu.

5. Historisches Bewußtsein und dialektische Geschichtstheorien

a) Aufgaben des historischen Bewußtseins

Das Bewußtsein spielt in der Geschichte einerseits die Rolle eines bestimmenden Faktors von begrenzter Macht und erfahrbarer Ohnmacht. Andererseits zeigt sich angesichts der drohenden Zerstörung und geforderten Wiederherstellung der Vernunft, daß das Bewußtsein nicht nur Geschichte gestaltet, sondern seinerseits dem geschichtlichen Wandel unterliegt. Es ist nicht nur Faktor der Geschichte, sondern zugleich ihr Produkt.

Wenn also das Bewußtsein sich selbst und seine Rolle *in* der Geschichte verstehen will, muß es zugleich ein angemessenes Bewußtsein *von* der Geschichte gewinnen. Jenes erforderliche Bewußtsein von der Geschichte, das nicht nur einen vom Subjekt beobachteten Objektzusammenhang beschreibt, sondern zugleich den Wandel der Subjektivität selbst begreift und den Zusammenhang von „Realprozeß" und „Prozeß der Bewußtseinsbildung" ausdrücklich zum Thema macht, heißt „historisches Bewußtsein".

Zur Entstehung des historischen Bewußtseins sind zwei Einsichten erforderlich: die Einsicht, daß es wesentlich zum Bewußtsein gehört, eine historische Entwicklung zu durchlaufen, und die zweite Einsicht, daß die Geschichte des Bewußtseins unlöslich mit der Geschichte als Realprozeß verwoben ist. Diese beiden Einsichten erweisen sich zugleich als die Bedingungen dafür, daß das Bewußtsein den Zustand der Entfremdung überwindet.

Solange nämlich das Bewußtsein sein „Wesen" so versteht, als sei ihm seine Geschichte etwas Zufällig-Äußerliches, wird es den faktisch geschehenden Wandel als etwas Fremdes erfahren, das ihm seine Selbstbestimmung raubt. Soll diese Entfremdung überwunden werden, so muß die Tatsache, daß das Bewußtsein einem historischen Wandel unterliegt, in sein Selbstverständnis aufgenommen werden. Von einem historischen Bewußtsein ist also verlangt, daß es die Einheit seines Wesens und seiner Geschichte begreift, auch wenn diese Geschichte faktisch als die Geschichte einer „Zerstörung der Vernunft" und ihrer erhofften „Wiederherstellung" erfahren wird. Das ist nur möglich, wenn sich einsichtig machen läßt, daß und warum der Gang von der Unmittelbarkeit über die Entfremdung zur Vermittlung sich notwendig aus dem Wesen des Bewußtseins ergibt.

Solange andererseits die Geschichte des Bewußtseins so verstanden wird, als sei sie, weil sie sich aus dem Wesen dieses Bewußtseins ergibt, ein Prozeß der reinen Subjektivität, unabhängig von allen Veränderungen der Objektverhältnisse, wird die Beschränkung des Einflusses, den dieses Bewußtsein auf den Realprozeß ausüben kann, und der Einfluß, den es von seiten dieses Realprozesses erleidet, als etwas Fremdes erfahren, das ihm seine Eigengesetzlichkeit nimmt. Soll diese Entfremdung überwunden werden, so muß die Tatsache, daß zwischen dem Realprozeß und dem Prozeß der Bewußtseinsbildung eine Wechselwirkung stattfindet, in das Selbstverständnis der Vernunft aufgenommen werden. Von einem historischen Bewußtsein ist also verlangt, die Einheit von geschehender Geschichte und Geschichte des Verstehens zu begreifen. Das ist nur möglich, wenn gezeigt werden kann, daß und warum Realität und Bewußtsein in einer notwendigen Korrelation untereinander stehen.

Nur ein historisches Bewußtsein ist fähig, den Zustand der Entfremdung zu überwinden. Ein historisches Bewußtsein aber entsteht nur aufgrund der Einsicht, daß dem Bewußtsein seine Geschichte wesentlich und daß sie zugleich unlöslich in den Realprozeß verwoben ist. Diese Einsichten sind nur zu gewinnen, wenn es gelingt, die faktische Geschichte des Bewußtseins, d. h. seinen Weg von der Unmittelbarkeit über die Entfremdung zur erstrebten Versöhnung, als notwendig einzusehen und die Korrelation von Realität und Bewußtsein auf ihre Möglichkeitsgründe hin zu durchschauen. Beides zu leisten ist die Aufgabe der dialektischen Geschichtstheorien, seinen sie im übrigen idealistischen oder materialistischen Inhalts.

b) Fragestellung und Lösungstypen der dialektischen Geschichtstheorie

Die Darstellung und kritische Würdigung der dialektischen Systeme muß dem zweiten, historischen Teil dieser ›Einführung‹ vorbehalten bleiben. Aber in der hier skizzierten „Landkarte“ der geschichtsphilosophischen Probleme muß diejenige Fragestellung verzeichnet werden, die ihnen zugrundeliegt.

Wenn der umfassende Realprozeß der Geschichte die Genesis der Vernunft einschließt, und wenn diese Genese der Vernunft sich als ihr Gang von der Unmittelbarkeit über die Entfremdung zur Versöhnung erweist, dann verlangt der Geschichtsprozeß zu seiner Erklärung ein Prinzip, dessen Eigenart darin besteht, sich nur verwirklichen zu können, indem es sich zunächst an das ihm gegenüber Fremde entäußert. Auf die Frage, welches Prinzip diese Bedingung erfülle, bieten sich zwei Antworten an. Von der gesuchten Art ist der Geist — aber auch der arbeitende Mensch.

Der Geist ist wirklicher Geist nur in dem Maße, in welchem er sich seiner selbst bewußt wird. Er kommt zum Selbstbewußtsein nur, indem er sich zunächst auf fremde Gegenstände richtet und sodann auf dieses Verhältnis reflektiert. Die primäre Entgegensetzung, aus der die idealistische Dialektik sowohl den Realprozeß als auch den Prozeß der Bildung des Bewußtseins erklärt, ist deshalb die Entgegensetzung von Subjekt und Objekt. Die idealistische Dialektik versucht zu zeigen, wie dieser Gegensatz sowohl innerhalb der Objekte (als Gegensatz zwischen Idee und Erscheinung) als auch innerhalb der Subjekte (als Gegensatz von transzendentalem und empirischem Subjekt) wiederkehrt, und wie daraus sowohl die fortschreitende Verwandlung der Objektwelt als auch die beständige Umgestaltung des Bewußtseins resultieren, bis schließlich im vollendeten Selbstwissen des Geistes der Gegensatz versöhnt wird und die Gesamtgeschichte sich vollendet.

Die geschehende Geschichte (z. B. die Geschichte der Kunst, der Staaten, des Rechts usw.) und die Geschichte des Verstehens (vor allem die Geschichte der Philosophie) werden auf diese Weise in der dialektischen Theorie auf ihre Notwendigkeit hin durchschaut und zugleich zu ihrem Ziel, zum Selbstbewußtwerden des Geistes, gebracht.

Nicht weniger dialektisch jedoch ist die Struktur derjenigen Prozesse, in welchen der Mensch als der Arbeitende sich selbst hervorbringt. Das unterscheidend Menschliche kann darin gesehen werden, daß der Mensch sein eigenes Leben, statt es bloß passiv zu empfangen und zu verlieren, in eigener Tätigkeit hervorbringt. Er kann aber sich selbst nur produzieren, indem er zunächst fremde Gegenstände (Güter) produziert und sich diese sodann konsumierend aneignet.

Die primäre Entgegensetzung, aus der die materialistische Dialektik sowohl den Realprozeß als auch den Prozeß der Bildung des Bewußtseins erklärt, ist deshalb die Entgegensetzung von Produktion (subjektiver Leistung) und Produkt (objektivem Ergebnis), das dem Produzenten entfremdet, d. h. als Ware auf dem Markt gehandelt werden kann. Mit der Entfremdung des Produkts ist aber auch der Produzent sich selbst entfremdet, d. h. den ihm gegenüber fremden Gesetzen des Arbeits- und Gütermarktes unterworfen. Die materialistische Dialektik versucht nun zu zeigen, wie der Gegensatz von Produktion und Produkt (Arbeit und Ware) eine Reihe von weiteren Gegensätzen aus sich erzeugt (z. B. den Gegensatz von produktiver Tätigkeit und Besitz an Produktionsmitteln, oder den Gegensatz von Produktivkräften und Produktionsverhältnissen), und wie daraus die Konstitution und beständige Umgestaltung der sozialen und ökonomischen Verhältnisse, aber auch die beständige Umformung des Bewußtseins resultiert, bis schließlich in der klassenlosen Gesellschaft der grundlegende Gegensatz versöhnt wird und die Gesamtgeschichte zu ihrer Vollendung gelangt. Das wird dann geschehen, wenn die revolutionäre Praxis gesellschaftliche Verhältnisse von derjenigen Art herbeigeführt hat, daß der produzierende Mensch nicht mehr fremdes Eigentum, sondern sich selbst produziert und in diesem Sinne zum „Schöpfer seiner selbst“ geworden ist. Dann wird die soziale und ökonomische Freiheit des arbeitenden Menschen sich in einem Bewußtsein spiegeln, das zugleich mit der gesellschaftlichen Entfremdung auch die Entfremdung des Denkens überwunden hat.

c) Die dialektischen Systeme und die Eigenart des Historischen

Die unbezweifelbare Leistung der dialektischen Geschichtstheorien besteht darin, von einem einheitlichen Ansatz aus wichtige Momente der bisher geschilderten Geschichtsmodelle zu verknüpfen. Vom biomorphen Geschichtsmodell („Entwicklung") übernehmen sie den Gedanken einer objektiven Teleologie und ihrer Unabhängigkeit von subjektiven Absichten und Einsichten, vom technomorphen Geschichtsmodell („Fortschritt") den Gedanken, daß die Veränderung der Realverhältnisse eine Veränderung des Bewußtseins sowohl zu ihrer Voraussetzung als auch zu ihrer Folge hat, von den therapeutischen Geschichtsmodellen („Zerstörung und Wiederherstellung der Vernunft") sowohl das Programm einer fortschreitenden Emanzipierung der Vernunft (Aufklärung) als auch die Forderung, das „abstrakte" Denken zu überwinden und zu einer konkreten Einheit von Form und Inhalt des Bewußtseins zurückzufinden (Romantik).

Alle diese Momente lassen sich in einer einheitlichen Theorie vereinen, sofern ein Prinzip gefunden wird, aus dessen Natur sich der dialektische Gang der Geschichte deduzieren läßt.

Angesichts dieser Leistung der dialektischen Geschichtstheorien entsteht nicht nur die Frage, welche von ihnen das Prinzip für die Deduktion des Geschichtsverlaufes richtig getroffen habe. Vielmehr erhebt sich zugleich das grundsätzlichere Problem, ob die Eigenart des Historischen richtig verstanden werden könne, wenn alle Ereignisse in ein dialektisches System gebracht werden.

Der Versuch einer solchen Theoriebildung führt nicht nur alles, was faktisch geschieht, auf ein Prinzip zurück, aus dessen Natur es notwendig folgen soll, so daß die nun schon mehrfach erwähnte Frage neu entsteht, wie das Verhältnis von Notwendigkeit und Freiheit in der Geschichte zu bestimmen sei. Vielmehr impliziert die speziell dialektische Form dieser Deduktionen darüber hinaus die Vormeinung, alle Widersprüche in der Geschichte (vor allem der Widerspruch zwischen Leben und Lebensverhältnissen, zwischen dem Selbstverständnis des Wesens und der Funktion der Erscheinung, zwischen Ereignisverlauf und rechtfertigendem Sinn, zwischen Selbstverständnis und Fremdverstehen) würden notwendig zuletzt in einer höheren Einheit aufgehoben. Auf diese Weise kann zwar die Geschichte als großer Zusammenhang in vielen ihrer Strukturmomente verständlich gemacht werden. Im einzelnen aber werden viele und bedeutsame historische Erscheinungen bei dieser Betrachtungsweise unsichtbar.

Der Skandal folgenloser Untergänge, die Sinnentleerung bei wachsender Perfektionierung der Funktionen, die Zufälligkeit vieler Einzelereignisse und die Diskontinuität der Ereignisreihen geraten in so hohem Maße aus dem Blick, daß unter dem Einfluß der dialektischen Systeme Kritik immer nur als Kritik am Einzelereignis im Namen des Ganzen, nicht mehr als Kritik am Ganzen des Geschichtsverlaufes möglich ist.

Historische Kritik hört unter solchen Voraussetzungen auf, Kritik an der Historie zu sein. Doch zeigt sich alsbald: Wo Kritik *an* der Geschichte unmöglich wird, da wird auch das Verständnis *für* die Geschichte verstellt. Denn die gleichen Gründe, die die Kritik am Ganzen der Geschichte verbieten, heben zugleich diejenigen Merkmale auf, die sich eingangs als die Spezifika des Historischen erwiesen haben.

Wenn alles, was sich als scheinbar offene Möglichkeit zur Entscheidung anbietet, in Wahrheit aus einem Prinzip mit Notwendigkeit folgt, dann wird die Relevanz der historischen Entscheidungen aufgehoben. Gerade das Bedeutungsgewicht dieser Entscheidungen aber (die, wenn sie falsch gefällt werden, „nicht wieder gutzumachen" sind) konstituiert jene spezifisch historische „Irreversibilität", von der eingangs die Rede war und die sich von aller Naturteleologie prinzipiell unterscheidet. Wenn alle subjektiven Absichten in der Geschichte von vornherein einer objektiven Teleologie dienen, so wird der Geschichtsverlauf, unter Einschluß aller menschlichen Tatsachen, von einer übermenschlichen Macht beherrscht, sei es von der „Natur des Geistes" oder von der „Struktur des Produktionsvorganges". Damit aber verschwindet auch jene Anthropozentrik, die eingangs als Unterscheidungsmerkmal des Historischen beschrieben wurde. Wenn schließlich die Geschichte von einem Prinzip solcher Art beherrscht wird, daß es in allem Durchgang durch die Entfremdung doch immer nur „zu sich selber kommen" kann (sei es in Form des absoluten Selbstwissens, sei es in Form der vollendeten Selbstproduktion), dann verliert die Zukunft ihre Offenheit, und die „Prävalenz der Zukunft" wird zurückverwandelt in die Herrschaft der „Arché".

Die dialektischen Geschichtstheorien machen also nicht nur die Kritik an der Gesamtgeschichte unmöglich; sie beseitigen eben dadurch zugleich die spezifische Differenz der Geschichte gegenüber dem Naturprozeß.

So stellt sich das zuletzt durchschrittene Teilgebiet des philosophischen Problemfeldes in der Rückschau auf folgende Weise dar: Die Einsicht, daß das Bewußtsein einerseits als ein Faktor auf den Geschichtsverlauf einwirkt, andererseits als sein Produkt aus ihm hervorgeht, hat die Forderung begründet, Selbstverständnis und Geschichtsverstehen müßten in einem „historischen Bewußtsein" zur Einheit gebracht werden. Eine solche Einheit setzt voraus, daß zwischen dem Realprozeß und dem Prozeß der Bewußtseinsbildung (und innerhalb des Bewußtseins zwischen Denken und Erfahrung) ein dialektisch vorantreibendes Wechselverhältnis besteht. Die Beschreibung und Deutung dieses Verhältnisses erfordert eine dialektische Theorie. Ihre Aufgabe ist es, dasjenige Prinzip zu entdecken, aus dessen Natur sich die dialektische Struktur des Geschichtsprozesses ebenso deduzieren läßt wie dessen einzelne Stufen und Phasen. Diese Aufgabe läßt sowohl eine idealistische als auch eine materialistische Lösung zu. Beide Lösungen führen zur Ausformung universaler geschichtstheoretischer Systeme und lassen dadurch die Frage entstehen, wie weit die Eigenart des Historischen eine solche systematisierende Beschreibung und Deutung gestattet.

Die Frage nach den Grenzen, an denen eine systematisierende Geschichtsbetrachtung endet, erhält ihren konkreten Anlaß durch die Beobachtung, daß eine solche Geschichtsbetrachtung zwar ein kritisches Urteil über einzelne historische Ereignisse oder Phasen gestattet, eine Kritik am Ganzen der Geschichte jedoch ausschließt. Denn das Einzelne kann daran gemessen werden, welche Funktion im Gesamtprozeß es zu erfüllen fähig war; der Gesamtprozeß selber aber wird durch Deduktion aus seinem Prinzip als notwendig erwiesen und damit jeder Beurteilung entzogen. Da jedoch, wie sich zeigte, die gleichen Gründe, die diese Kritik unmöglich machen, auch die Unterscheidungsmerkmale des Historischen aufheben (das Bedeutungsgewicht irreversibler Entscheidungen, die Anthropozentrik des Geschehens und die Prävalenz einer offenen Zukunft gegenüber determinierenden Ursprüngen), ergibt sich ein neues Kriterium für die Beurteilung von Geschichtstheorien: Die Geschichte ist nur dann sachgerecht verstanden, wenn aus der Weise, wie das Verhältnis von Bewußtsein und Geschichte bestimmt wird, zugleich die Fähigkeit des Bewußtseins hergeleitet werden kann, gegenüber dem geschehenden Ganzen kritische Distanz zu gewinnen.

Eine solche kritische Distanz ist jedoch nur möglich, wenn die Vernunft trotz ihrer Verflochtenheit in die Geschichte auf einen Maßstab bezogen bleibt, dessen Verbindlichkeit sie auch gegen die Faktizität des Historischen zur Geltung bringen kann. Darum hängt die Frage, ob die Vernunft zu einer Kritik am Ganzen der Geschichte fähig sei, eng mit der zweiten Frage zusammen, ob und wie sie sich, trotz der Erfahrung von ihrer eigenen Historizität, der Wahrheit ihrer Urteile versichern kann. Das neue Teilgebiet geschichtsphilosophischen Fragens, auf das dieser Problemzusammenhang verweist, kann deshalb durch die drei Titel gekennzeichnet werden: die Erfahrung der Geschichte, die Frage nach der Wahrheit und die Fähigkeit zur Kritik.

IV. Wahrheit, Geschichte und Kritik

Unter dem Titel ›Natur und Geschichte‹ war im hier vorgetragenen Zusammenhang über eine Reihe von geschichtsphilosophischen Fragestellungen zu berichten, die das Verhältnis zweier Formen der Ereignisverknüpfung betrafen: des Naturprozesses und der historischen Ereignisreihen. Die Frage, ob dieses Verhältnis „dualistisch" zu beschreiben sei, oder ob der Begriff „Entwicklung" es gestatte, die Natur „historisch" und die Historie „naturalistisch" zu deuten, führte auf das Problem, inwieweit die unbewußte Produktivität der Natur und die bewußten Handlungen der Geschichte untereinander vergleichbar seien.

Unter dem Titel ›Geschichte und Bewußtsein‹ wurde deshalb eine weitere Reihe von geschichtsphilosophischen Problemen dargestellt. Dieses zweite Teilgebiet des Problemfeldes ist durch die Spannung zweier Fragen bestimmt: Welchen Einfluß übt das Bewußtsein als gestaltender Faktor auf den Geschichtsprozeß aus? Wie wird es umgekehrt hinsichtlich seiner Gestalt und Funktion durch den Geschichtsprozeß als sein Produkt gestaltet? Diese beiden Fragen führten ein erstes Mal an den Rand des geschichtsphilosophischen Problemfeldes, weil sich zeigte, daß die Historizität des Bewußtseins nicht angemessen beschrieben werden kann, wenn nicht zuvor das Verhältnis von Denken und Erfahrung bestimmt wird. Diese Verhältnisbestimmung aber gehört zu den traditionellen Aufgaben der Transzendentalphilosophie.

Zuletzt aber wurde eine zweite Problemverweisung sichtbar, die noch einmal an die Grenze der Transzendentalphilosophie führte. Die dialektischen Geschichtstheorien, die auf ihre Weise verständlich machen können, wie das Bewußtsein zugleich als gestaltender Faktor und als gestaltetes Produkt des Geschichtsprozesses verstanden werden muß, schienen Kritik nur als Beurteilung des Einzelnen hinsichtlich seiner Funktion im Ganzen zuzulassen, nicht als kritische Infragestellung dieses Ganzen selbst. Denn jenes historische Selbstverständnis, kraft dessen die Vernunft sich selber und den Realprozeß der Geschichte gemeinsam begreift, und das sich in dialektischen Geschichtstheorien ausspricht, scheint stets nur ein Prinzip erkennen zu können, das den Geschichtsverlauf im ganzen als notwendig erweist. Kritik an diesem Geschichtsverlauf aber setzt einen Maßstab voraus, an welchem dieser Prozeß sich als eine Möglichkeit gegen andere, faktisch nicht verwirklichte Möglichkeiten kritisch abwägen läßt. Eine gegenüber der faktisch geschehenden Geschichte unabhängige Instanz zur Legitimation von Urteilen, eine der Geschichte überlegene „Wahrheit", wird so zur Möglichkeitsbedingung eines kritischen Verhältnisses zur Geschichte.

Die Frage nach der Wahrheit als der Möglichkeitsbedingung kritischen Urteilens liegt nun gewiß jenseits des Problemfeldes speziell geschichtsphilosophischer Fragestellungen. Nun gehört es aber zum Phänomen der Geschichte selbst, daß die Beteiligten glauben, in kritischem Urteil eine Entscheidung darüber zu fällen, ob sie eine von ihnen beobachtete Entwicklungsrichtung des historischen Prozesses fördern oder sich ihr in den Weg stellen wollen. Darum wird dort, wo nach dem „Wesen der Wahrheit" gefragt wird (also wiederum in der Transzendentalphilosophie), zugleich darüber befunden, ob „Geschichte" als ein Zusammenhang vermeintlich kritisch verantwortlicher Entscheidungen eine Illusion oder eine Realität sei.

Doch gilt auch das Umgekehrte. Die transzendentalphilosophische Frage nach der Wahrheit als derjenigen Bedingung, von der es abhängt, ob kritische Urteile möglich seien, wird in der Geschichtsphilosophie entschieden. Denn nur eine genaue Analyse der Historizität des Bewußtseins kann Klarheit darüber verschaffen, ob es eine Illusion sei, sich im Urteil an einem Maßstab orientieren zu wollen, der von der Geschichte unabhängig sein und dadurch ein kritisches Urteil über die Geschichte möglich machen soll.

Die Frage nach dem Verhältnis von Wahrheit und Geschichte und nach der von diesem Verhältnis abhängigen Möglichkeit oder Unmöglichkeit von Kritik macht also nicht nur deutlich, daß die Beantwortung transzendentalphilosophischer Fragen auch geschichtsphilosophische Relevanz, sondern die Lösung geschichtsphilosophischer Probleme auch transzendentalphilosophische Bedeutung hat. Vielmehr hängt es von der Bestimmung des Verhältnisses zwischen Wahrheit und Geschichte ab, ob beide „Zweige“ der philosophischen Bemühung es mit Realitäten oder Illusionen zu tun haben. Ohne die Wahrheit, welche Kritik ermöglicht, ist „Geschichte“ (als Zusammenhang vermeintlich kritisch-verantwortlicher Entscheidungen zwischen offenen Möglichkeiten) ein bloßer Schein. Ohne die Möglichkeit, zwischen der Historizität des Bewußtseins und seiner kritischen Distanz zur Geschichte zu vermitteln, ist die Suche nach „Wahrheit“ eine Illusion.

1. Das Ausgangsproblem: Die Ermöglichung einer historischen Kritik

Historische Kritik betrifft nicht nur den tatsächlichen Verlauf der historischen Ereignisse und die tatsächliche Gestalt der historischen Verhältnisse, sondern auch die tatsächliche Eigenart desjenigen Bewußtseins, das zu einem jeweiligen Zeitpunkt entwickelt war. Sofern Kritik (= Urteilsfähigkeit) einen Maßstab des Urteils voraussetzt, muß dieser einerseits von der tatsächlichen Gestalt der Verhältnisse und des Bewußtseins verschieden sein. Andererseits muß es möglich sein, ihn in dieser Verschiedenheit zu erkennen und seine Geltung für das von ihm Verschiedene zu legitimieren.

Der Geltungsanspruch wirft die Frage auf, ob es außerhalb des Faktischen etwas anderes gebe als das Fiktive. Die Forderung der Erkennbarkeit wirft die Frage auf, ob das jeweilige historisch-faktische Bewußtsein etwas anderes erkennen könne als eine historisch-faktisch geltende Norm, also ein geschichtsimmanentes Prinzip, das als solches immer untauglich bleiben muß, die Geschichte als Ganze der Kritik zugänglich zu machen.

Die klassische Antwort auf beide Fragen lautet: Dem Faktum steht nicht nur das Fiktum gegenüber; ihm liegt auch ein Grund seiner Möglichkeit voraus. An ihm kann das Wirkliche gemessen werden, weil es in dem Maße, in dem es sich strukturell von diesem Möglichkeitsgrund unterscheidet, in seinem eigenen Bestande gefährdet wird. Der Möglichkeitsgrund läßt sich verstehen wie das „Urbild“, das alle „Abbilder“ zugleich ermöglicht und einer Beurteilung zugänglich macht.

In ähnlicher Weise setzt das faktische Bewußtsein nicht nur gewisse Normen aus sich heraus (in dieser Art von Normen spiegelt sich nur seine jeweils erreichte historische Eigenart); es findet sich vielmehr zugleich auf eine Norm verwiesen, die es nicht „weiß", sondern „sucht". Gerade die gesuchte Norm ist es, die das Bewußtsein dazu veranlaßt, seine eigene Unzulänglichkeit (d. h. seine Unfähigkeit, das Gesuchte angemessen zu erkennen) einzusehen. Die ungewußte, aber gesuchte Norm verlangt daher vom Bewußtsein ein „Umdenken". Das Verhältnis des Bewußtseins zu dem, was es nicht weiß, aber sucht, was ihm maßgeblich gilt, ohne von ihm angemessen gewußt zu sein, scheint vergleichbar dem Verhältnis zum „Vergessenen", an das wir uns zu erinnern versuchen, weil wir es nicht wissen, uns aber im Suchen nach ihm von ihm normiert erfahren.

Die Lehre von „Urbild und Abbild", von „Vergessen und Wiedererinnerung" ist die platonische Antwort auf die Frage, wie eine Kritik an der historischen Gestalt der Weltverhältnisse und zugleich an der faktischen Gestalt des gegenwärtigen Bewußtseins möglich sei.

Diese Lösung ist jedoch durch die Erfahrung von der Radikalität desjenigen Wandels in Frage gestellt, der in der Geschichte geschieht. Die Verschiedenheit der historischen Zustände läßt sich nicht mehr von einem identischen Urbild her begreifen; die Fülle der Bewußtseinsgestalten läßt sich nicht mehr als gradweise Aktivierung eines identisch-ewigen, vergessenen und der Wiedererinnerung zugänglichen Vorwissens verstehen.

Die Erfahrung der Geschichte hat auf solche Weise eine überlieferte Lösung des Wahrheitsproblems und eine überlieferte Aufgabenstellung der Kritik als unzulänglich erwiesen. Wenn aber ein radikal veränderliches Bewußtsein angesichts einer radikal veränderlichen Welt weder sich selbst noch die Phänomene auf ewige Urbilder zurückführen und an der Normativität dieser Urbilder messen kann, so scheint jedes Urteil „historisch relativ". Das heißt, seine Gültigkeit scheint darauf beschränkt zu sein, dasjenige Verhältnis zu beschreiben, welches zwischen einer bestimmten, im Lauf der Geschichte entwickelten Bewußtseinsgestalt und ihren Normvorstellungen auf der einen Seite und einer bestimmten, im Lauf der Geschichte entstandenen Weltgestalt auf der anderen Seite besteht. Die Wahrheit, die ein Urteil über die Geschichte möglich machen könnte, scheint zu verschwinden hinter der Geschichte, die allein jedem Urteil die Bedingungen vorschreibt. Die Erfahrung von der historischen Relativität und die Frage nach ihrer Überwindung wird so zur zentralen Frage der Geschichtsphilosophie und zugleich zur unumgänglichen Vorfrage für jede andere Bemühung, die irgendeine Erkenntnis gewinnen und methodisch sichern will.

Wie immer die Frage beantwortet werden mag, ob der historische Relativismus überwindbar oder unüberwindbar sei, jedenfalls zeigt sich an dieser Stelle, daß die Frage nach der Ermöglichung eines kritischen Urteils auf dem Felde der Geschichtsphilosophie entschieden wird. Denn wenn die kritische Funktion des Wahrheitsbegriffes durch die Erfahrung der Historizität bedroht wird, so kann die Möglichkeit der Kritik nur durch eine Theorie des Historischen wiederhergestellt werden. Die Geschichtsphilosophie wird so zur unentbehrlichen Voraussetzung jeder kritischen Theorie.

Dabei wird vor allem zu fragen sein, ob die Möglichkeiten, ein kritisches Urteil zu begründen, erschöpfend beschrieben sind, wenn gefragt wird, ob die Wahrheit „ewig" oder ob „alles relativ" sei. Eine dritte Möglichkeit könnte darin bestehen, daß die Norm für das kritische Urteil, auch über den Geschichtsprozeß als Ganzen, sich jeweils in einer historisch spezifischen Form ausbildet, und zwar gegebenenfalls auch in einer Gegenstellung zur faktischen Entwicklung der Bewußtseinsformen und der Realverhältnisse. Diese Möglichkeit soll im Folgenden an drei Begriffen von „Wahrheit" geprüft werden, die darin übereinkommen, daß sie je auf ihre Art ein kritisches Urteil ermöglichen.

2. *Drei Wahrheitsbegriffe und die Historizität der Norm*

a) Wahrheit als Adäquation

Ein Satz gilt als „wahr", wenn er einer Realität, nicht bloß dem Anschein von Realität, entspricht. Die so verstandene „Satzwahrheit" setzt also die Unterscheidung zwischen „wahrer" und bloß scheinbarer Realität voraus. Eine Sache aber gilt als „wahr", wenn ihre Erscheinung gewissen Realitätskriterien entspricht, die vom beurteilenden Subjekt eingesehen werden können. Die so verstandene „Sachwahrheit" setzt also die rechte Einsicht in die Realitätskriterien voraus. „Satzwahrheit" und „Sachwahrheit" bedingen sich gegenseitig.

Der Begriff der Wahrheit als Adäquation, d. h. als gegenseitiger Angemessenheit des Denkens an die Sache, der Sache an die in Gedanken zu erfassende Idee, steht als kritischer Begriff gegen den

Dogmatismus ungeprüfter Meinungen und undurchschauter Erscheinungen, zugleich aber gegen jenen Skeptizismus, der alle Ansichten und Eindrücke für beliebig hält. Der Begriff „Wahrheit“ stellt demgegenüber die Aufgabe, Aussagen auf ihren Realitätsbezug, Erscheinungen auf ihren Sachgehalt zu prüfen. Weil aber das Adäquationsverhältnis gegenseitig ist, darum schließt es einen historischen Wandel nicht aus. Die Übereinstimmung der Kriterien für Realität (Sachwahrheit) und für Sachgemäßheit (Satzwahrheit) bleibt nicht nur dann erhalten, wenn beide unverändert bleiben, sondern auch dann, wenn sie sich in einem gemeinsamen Prozeß ändern. Die Geschichte der als Adäquation verstandenen Wahrheit ist also die Geschichte der Kriterien, an denen der Realitätsgehalt von Erscheinungen und die Sachgemäßheit von Aussagen gemessen werden.

Beispiele für einen solchen Wandel bieten nicht nur die Geschichte der Religion und des Rechts, sondern auch die Entstehung der Wissenschaft.

α) *Die Historizität der wissenschaftlichen Wahrheitskriterien*

Wahre Sätze, d. h. solche, die einem Sachverhalt entsprechen, können durch Intuition, durch schöpferische Phantasie, durch genialen Scharfblick gewonnen werden. In dem Maße jedoch, in welchem gefordert wird, Einsichten müßten durch Beweise gesichert werden, geht der Wille zur Erkenntnis über in den Willen zur Wissenschaft. Als wahr wird nun nur noch anerkannt, was (auch wenn es noch nicht hinlänglich bewiesen sein sollte) prinzipiell der Sicherung durch Beweise fähig ist. Von „wahren Sätzen“ wird nun verlangt, daß sie durch Argumente für jedermann einsichtig zu machen seien. Solche Sätze aber, im Gegensatz zu genialen Einsichten, beziehen sich nicht auf verborgene, nur dem Tiefblick des Genies zugängliche, sondern auf öffentlich nachweisbare Realitäten. Von „wahren Sachen“ wird deshalb entsprechend verlangt, daß sie für jedermann aufweisbar seien. Die Unabhängigkeit von den individuellen Besonderheiten der Subjekte wird so zum gemeinsamen Kriterium für die Wahrheit von Sätzen und von Sachen. Sätze müssen von einem Subjekt zum anderen sinngleich weitergegeben werden können; Erscheinungen müssen von den unterschiedlichsten Beobachtern inhaltsgleich registrierbar sein. Darum ist Eindeutigkeit (insbesondere die Freiheit von inneren Widersprüchen) nun eine Wahrheitsbedingung. Dabei ist daran zu erinnern, daß in anderen Systemen der Widerspruch als notwendiges Strukturelement von Sätzen und Sachen gelten kann (vgl. dazu Heraklits „gegenstrebige Harmonie").

Die Forderung der Subjekt-Indifferenz, der Bedeutungskonstanz und der Widerspruchsfreiheit fügen sich gemeinsam zur Forderung der „Objektivität" zusammen. Diese ist eine historisch spezielle Form der Adäquationswahrheit, gemäß welcher der zwingend bewiesene Satz und die allgemein aufweisbare Sache einander entsprechen.

Nun lassen sich historische Bedingungen angeben, unter denen die Objektivitätsforderung entstand. Und trotz dieser ihrer historischen Bedingtheit ist die Forderung nach Objektivität im höchsten Maße geeignet, ein kritisches Urteil zu begründen, auch über die Geschichte im ganzen. Die mannigfachen Formen eines befangenen Bewußtseins und die mannigfachen Realverhältnisse, die solche Befangenheit erzeugen, werden der Kritik erst zugänglich, wenn sie am Ideal jener Objektivität gemessen werden, die das Bewußtsein, aufgrund der Verhältnisse, gerade nicht erreicht. Und das gleiche Ideal gestattet es, auch den Gesamtverlauf der Geschichte daraufhin kritisch zu prüfen, ob er zu fortschreitender Annäherung an die Objektivität des Denkens und an die dazu erforderliche Transparenz der Verhältnisse führt, oder ob er im Gegenteil stets neue und immer weniger durchschaubare ideologische Verstrickungen erzeugt. Das Objektivitätsideal ist also durch Geschichte bedingt und dennoch zugleich tauglich, ein kritisches Urteil über die Geschichte möglich zu machen.

β) *Die Historizität der Wahrheitskriterien im Recht*

Man kann Rechtssätze „wahr" nennen, wenn sie zwei Erfordernisse erfüllen: Sie müssen den Sachverhalten entsprechen, die sie regeln sollen, und sie müssen den Normen gemäß sein, die diesen Sachverhalten allererst rechtliche Bedeutung verleihen. Gegen das erste Erfordernis verstößt z. B. ein Vertragsrecht, das den Vertragsabschluß und seine Rechtsfolgen ausschließlich aus dem freien Konsens der Partner ableitet. Ein solches streng individualistisches Vertragsrecht behandelt die Partner fiktiv so, „als ob" alle Rechtsverhältnisse zwischen ihnen erst Folgen ihrer freien Einigung wären. „In Wahrheit" dagegen bestehen gesellschaftliche Verhältnisse, die ihnen gar nicht die Wahl lassen, ob sie in der Rolle souveräner Individuen verharren oder in Rechtsverhältnisse untereinander treten wollen. Gegen das zweite Erfordernis dagegen würde z. B. ein Rechtssatz verstoßen, der jedem Vertragspartner jederzeit die einseitige Kündigung gestatten sollte. Eine solche Regelung würde verkennen, daß erst die Norm der Vertragstreue es ist, welche der Konsenserklärung rechtliche Relevanz verleiht und aus einer Mitteilung bestehender Absichten die Konstitution neuer Verbindlichkeiten macht.

Sachgemäß und normgemäß, also „wahr" in dem soeben skizzierten Sinne, können Rechtssätze sehr verschiedener Form sein: Befehle, Schiedssprüche, die „weisen Urteile" von Häuptlingen. In dem Maße jedoch, in welchem gefordert wird, daß das Recht einen „status civilis" herstelle, der sich von jedem „status naturae" unterscheidet, geht der Wille zum Recht über in den Willen zum Gesetz. Von „wahren Sätzen" auf dem Gebiete des Rechts muß nun verlangt werden, daß sie nicht nur individuelle Fälle sachgerecht und normgerecht regeln, sondern ihren Adressaten durch die Allgemeinheit ihrer Form in die neue, keineswegs naturhaft von selbst entstehende Rolle des Rechtsgenossen einweisen. In dieser Funktion kann er seine Ansprüche nicht durch überlieferte Privilegien rechtfertigen, sondern allein aus der allgemeinen Gegenseitigkeit des Rechtsverhältnisses. Die generell-abstrakte Form des Gesetzes ist die Bedingung dafür, daß es für jedermann ohne Ansehen der Person gelten kann. Sie wird nun zur Wahrheitsbedingung der Rechtssätze.

Solche Sätze aber beziehen sich nicht auf die Menschen in ihrer faktischen Individualität, sondern auf die Bürger in ihrer durch die Struktur der Rechtsordnung geforderten Gleichheit. Ob ein solches Gesetz die faktischen Lebensverhältnisse der Bürger wirklich zu ordnen vermag, hängt davon ab, ob der Bürger von dieser Gleichheit vor dem Gesetz auch unter jenen konkreten Verhältnissen Gebrauch machen kann, unter denen er lebt. Daß er dies könne, wird zur Bedingung für „wahre" Rechtsverhältnisse, d. h. für solche, die der Idee des Rechts entsprechen.

Die Forderung, das Recht in die Form generell-abstrakter Gesetze zu fassen und die natürliche Ungleichheit der Menschen durch die Gleichheit der Bürger zu überwinden, folgt aus einer historisch speziellen Form der „Adäquationswahrheit" auf dem Gebiet des Rechts. Das Besondere dieser Form zeigt sich darin, daß nun die Allgemeinheit der Norm und die Gleichheit der Betroffenen es sind, die einander entsprechen sollen.

Es lassen sich die historischen Bedingungen angeben, unter denen die Forderung nach der generell-abstrakten Form des Gesetzes und nach der prinzipiellen Vertretbarkeit aller Rechtsgenossen entstand. Und dennoch gestattet diese Forderung die kritische Frage an den Geschichtsverlauf im ganzen, ob er sich als Annäherung an das so verstandene rechtsstaatliche Ideal erweise oder nur stets neue Formen des gesetzlich verschleierten Privilegienrechtes heraufführe. Das Ideal des Gesetzesrechtes ist also durch die Geschichte bedingt und dennoch tauglich, ein kritisches Urteil über die Geschichte möglich zu machen.

γ) *Die Historizität von Wahrheitskriterien in der Religion*

Die Objektivitätsforderung der Wissenschaft enthielt das Postulat, „wahre" Sätze müßten jederzeit für jedermann erweislich, „wahre" Erscheinungen wenigstens prinzipiell für jedermann unter gegebenen Bedingungen beobachtbar sein. Die Allgemeinheitsforderung des Gesetzes enthielt das Postulat, „wahre" Rechtssätze dürften kein Ansehen der Person kennen, „wahre" Rechtsverhältnisse müßten die allgemeine Gleichheit garantieren. Diese Forderungen und Postulate kommen einer bestimmten Auffassung auch von der religiösen Wahrheit entgegen. Die christliche Botschaft will „alle Kreatur" zu Schülern machen; sie wendet sich also ihrer Form nach „an Alle". Zugleich sagt sie ihrem Inhalte nach aus, daß die Menschen „allzumal Sünder" sind, die der Gnade bedürfen, und daß die Gnade Gottes, der „keines seiner Geschöpfe haßt", ebenso universal sei wie die menschliche Schuld.

Wie in Wissenschaft und Gesetzesrecht, so ist es auch hier ein Kriterium für wahre Sätze, daß sie sich an jedermann wenden. Jeder Anspruch auf ein Sonderwissen, das geheimgehalten werden will, gilt nun als Anzeichen eines illegitimen Sektierertums. Und auch hier ist es ein Kriterium der wahren Sache, daß jedermann durch das Wort von der Sünde bei seiner eigenen Erfahrung behaftet, durch die Zusage der Gnade in seiner eigenen Hoffnung angesprochen werden soll. Denn wer sich vor der Sünde bewahrt meint oder von der Gnade ausgeschlossen fühlt, „sündigt" durch Hochmut oder Verzweiflung.

Wiederum lassen sich die historischen Bedingungen angeben, unter denen die Forderung entstand, die religiöse Botschaft müsse sich an alle Menschen wenden und ihnen ihre gemeinsame Situation vor Gott kundmachen. Aber trotz dieser historischen Bedingtheit eignet sich diese Forderung dazu, ein kritisches Urteil über die Geschichte der Religionen und über die eigene Geschichte der christlichen Kirchen zu ermöglichen.

Die herangezogenen Beispiele lehren: Auch das Kriterium der Allgemeingültigkeit (die Objektivität der Wissenschaft, die formale Allgemeinheit des Gesetzes, die inhaltliche Allgemeinheit der religiösen Botschaft von Sünde und Gnade) ist kein allgemeingültiges Kriterium. Sie folgt vielmehr aus einer historisch speziellen Form der „Adäquationswahrheit". Diese historisch spezielle Form erweist sich als historisch bedingt und ermöglicht dennoch Kritik an der Geschichte.

Dabei werden die Wissenschaft und das Gesetzesrecht gewöhnlich auf diesen historisch-faktischen Charakter ihres Wahrheitskriteriums weniger ausdrücklich aufmerksam als die Religion. Die religiöse Botschaft des Christentums wird in dem Bewußtsein verkündet, daß ihre Universalität selber historisch-faktisch ist. Denn die Forderung, daß Sätze, um als „wahr" zu gelten, sich allgemein an jedermann richten müssen und daß die Sachen, von denen sie sprechen, die allgemeine Bedingung allen menschlichen Lebens betreffen, schließlich, daß „wahre" Verhältnisse unter Menschen nur dort bestehen, wo diese Menschen ihre Gleichheit vor Gott anerkennen — alle diese Forderungen werden hier nicht aus einem „allgemeinen Wesen" der Wahrheit abgeleitet, sondern aus einem Faktum der göttlichen Freiheit. Es ist Gottes historische Tat, durch die hier „nicht mehr ist Jude und Grieche, Sklave und Freier, Mann und Frau". Die Norm ist auf dieses Faktum gegründet — wie in diesem Zusammenhang überhaupt alle „Imperative" auf die „Indikative" verweisen, durch welche von göttlichen Taten berichtet wird.

Die Forderung, jede Aussage müsse einem realen Sachverhalt, jede Erscheinung einer idealen Norm entsprechen, um als „wahr" zu gelten, schließt also die historische Veränderung der Wahrheitskriterien nicht aus. Jede konkrete Fassung dieser gegenseitigen Entsprechung von Satzwahrheit und Sachwahrheit ermöglicht je auf ihre Weise eine Kritik an den Phänomenen, an den Bewußtseinsgestalten und an der bisherigen Entwicklung des Bewußtseins und der Realverhältnisse. Sofern jedoch auch die jeweils bestimmte Ausprägung des Wahrheitskriteriums ihrerseits ein Produkt der Geschichte ist, bleibt das Verhältnis von Geltungsanspruch und Geschichte unbefragt. Kritik verlangt deshalb in dieser Hinsicht die Prüfung des Rechtes derjenigen Wahrheitskriterien, die sich als historisch bedingt erweisen und dennoch jeweils mit Anspruch auf Geltung aufgestellt werden (z. B. des Kriteriums, wonach nur das Allgemeingültige als wahr beurteilt wird). Wahrheit, bisher als „Übereinstimmung" beschrieben, wird deshalb nun als „Geltung" und „Geltungsgrund" verstanden.

b) Wahrheit als Geltung und Geltungsgrund

Sätze erheben Anspruch auf Zustimmung — und wenn es „wahre" Sätze sind, erheben sie diesen Anspruch mit Recht. Erscheinungen „wollen" von der deutenden Theorie als deren Bewährungsprobe anerkannt, nicht „weg-interpretiert" werden — und wenn es „wahre" Erscheinungen (nicht Trugbilder) sind, beanspruchen sie mit Recht, daß die Theorie an ihnen zu messen sei, nicht sie an der Theorie. Das Recht dieses Anspruches von Sätzen und Erscheinungen kann ihre „Geltung" heißen. Der Grund für diese Berechtigung heißt dann „Geltungsgrund".

Gemäß diesem Wahrheitsverständnis heißt ein Satz „wahr", wenn sein Anspruch auf Zustimmung zu Recht besteht; der Nachweis dieses Rechtes heißt die „Begründung" dieses Satzes. Entsprechend kann auf eine vorläufig-unzulängliche Weise der Begriff der Sachwahrheit folgendermaßen umschrieben werden: Eine Erscheinung heißt „wahr" (im Gegensatz zum Trugbild), wenn von einer Theorie mit Recht gefordert werden kann, daß sie sich an dieser Erscheinung bewährt; diese Bewährung wird dadurch geleistet, daß die Theorie die Erscheinung zureichend erklärt. Aber diese Umschreibung reicht nicht aus. Denn auch das Zustandekommen von Trugbildern und das Auftreten unwahrer Sätze muß erklärt werden, etwa aus der Bewußtseinslage des Getäuschten oder aus seinen Beobachtungsbedingungen. Darum muß präzisiert werden: Eine Erscheinung ist trügerisch, wenn sie geeignet ist, eine unzutreffende Erklärung zu suggerieren, wie z. B. das an der Wasser-Oberfläche gebrochen erscheinende Ruder, das zunächst die Suche nach einem Erklärungsgrund für eine physische Gestaltänderung nahelegt. Im Gegensatz dazu kann eine Erscheinung „wahr" heißen, wenn von einer Theorie mit Recht gefordert werden kann, daß sie die Erklärung für diese Erscheinung in denjenigen Zusammenhängen sucht, auf welche diese Erscheinung selbst unmittelbar hinweist.

Der Begriff der Wahrheit als Geltungsgrund steht als kritischer Begriff gegen den Dogmatismus der unausgewiesenen Zustimmungsforderung von Aussagen und der suggestiven „Selbstverständlichkeit“ von Erscheinungen, zugleich aber gegen den Skeptizismus, der es für eine Frage des beliebigen Standpunktes hält, welche von zwei widersprechenden Verstehensprinzipien man wählen wolle. Der Begriff „Wahrheit“ stellt demgegenüber die Aufgabe, Geltungsansprüche, aber auch die gegen sie erhobenen Widersprüche auf ihre Gründe hin durchsichtig zu machen.

Zu prüfen sind also die Gründe für den Geltungsanspruch von Sätzen, aber auch von deren skeptischer Bestreitung, für den Geltungsanspruch von Erscheinungen, aber auch von Interpretationen, die deren unmittelbar perzipierbare Gestalt als Trugbild entlarven. Ob aber diese Geltungsansprüche zureichend begründet sind, läßt sich nur entscheiden, wenn es ein Kriterium ihrer Beurteilung gibt. Ein solches Kriterium wird in der geläufigen Regel ausgesprochen: „Verum est index sui et falsi.“ Der Grund, der eine Aussage als gültig ausweist, muß zugleich die Möglichkeit des Irrtums verständlich machen. Der Grund, der eine Erscheinung als maßgeblich für die Theoriebildung bestätigt, erklärt zugleich die Möglichkeit der Entstehung von Trugbildern. Wer die Sache, von der die Aussage spricht, und die sich in der Erscheinung darstellt, richtig erfaßt, weiß zugleich, warum man sich über diese Sache täuschen kann.

Kritik bewährt sich, indem sie zugleich die Herkunft möglicher Täuschung aufdeckt. Insofern erweist die Kritik, d. h. die Prüfung der Legitimität von Geltungsansprüchen, ihr Recht durch ihre hermeneutische Leistung, indem sie den Grund freilegt, der einerseits Geltung begründet, andererseits zugleich das Entstehen von Irreführung durch Erscheinungen und Meinungen begreiflich macht. Darum versteht der Irrende, der den wahren Geltungsgrund von Sätzen und Erscheinungen nicht erfaßt hat, nur seine eigene Meinung; der Erkennende dagegen begreift auch den Irrtum des Anderen.

Wenn aber das Recht der Kritik an ihrer hermeneutischen Leistung gemessen wird, so zeigt sich erneut die Historizität des Wahrheitskriteriums. In der Konkurrenz von Weltauslegungen wird das „Verstehenkönnen des Gegners“ zum Beweis für das höhere Recht der eigenen Meinung, und der Verstandene gilt als derjenige, den der Verstehende in seinem Bewußtsein schon überwunden hat. Das Verstehen eines fremden Welt- und Selbstverständnisses wird so zu seiner historischen Relativierung. Der Verstehende kann, so ist nun die Meinung, den Anderen deshalb so gut begreifen, weil er „über seine

Position hinaus ist" und sie dadurch als eine vergangene Position hinter sich gelassen hat.

Der Gegensatz der Anschauungen wird nun als eine Abfolge von Stadien interpretiert auf dem Wege zu immer umfassenderen Perspektiven. Kritische Hermeneutik, die sich so versteht, legitimiert sich durch den Nachweis, daß die jeweils kritisierte Meinung einen beschränkten Standpunkt der Betrachtung anachronistisch festhält, der durch den Gang der Bewußtseinsentwicklung objektiv schon überwunden ist. Der Kritiker versteht seinen Gegner, indem er seine Perspektive in die Vorgeschichte seiner eigenen Bewußtseinsgestalt einordnet.

Dieses Legitimationskriterium jedoch ist nur so lange eindeutig, wie vorausgesetzt werden darf, es gebe ein unumkehrbares Verhältnis zwischen „niedrigeren" und „höheren" Reflexionsstufen, wobei jedesmal die höhere die niedrigere verstehend in sich umgreift. Dieser Voraussetzung liegt die Vorstellung zugrunde, es gebe eine dialektische Entwicklung des Bewußtseins, kraft welcher jeweils eine beschränkte frühere in eine spätere umfassendere Vorstellungsart aufgehoben werde. Nur eine bestimmte geschichtsphilosophische Theorie, die den Gegensatz der Geltungsansprüche in das Nacheinander dialektischer Entwicklungsschritte aufhebt, gewinnt aus der Forderung, daß Kritik zugleich hermeneutisch sein müsse, ein eindeutiges Kriterium für das jeweils höhere Recht einer Position.

Gerade an dieser Stelle im Problemzusammenhang zeigt sich besonders deutlich, daß nicht nur gewisse geschichtsphilosophische Probleme auf dem Felde der Transzendentalphilosophie entschieden werden, sondern daß in anderen Fällen auf dem Felde der Geschichtsphilosophie die Entscheidung über Fragen fällt, die die Möglichkeit gesicherter Erkenntnis betreffen.

Die historische Erfahrung lehrt jedoch, daß die geforderte Unumkehrbarkeit des Verhältnisses keineswegs besteht, kraft deren von je zwei gegnerischen Positionen sich jeweils eine dadurch als die „höhere" erweisen soll, daß sie die andere, niedrigere, verstehend in sich umgreift. Es gibt vielmehr Beispiele dafür, daß divergierende Auffassungen sich gegenseitig „verstehen" und als beschränkte Perspektiven in den eigenen, „umfassenderen" Verstehenshorizont einordnen. So kann z. B. die Wissenschaft von dem Geltungsgrunde ihrer Aussagen her auch die religiöse Weltansicht wissenschaftlich verständlich machen — wie auch umgekehrt die Religion das Faktum der entstehenden und sich durchsetzenden Wissenschaft religiös begreifen kann. Die marxistische Theorie versteht aus ihrem Prinzip auch das Auftreten des von ihr verworfenen bürgerlich-kapitalistischen Bewußtseins — aber auch umgekehrt versteht und relativiert der von den Marxisten als bürgerlich abgelehnte historische Relativismus auch das Auftreten der marxistischen Weltansicht von seinem Prinzip her. Trotz ihres inhaltlichen Gegensatzes untereinander erfüllen alle diese Weisen des Selbst- und Weltverständnisses die Forderung, die an die Erkenntnis des Geltungsgrundes von Aussagen und Erscheinungen gestellt ist: jede von ihnen vermag die eigene Position zu begründen und zugleich die abgelehnte Position in die eigene Perspektive erklärend einzuordnen.

Wenn auf solche Weise das hermeneutisch-kritische Verhältnis zwischen divergierenden Positionen gegenseitig sein kann, dann verliert das oben angegebene Kriterium für das „höhere Recht" je einer Geltungsforderung gegenüber der anderen seine Eindeutigkeit. Denn dieses Kriterium beruhte auf der Einseitigkeit, mit der nur die „höhere" Position ein Verstehen der „niedrigeren" erlaubt. Dadurch aber entsteht die Frage, ob das Kriterium, das ein kritisches Urteil über Aussagen und Erscheinungen möglich machen soll, nicht umgekehrt gerade darin gesucht werden müsse, daß als „wahr" nur gelten kann, was gerade die Gegenseitigkeit des Verstehens auch im Gegensatz des Meinens möglich macht. „Wahrheit" wäre dann nicht primär der Legitimationsgrund im Streit der Geltungsansprüche, sondern der Ermöglichungsgrund von Intersubjektivität.

c) Wahrheit als Bedingung der Intersubjektivität

Intersubjektivität ist kein innerlicher „Gleichklang der Seelen", sondern diejenige Beziehung zwischen Subjekten, die durch die Gemeinsamkeit einer Sache gestiftet wird. Die Gemeinsamkeit einer Sache ihrerseits ist nicht die Identität der Meinungen über sie, sondern die gemeinsame Bedingung für Konsens und Dissens zugleich. Auch im Streit um die Sache versteht man sich gegenseitig; erst wenn man nicht zur gleichen Sache spricht, spricht man aneinander vorbei. Die Gemeinsamkeit der Sache ist auch nicht durch den Blick auf ein identisches Phänomen garantiert. (Daß der Astronom und der Dichter den gleichen Mondaufgang beschreiben, garantiert nicht, daß sie sich in einer identischen Sache verstehen.) Jene Gemeinsamkeit der Sache, auf der die Möglichkeit von Intersubjektivität beruht, ist vielmehr die Gemeinsamkeit einer Frage, auf die man Sätze als (vielleicht sehr divergierende) Antwortversuche beziehen, für die man Phänomene als (vielleicht sehr unterschiedlich beurteilte) Entscheidungskriterien heranziehen kann.

In diesem Sinne könnte man daran denken, einen Satz „wahr" zu nennen, wenn er eine Alternative von Zustimmung und Ablehnung eröffnet, weil er sich als eine unter mehreren möglichen Antworten auf ein gestelltes Problem erweist und so im Hörer einen Hinblick auf die strittige Sache eröffnet. Ähnlich könnte man eine Erscheinung „wahr" nennen, wenn sie als aufschlußreich oder aber als irreführend für die Beantwortung einer Frage beurteilt werden kann, weil nur so der Streit um die Sache konkret als Streit um die Auslegung dieses Phänomens ausgetragen werden kann. Aber eine solche Terminologie könnte Anlaß zu Verwechslungen geben. Um das hier Gemeinte von dem zuvor besprochenen begründeten Geltungsanspruch zu unterscheiden, der nur zustimmungswürdigen Sätzen und aufschlußreichen Phänomenen zukommt, während auch das Ablehnungswürdige und Irreführende „zur Sache" gehört, spricht man besser von „sinnvollen" Sätzen und von „relevanten" Phänomenen. Ein Satz bleibt sinnvoll, auch wenn man ihm widersprechen muß — man kann ihm sogar nur deshalb widersprechen, weil er sinnvoll ist. Ein Phänomen bleibt relevant, auch wenn es als irreführend beurteilt werden muß — es kann sogar nur deshalb irreführen, weil es die Entscheidung zwischen möglichen Antworten beeinflußt und in diesem Sinne Relevanz besitzt.

Die Differenz zwischen wahren, unwahren und sinnvollen Sätzen, zwischen aufschlußreichen, irreführenden und irrelevanten Phänomenen kann an folgenden Beispielen verdeutlicht werden: Die Behauptung „3 + 5 = 8" ist das Beispiel eines inhaltlich wahren Satzes; die Behauptung „3 + 5 = 9" exemplifiziert einen inhaltlich unwahren, aber sinnvollen Satz. Die Behauptung „3 + 5 = heller als Montag" mag als Beispiel für einen sinnlosen Satz stehen. Entsprechendes gilt auf der Seite der Phänomene. Die Phänomenbeschreibung, die Mondsichel zeige immer nach der Seite, die der Sonne zugewandt ist, betrifft ein aufschlußreiches Phänomen, sofern daraus etwas über das Zustandekommen der Mondphasen geschlossen werden kann. Die Phänomenbeschreibung, der Mond erscheine im Aufgehen größer als im Zenit, exemplifiziert ein irreführendes Phänomen, sofern zunächst der Eindruck entsteht, der Mond verliere während des Aufsteigens an Größe.

Die Phänomenbeschreibung, die Vollendung der ›Kritik der reinen Vernunft‹ sei auf einen Vollmondtag gefallen, bezeichnet jedoch ein irrelevantes, d. h. keinerlei wahre oder falsche Verstehensweisen der Sache nahelegendes Phänomen.

Aus den Beispielen lassen sich gewisse Regeln ableiten. Ein Satz ist seiner Form nach sinnvoll, wenn seine Elemente diejenige Funktion erfüllen, die ihnen durch seine Struktur zugewiesen wird. Ein Satz ist seinem Inhalt nach sinnvoll, wenn er eine Entscheidung zwischen möglichen Antworten auf eine Frage enthält. Dabei hängen Form und Inhalt untereinander zusammen. Die Struktur eines Satzes kann den Elementen nur deshalb Funktionen zuweisen, weil sie eine Frage enthält, die durch die Einsetzung der Elemente beantwortet wird. (So enthält die Struktur einer Gleichung eine Frage, die durch die Einsetzung von Zahlen beantwortet wird.)

In ähnlicher Weise kann gesagt werden: Ein Phänomen ist relevant, wenn es derjenige Fall ist, an dem verschiedene mögliche Antworten auf eine Frage erprobt werden können. Der Sinn von Sätzen und die Relevanz von Phänomenen hängen deshalb untereinander zusammen. Denn die Alternative möglicher Antworten ist nur entscheidbar, wenn der Satz eine Erprobung an Fällen gestattet. Phänomene aber können nur dann Bewährungsproben für Sätze werden, wenn sie sich entweder in die Struktur der Frage einfügen lassen oder diese als falsch gestellt erweisen.

Wahrheit, so hat sich gezeigt, kann *kategorial* als Satz- oder Sachwahrheit und in beiderlei Hinsicht als Adäquation oder als Geltungsgrund verstanden werden. Dieser Satz- und Sachwahrheit liegt voraus die Sinnhaftigkeit von Sätzen, durch die sie erst fähig werden, wahr oder falsch zu sein, und die Relevanz von Phänomenen, durch die sie erst tauglich werden, erhellend oder irreführend zu wirken. Wahrheit im *transzendentalen* Sinn des Wortes kann die Bedingung heißen, die den Sinn von Sätzen und die Relevanz von Phänomenen möglich macht. Diese Wahrheit ist es, die zugleich die Intersubjektivität derer ermöglicht, die über die Beurteilung von Sätzen und Phänomenen miteinander im Streite liegen. Transzendentale Wahrheit begründet die Möglichkeit gegenseitigen Verstehens in der gemeinsamen strittigen Sache, statt das Verstehen auf den Kreis der Meinungsgenossen einzuschränken.

Der Begriff der Wahrheit als Intersubjektivitätsbedingung steht deshalb als kritischer Begriff gegen den Dogmatismus der sich schließenden

Perspektiven und zugleich gegen jenen Skeptizismus, der es für eine Frage beliebig austauschbarer Einstellungen hält, ob Sätze einen Sinn, Phänomene eine Relevanz gewinnen oder verlieren. Der transzendentale Wahrheitsbegriff stellt die Aufgabe, gegebene Formen des Denkens darauf zu prüfen, ob sie den phänomenalen Inhalten Relevanz einräumen oder so in sich fixiert sind, daß sie sich durch jede Art von Erscheinungen nur bestätigt finden können. Der gleiche Wahrheitsbegriff stellt die entsprechende Aufgabe, gegebene Phänomene darauf zu untersuchen, ob sie als Sinnelemente in die Struktur des Denkens eintreten können (z. B. als der Fall, an dem sich eine Regel bewähren muß), oder ob sie gegen die Mannigfaltigkeit divergierender Auslegungen gleichgültig und darum für das Denken belanglos bleiben.

Nun hat sich aber gezeigt, daß der Sinn von Sätzen und die Relevanz von Phänomenen sich gegenseitig bedingen. Nur sinnvoll gestellte (eine Entscheidungsalternative eröffnende) Fragen und nur auf solche Fragen antwortende Sätze verleihen den Phänomenen Relevanz (machen sie zur Instanz für die Entscheidung zwischen möglichen Antworten). Nur der Bezug auf relevante Phänomene verleiht den Aussagen Sinn (als Möglichkeit, sich als wahr oder unwahr zu erweisen). Am erfahrenen Phänomen „bildet“ sich auf solche Weise die Struktur des Denkens, welche ihrerseits die Struktur möglicher Fragen begründet; diese wiederum machen Erfahrung möglich, indem sie Phänomenen Relevanz verschaffen. In diesem Prozeß aber verändern sich die Kriterien für sinnvolle Sätze und für relevante Phänomene zugleich. Denn in der Erprobung von Fragestellungen an Phänomenen, aber auch in den Versuchen, Phänomene als Instanzen zur Beurteilung von Fragen heranzuziehen, bilden sich je neue „Wahrheitshorizonte“, innerhalb derer Sätze ihren Sinn, Phänomene ihre Relevanz gewinnen und verlieren, indem Denken und Erfahrung sich wechselseitig aneinander entwickeln.

Wahrheit aber, sofern sie nun als der Grund für die Möglichkeit verstanden wird, sich intersubjektiv auf die gemeinsame strittige Sache zu beziehen, erweist sich so zugleich als der Grund für die Historizität von Sinn- bzw. Relevanzkriterien. Denn die gemeinsame Sache verlangt, daß das Denken sich offenhält für die Erfahrung, die den vorgegebenen Verstehenshorizont verändert, und daß die Phänomene „zur Sprache gebracht werden“, indem sie für eine verwandelte Fragestellung eine veränderte Relevanz erwerben. Ein drittes Mal also hat sich erwiesen, daß Wahrheit Historizität nicht ausschließt, sondern verlangt.

3. Historizität und Normativität der Wahrheit

Die Frage nach dem Verhältnis von Wahrheit und Geschichte, so hat sich zu Beginn dieses Abschnitts gezeigt, impliziert die Frage nach der Möglichkeit einer Kritik am faktischen Geschichtsverlauf im ganzen. Solche Kritik bedarf, wenn sie vor Willkür bewahrt sein will, einer Norm; und diese Norm muß von dem verschieden sein, was an ihr gemessen werden soll. Die Möglichkeit von Kritik hängt deshalb davon ab, ob Wahrheit von Geschichte verschieden und in dieser Verschiedenheit erkennbar sei.

Daraus scheint zu folgen: Wahrheit verliert in dem Maße ihre Normativität, in welchem sie sich selber als historisch erweist; Wahrheit muß entsprechend in dem Maße als überhistorisch gedacht werden, in welchem sie als Norm fungieren soll. Unter dieser Voraussetzung scheint die Rede von einer wie immer gearteten „Historizität der Wahrheit" identisch zu sein mit einem „historischen Relativismus", der jede Form des Denkens und Fragens, auch jede Form der Normgebung und der Kritik nur als eine Spiegelung wechselnder historischer Zustände begreifen will. Ein solches Wahrheitsverständnis aber hätte die doppelte Folge, daß erstens die Historie zur Herkunft aller Normen erklärt und damit der Kritik entzogen würde und daß zweitens die Geltung jeder Norm (ihr Recht auf Maßgeblichkeit) ihre Notwendigkeit verlöre und auf die Kontingenz eben jener faktisch historischen Situation eingeschränkt würde, die sich in ihr „spiegelt".

Es ist kein Zufall, daß (wie im folgenden historischen Teil dieser ›Einführung‹ zu zeigen sein wird) die „Überwindung des Relativismus" immer wieder als die zentrale Aufgabe der Geschichtsphilosophie angesehen worden ist. Wer „Wahrheit" und damit die Ermöglichung verantwortlicher Kritik sichern will, scheint zuallererst eine Überwindung des Relativismus leisten zu müssen.

Indessen hat sich gezeigt, daß die Wahrheit gerade in denjenigen Funktionen, in denen sie Kritik möglich machen soll (als Forderung der Adäquation, als Kriterium der Legitimation und als Möglichkeitsgrund der Intersubjektivität), keineswegs von der Geschichte unbetroffen bleibt. Die Unterscheidungsmerkmale der Realität, an denen die Wahrheit von Sätzen ebenso gemessen wird wie die von Erscheinungen, sind historisch nicht weniger variabel als die Kriterien der Legimitation von Geltung. Und auch die Frage-Horizonte, innerhalb deren Sätze sinnvoll, Erscheinungen relevant sein können, ändern sich in der Geschichte. So entsteht der Anschein, als ob Kritik (d. h. die Fähigkeit zum Urteil über Erscheinungen und Meinungen, über Geltungsansprüche und ihre Bestreitung, über Denkstrukturen und Weisen der Phänomen-Erfahrung) sich in einem fruchtlosen Zirkel bewege. Sie ist genötigt, ihre Normen immer wieder eben jener historisch-faktischen Gestalt des Bewußtseins und der Realverhältnisse zu entnehmen, die sie doch zum Gegenstand ihrer Beurteilung machen soll. Diese Erfahrung von der Historizität der Wahrheit „relativiert" den Wahrheitsbegriff und bedroht damit zugleich seine kritische Funktion. Nichts scheint den historischen Relativismus so sehr ins Recht zu setzen wie die Erfahrung von der historischen Variabilität derjenigen Versuche, die ihn überwinden wollen. In Gestalt des solchermaßen gerechtfertigten Relativismus aber kehrt dann jener Skeptizismus wieder, den die Kritik ebenso zu überwinden hoffte wie den Dogmatismus.

Wenn aber solchermaßen die Hoffnung schwindet, Wahrheit abseits von der Geschichte aufzufinden, und wenn gleichzeitig die Forderung nicht aufgegeben werden darf, Wahrheit (als den Maßstab der Kritik) von allen historischen Zuständen und Entwicklungstendenzen (als den kritikbedürftigen Fakten) zu unterscheiden, dann bleibt dem Bemühen um Wahrheit nur ein einziger Weg geöffnet: Wahrheit muß in der Geschichte selbst als deren Möglichkeitsgrund aufgesucht werden — ein Möglichkeitsgrund freilich, der von jeder faktischen Verwirklichungsgestalt ebenso verschieden und unterscheidbar bleibt wie von jeder faktischen Gestaltungstendenz. Die Frage nach der Wahrheit als dem Möglichkeitsgrund der Kritik ist nur beantwortbar, wenn sich zeigen läßt, daß sie zusammenfällt mit der Frage nach dem Möglichkeitsgrund der Geschichte.

Dieser Befund mag befremdlich erscheinen angesichts der Erfahrung, daß die Historizität aller Bewußtseinsformen und Realverhältnisse jenen historischen Relativismus heraufgeführt hat, der jede Aussicht auf Wahrheit als Norm für das Urteil über die Geschichte zu verstellen droht. Andererseits ist dieser Befund doch zugleich verständlich angesichts der Einsicht, daß eben dieser Wandel der Verhältnisse und des Bewußtseins gar nicht geschähe, wenn nicht alles, was faktisch ist, der Kritik unterworfen und unter das Urteil einer (vermeintlichen oder wirklichen, jedenfalls aber als Norm fungierenden) Wahrheit gestellt würde. Die allgemeine Historizität ist also nicht nur die Quelle einer Gefahr für jede Bemühung um Wahrheit, sondern zugleich die Folge dieser Bemühung selbst. Würde daher der historische Relativismus derart zum Siege gelangen, daß die Hoffnung auf Wahrheit als widerlegt gelten müßte, so höbe er damit die Kritik und folglich den historischen Prozeß, mit diesem aber zugleich sich selber auf. Die Frage nach der Wahrheit und die Frage nach der Geschichte erscheinen wie zwei Seiten des einen Problems, worauf die Möglichkeit von Kritik beruhe und wie sie zu sichern sei.

Weder die Wahrheit noch die Geschichte lassen sich also angemessen begreifen, wenn sie — im Hinblick auf die Gefahr des Relativismus — in einem ausschließlich gegensätzlichen Verhältnis gesehen werden. Indem die Wahrheit Kritik begründet, macht sie Geschichte möglich; und indem die Geschichte sich als Funktion eines gewiß kritikbedürftigen aber doch zugleich kritischen Selbst- und Weltverhältnisses der Menschen erweist, macht sie die Wahrheit in dem, was sie ist und leistet, erst deutlich (vgl. R. Schaeffler, Wahrheit und Geschichte in: Einsichten. Gerhard Krüger zum 60. Geburtstag 1962, S. 297—315).

Die Feststellung freilich, daß zwischen dem Wahrheitsproblem und dem Problem der Geschichte ein so enges Verhältnis besteht, bedeutet noch nicht die Lösung, sondern erst die Formulierung der Aufgabe, dieses Verhältnis genauer zu beschreiben und zu analysieren. Der soeben durchlaufene Gedankengang hat also noch keine Theorie der Geschichte erbracht. Wohl aber ist er, innerhalb der hier versuchten „Topographie" geschichtsphilosophischer Probleme, an einen bedeutsamen „Ort" gelangt, an welchem eine ganze Anzahl von Einzelfragen sich miteinander verknüpfen. Hier grenzt, wie sogleich zu zeigen sein wird, das Problemfeld der Geschichtsphilosophie an die Bereiche der Ontologie, der Ethik und der Philosophie der Gesellschaft.

a) Ontologische Problem-Implikationen
Reales und Ideales in der Geschichte

Die Frage, wie die Normativität der Wahrheit mit ihrer Historizität zusammen bestehen könne, hat eine ontologische Komponente. Das zeigt sich schon darin, daß das Problem erst entstand, als eine klassische ontologische Konzeption zerbrach.

Nach einer auf Platon zurückgehenden Deutung sollten alle in der Zeit wechselnden Erscheinungsgestalten als „Abbilder" ewiger Urgestalten begriffen werden. Ihre Wirklichkeit galt als „Teilhabe" an dem, was zugleich als wahrhaft seiend und als normativ verstanden wurde, weil es durch seine bleibende Eindeutigkeit den schwankenden Erscheinungen erlaubt, an ihm „Halt zu gewinnen“ (μετέχειν). Nun aber zeigte sich, daß die Diversität der historisch wechselnden Phänomene sich nicht aus der Einheit eines einzigen historischen Urbildes deuten läßt. Die Erscheinungen sind nicht nur verschieden, sondern disparat, und zwar auch dann, wenn sie unter den gleichen Allgemeinbegriff fallen. Was in wechselnden Epochen „Gerechtigkeit“, „Bürgergemeinschaft“ (Staat), „Tugend“ heißt; was in verschiedenen Zeiten als „Erleuchtung des Bewußtseins“ (Aufklärung) oder als verblendende Befangenheit gilt; was unter verschiedenen Bedingungen als „realitätsgemäße Theorie und Praxis“ erstrebt wird; dies und anderes unterscheidet sich nicht nur durch gradweise Annäherung oder Entfernung gegenüber einem gemeinsamen Ideal, sondern durch das Maß selber, an dem es gemessen werden muß. Epochen sind im Vergleich zueinander nicht vollkommener oder unvollkommener, sondern je spezifisch anders geartet.

Darum verbietet sich der Versuch, gewissen historischen Phänomenen einen höheren Grad von Wirklichkeit zuzuschreiben als anderen oder sie alle gemeinsam als „Halt-nehmend“ (μετέχοντα) am Ewig-Normativen zu deuten. Wo das Faktische sich, wegen der Disparatheit der historischen Phänomene, als unvergleichlich darstellt, so daß alle vermeintlichen Parallelen sich alsbald als Anachronismen erweisen, da hat alles gleiches Recht. So bleibt nur ein einziges Realitätskriterium übrig. Als wirklich gilt, was an einer angebbaren Stelle in Raum und Zeit angetroffen werden kann. Das in diesem Sinne „Tatsächliche“ tritt allem Ewigen ebenso gegenüber wie allem Normativen. Das Ewige und Normative gilt jetzt nicht mehr als das „im höchsten Grade Seiende“, sondern als das „Ideale“ im Gegensatz zum „Realen“.

Mit der Angabe, Wirklichkeit sei Antreffbarkeit in Raum und Zeit, scheint der Begriff des Seins zunächst alles Problematische verloren zu haben. Die Ontologie, die das Problem des Seienden als eines solchen behandeln will, scheint unter dem Einfluß der historischen Erfahrung und im Gefolge des durch sie geprägten Realitätsbegriffs gegenstandslos geworden zu sein. Aber gerade die philosophische Betrachtung der Geschichte, die auf diese Weise der alten Ontologie ihre Aufgabe zu entziehen scheint, läßt ein neues ontologisches Problem entstehen: die Frage, wie die Vermittlung von Realität und Idealität zu beschreiben sei.

Denn bei aller Unterscheidung vom Realen läßt das Ideale sich nicht in den Bereich des bloß Vorgestellten oder gar des Fiktiven verweisen. Das gelingt schon bei den mathematisch formulierbaren Naturgesetzen nicht. Sie beherrschen alles Erscheinende, ohne selbst Erscheinung zu sein. Nichts, was in Raum und Zeit geschieht, kann sich ihnen entziehen, aber sie selber haben keine Stelle in Raum und Zeit. Ist nun die Antreffbarkeit an angebbaren Stellen in Raum und Zeit das Kriterium des Realen, so sind diese Gesetze gewiß ideal. Aber trotz dieses ihres idealen Charakters besteht ihre Seinsart nicht darin, von bestimmten Menschen an bestimmten Orten und Zeiten vorgestellt zu werden. Als bloße Vorstellungsinhalte wären sie nicht maßgebend für die Realität der Natur. Nicht weniger als jene Urgestalten des Wesens, von denen die klassische Ontologie hat sprechen wollen, geht das Gesetz als die Bedingung des Auftretens in Raum und Zeit allen Erscheinungen ermöglichend voran. Und auch wenn das Ideale nicht mehr als Urbild der Essenz, sondern als Bedingung der Existenz verstanden wird, gilt der Satz: Das Reale ist nur möglich, sofern es immer schon (a priori) mit dem Idealen vermittelt ist.

Noch weniger als im Bereich der Natur gelingt es im Bereich der Geschichte, das Ideale und Normative ausschließlich als Inhalt faktischer Vorstellungen zu deuten. Gewiß gehören Vorstellungen vom Nützlichen und Guten, von einer besseren Welt und Gesellschaft im ganzen und von besseren Lebensbedingungen für Individuen und Gruppen im einzelnen zu den bewegenden Kräften jenes Handelns, das die Geschichte bestimmt. Aber was die Vorstellungen ihrerseits in Bewegung hält, ist ein Wissen von demjenigen, was im Gewußtsein nicht aufgeht.

Die Idee der Gerechtigkeit ist einerseits keine ewige Urgestalt, zu der sich die historisch wechselnden Rechtsordnungen und Rechtsvorstellungen wie gradweise Annäherung verhalten. Dazu sind die Aufgaben des Rechts unter den sich ändernden historischen Bedingungen allzu verschieden. Andererseits aber geht die Idee der Gerechtigkeit nicht auf in den wechselnden Versuchen, sie theoretisch zu denken und praktisch zu realisieren. Sie ist diejenige Sache, um die diese Vorstellungen und Verhaltensweisen sich bemühen. Und diese Sache „gibt zu denken", indem sie immer wieder die gegebenen Verhältnisse und zugleich die im Kontrast zu diesen Verhältnissen konzipierten Vorstellungen vom Gerechten als unzulänglich erweist.

Das Beispiel läßt eine allgemeinere Regel erkennen. Geschichte geschieht nicht nur dadurch, daß Menschen versuchen, die Realität nach ihren Vorstellungen zu gestalten. Sie geschieht auch, weil Menschen von dem Willen erfüllt sind, sich aus derjenigen Befangenheit zu befreien, in welcher ihre eigenen Vorstellungen ihnen den Blick auf die Sache verstellen (und welche Sache wäre dem Befangenen gründlicher durch seine Vorstellungen verstellt als die Idee der Gerechtigkeit?). Gerade wenn sich solchermaßen zeigt, daß „die Sache" von der Vorstellung unterschieden werden muß, die ihr gilt, erweist diese Sache sich als eine Wirklichkeit von eigener Art. Als ideale Sache ist sie von der raumzeitlich vorfindlichen Realität verschieden. Und wenn sie auch nicht der „ewige Kern" der wechselnden Erscheinungen ist, wie die klassische Ontologie annehmen wollte, so ist sie doch auch nicht bloß der Inhalt der faktischen Zielvorstellung, die das menschliche Denken und Handeln beherrscht, sondern jenes Movens, das alles Denken und Handeln beständig in Bewegung hält, indem es alle faktischen Vorstellungen und Taten als unzulänglich erweist. Das menschliche Vorstellen und Herstellen bleibt dieser Sache nur dadurch auf der Spur, daß es, der einen Unzulänglichkeit überführt, „die Sache selbst" von allen eigenen Vorstellungs-Inhalten und Herstellungs-Ergebnissen unterscheidet. Und weil es diese Unterscheidung ist, die allen historischen Wandel der Theorie und der Praxis bestimmt, darum sind die Ergebnisse historischen Denkens und Tuns (und also die Realitäten der Geschichte) von solcher Art, daß sie immer schon die Beziehung auf das Ideale einer solchen Sache in sich mitenthalten.

Die Frage, wie Idealität und Realität sich zueinander verhalten, ist durch solche Erwägungen gewiß noch nicht gelöst, sondern erst aufgeworfen. Aber es wird deutlich, daß eine angemessene Interpretation der Geschichte zugleich verlangt, das Problem des Verhältnisses von Idealem und Realem aufzulösen. In der hier versuchten Topographie geschichtsphilosophischer Probleme hat also die soeben skizzierte ontologische Aufgabe ihren rechtmäßigen Ort.

b) Ethische Problem-Implikationen
Geschichte und Sittlichkeit

Die Idee, so hat sich gezeigt, gehört trotz aller Entgegensetzung gegen die historische Realität zu den bewegenden und gestaltenden Kräften der Geschichte. Sie erweist sich dadurch als eine Wirklichkeit eigener Art, die von allen theoretischen Vorstellungen und praktischen

Realisationsversuchen verschieden bleibt. Die Vermittlung des Gegensatzes von Faktischem und Normativem gehört zu den Aufgaben der Geschichtsphilosophie. Sie betrifft jedoch nicht nur die Beurteilung von Theorien, sondern auch das Wechselverhältnis von faktischem Verhalten und verpflichtender Handlungsnorm. Sie gibt dadurch zu erkennen, daß sie eine Reihe von ethischen Grundsatzproblemen impliziert.

Einerseits nämlich verbietet der radikale Wandel der Realverhältnisse und der Bewußtseinsstrukturen jeden Versuch, die historisch sich ändernden Tatsachen nur als Anwendungsfälle unter ewige Regeln zu subsumieren, welche ihrerseits als übergeschichtliche Bewertungsnormen zu denken wären. Die einmal entdeckte Historizität der Wahrheit läßt keinen Ausweg mehr ins Ungeschichtliche offen und entlarvt jeden Versuch dieser Art als unkritische Verallgemeinerung einer historisch besonderen Wertungsweise, also faktisch als Anachronismus. Auf solche Art entstehen jene anachronistischen Wertungen, die die Maßstäbe der je eigenen Gegenwart auf fremde Epochen übertragen und dadurch die Möglichkeit verfehlen, der Vergangenheit gerecht zu werden.

Andererseits aber gelingt es nicht, die in der Geschichte wirksamen Normen und normorientierten Wertungen angemessen zu interpretieren, wenn sie nur als Ausdruck einer faktisch bestehenden Bewußtseinsgestalt verstanden werden, die durch faktisch bestehende Verhältnisse geprägt ist. Denn es gehört zur Wirklichkeit der Geschichte selbst, daß die Handelnden ihr faktisch-historisches Normbewußtsein mitsamt seinen faktisch-historischen Bedingungen einer Kritik unterziehen können und es dadurch von der „wahren" Aufgabe je gegenwärtig geforderter Theorie und Praxis unterscheiden. Gerade diese Unterscheidung gehört zu den wirksamsten Beweggründen geschichtsmächtigen Handelns; dies läßt sich insbesondere an den Voraussetzungen revolutionärer Praxis nachweisen.

Die Beschämung darüber, sich nicht nur durch äußere Mächte in den eigenen Aktionsmöglichkeiten beschränkt zu finden, sondern zugleich „innerlich", im eigenen Denken, Urteilen und Handeln, durch faktische Verhältnisse präokkupiert zu sehen, erzwingt die Einsicht, daß die äußere Not keinen Ausweg in eine innere Freiheit offen läßt. Nicht der Hunger und andere Formen des Mangels an bedarfsdeckenden Gütern, sondern die Scham über diese „Entfremdung", d. h. über die tatsächliche Fremdabhängigkeit auch der eigensten Akte des Erkennens und Wollens, erzeugt die Einsicht, daß mit der Gestaltung der äußeren Verhältnisse auch über die eigene Würde entschieden wird. Der Wille, die eigenen historischen Befangenheiten und Vorurteile zu überwinden, und die Einsicht, daß diese theoretische Emanzipation nur durch die praktische Umgestaltung derjenigen Verhältnisse möglich ist, welche solche Befangenheit und Vorurteile immer neu erzeugen, verbieten jede Versöhnung mit dem vorgefundenen Zustand der Gesellschaft.

Erst unter dieser Perspektive erscheint jeder Versuch, sich durch system-immanente Verbesserungen mit den bestehenden Verhältnissen versöhnen zu lassen, als „Bestechung" und „Korruption des Bewußtseins". Und erst unter dieser Voraussetzung erlangt der Wille zur Umgestaltung jene Unbedingtheit, die jedes Opfer rechtfertigt. Kurz: Die revolutionären Energien, die zu den gestaltenden Kräften der Geschichte gehören, werden erst durch eine moralische Reflexion freigesetzt, die nicht nur die jeweiligen Gegner unter Ideologieverdacht stellt, sondern auch die eigene Befangenheit ideologiekritisch entlarvt und dadurch die „Norm selbst" von dem eigenen faktisch korrumpierten und der Gefahr neuer Korruption ausgesetzten Normbewußtsein unterscheidet.

Für die hier versuchte „Topographie geschichtsphilosophischer Probleme" ergibt sich aus dem Gesagten: Eine angemessene Beschreibung der historischen Phänomene (z. B. der Revolutionen) verlangt zugleich eine Analyse des Ethos geschichtswirksamen Handelns. Die Unbedingtheit, mit der der Handelnde sich dabei für eine bestimmte historische Aufgabe in Anspruch genommen weiß, setzt voraus, daß er nicht nur äußere Güter von der Erhaltung, Veränderung oder Neugestaltung historischer Verhältnisse abhängig weiß (denn solche Güter wären durch andere kompensierbar), sondern sich selbst im ganzen und seine Würde. Nur so wird sein Verpflichtungsbewußtsein unbedingt.

Das schließt ein, ohne daß es in jedem Falle reflex bewußt zu sein bräuchte, daß auch das eigene Urteilen und Handeln von den historischen Verhältnissen abhängig ist, und zugleich, daß es einer Norm untersteht, die diese historische Befangenheit zu überwinden vorschreibt. Wäre das Ideal-Normative ablösbar vom Historisch-Realen, dann könnte es ohne Rücksicht auf die Gestaltung der Realverhältnisse erkannt und verwirklicht werden — und historisches Handeln wäre nicht unbedingt geboten. Die Würde des Menschen könnte dann in einem Rückzug aus der Welt und ihrer Bosheit gesucht werden.

Wäre andererseits das Ideal-Normative identisch mit dem Historisch-Realen, so könnte es immer nur die bestehenden Verhältnisse legitimieren — und wiederum wäre historisches Handeln nicht unbedingt geboten. Normgemäßes Verhalten bestünde dann darin, das Faktische auf seine verborgene Idealität hin theoretisch auszulegen und zu billigen. Die Aufgabe, das Ethos historischen Handelns mit seiner unbedingten Verpflichtung angemessen zu beschreiben (und dadurch die historischen Phänomene sachgerecht auszulegen), impliziert so das Problem, wie im historischen Prozeß Idealität und Realität jeweils praktisch-sittlich vermittelt seien. Denn weder ihre unvermittelte Antithese noch ihre unvermittelte Identität, sondern nur ihre jeweilig-historische Vermittlung ermöglicht die Unbedingtheit der Pflicht zur geschichtsgestaltenden Tat.

c) Sozialphilosophische Problem-Implikationen
Geschichte und Gesellschaft

Die Erfahrung, daß die Vernunft einem historischen Wandel unterliege, macht es um so dringlicher, nach jener Wahrheit zu fragen, welche die Vernunft davor bewahrt, ein bloßer Spiegel der Realverhältnisse zu sein, und sie befähigt, gegenüber dem faktischen Geschehen kritische Distanz zu gewinnen. Die weitere Einsicht, daß auch die Wahrheit, als der Möglichkeitsgrund von Kritik an der Geschichte, ihre eigene Historizität besitzt, weil die Kriterien der Realität und der Geltung je historisch spezifisch sind, macht die Frage nur um so wichtiger: Wie kann eine Wahrheit, die als wesentlich historisch gedacht werden muß, dennoch der Möglichkeitsgrund dafür sein, daß Menschen sich bei aller Differenz ihrer Bewußtseinsformen und Erfahrungsinhalte intersubjektiv verstehen können — und sei es nur, daß sie sich in der Differenz ihrer Meinungen auf eine gemeinsame strittige Sache beziehen? Die Überzeugung, daß es zu den zentralen Aufgaben der Geschichtsphilosophie gehöre, den Begriff der Wahrheit vor der „historischen Relativierung“ zu bewahren, beruht auf der Erfahrung, daß die Geschichte selbst, die zunächst den „Relativismus“ zu begünstigen scheint, ihrerseits unverständlich würde, wenn nicht gezeigt werden könnte, wie die Handelnden auf diejenige Wahrheit bezogen bleiben, die ihnen Kritik und Intersubjektivität möglich macht.

Es ist diese Stelle im Problemzusammenhang, an welcher die Frage nach dem Verhältnis von Wahrheit und Geschichte ihre sozialphilosophische Relevanz erkennen läßt. Denn die Ermöglichung von Kritik und Intersubjektivität und die Ermöglichung von Gesellschaft fallen zusammen, weil Gesellschaft auf kritischer Intersubjektivität beruht. Die Frage, auf welche Weise eine historisch zu verstehende Wahrheit kritische Intersubjektivität begründen könne, ist deshalb zugleich die Frage, wie die Gesellschaft sich selbst nicht nur hinsichtlich der Zustände, die sie im Nacheinander durchläuft, sondern hinsichtlich ihrer Ermöglichung in angemessener Weise historisch zu begreifen habe.

Es ist nicht viel mehr als eine Trivialität, festzustellen: Wer von der Geschichte spricht, muß von der Gesellschaft reden und umgekehrt. Denn Gesellschaften sind durch und durch historische Gebilde. Sie resultieren nicht aus irgendwelchen „ewigen Merkmalen der Rasse“ oder aus „natürlichen Gegebenheiten des Siedlungsraumes“, sondern sind Produkte des historischen Prozesses. Aber sie lassen sich auch als dessen Subjekte beschreiben. Denn historische Phänomene sind durch und durch gesellschaftlicher Natur. Das Tun und Leiden der Individuen erlangt historische Bedeutung nur in dem Maße, wie es das gesellschaftliche Leben beeinflußt oder ausdrückt. Und die Geschichte der Menschheit ist in concreto der Vorgang, in welchem je bestimmte gesellschaftliche Strukturen entstehen, sich wandeln und sich auflösen. Das bedeutet nicht, daß Geschichte und Gesellschaft dasselbe sind; es bedeutet noch weniger, daß die Wissenschaft von der Geschichte in die Wissenschaft von der Gesellschaft zu verwandeln sei oder umgekehrt. Aber es bedeutet, daß Geschichte immer als die Geschichte von Gesellschaften geschieht und daß Gesellschaften nur „sind“, indem sie ihre Geschichte „haben“.

Die Zusammengehörigkeit von Geschichte und Gesellschaft läßt sich in Kategorien der traditionellen Logik in folgender Weise beschreiben: Alle Aussagen über Geschichte und Gesellschaft betreffen unmittelbar nicht das Individuelle der einzelnen Menschen und nicht das Allgemeine der Menschengattung, sondern das Spezielle je besonderer und konkreter intersubjektiver Strukturen. Geschichte geschieht und Gesellschaft gestaltet sich in der Weise und in dem Maße, in welchem die Einzelnen nicht unvermittelt mit der Menschheit konfrontiert sind, sondern sich in je besondere und dadurch konkrete Bedingungen und Möglichkeiten versetzt finden, die je besondere und dadurch konkrete Formen der Kommunikation und der Interaktion möglich machen.

Dies sei in zwei Hinsichten andeutungsweise exemplifiziert. Nicht die inkommunikablen Empfindungen des Individuums, aber auch nicht die universal mitteilbaren mathematischen Formeln, nur die konkret-gesellschaftlichen Kommunikationsformen erfordern und begründen die Strukturbildung einer historischen Sprache. Nicht die geheimen Sehnsüchte des Einzelnen, aber auch nicht die artgleichen Merkmale der Menschheit, nur die konkret-historischen Situationen erfordern und gestatten die Interaktions-Strukturen einer Gesellschaft. Geschichte geschieht und Gesellschaft lebt stets in solchen je besonderen Kommunikations- und Interaktionsstrukturen.

Das gilt auch dort, wo die Bedingungen und die Möglichkeiten von Kommunikation und Interaktion „globale Ausmaße“ erreichen, so daß alles, was irgendwo auf der Welt geschieht, für jeden, der irgendwo auf der Welt lebt, die Lebensbedingungen und die Wirkungsmöglichkeiten mitbeeinflußt. Denn wenn wir Heutigen die Erfahrung machen, daß „die Menschheit“ aus einem abstrakten Gattungsbegriff zu einer konkreten Ortsbestimmung für das Leben jedes Einzelnen wird, so folgt das nicht daraus, daß alle Individuen der einen Gattung „Mensch“ angehören; es ist vielmehr die Folge einer speziellen historischen Situation, durch die sich unser Zeitalter von anderen Epochen unterscheidet. Und auch dann noch hängt es von der je speziellen gesellschaftlichen Rolle der Einzelnen und der Teilgruppen ab, in welcher Weise und in welchem Maße sie am Leben dieser Menschheit partizipieren. Auch die „menschheitliche Gesellschaft“ von heute und morgen ist also ein spezielles Produkt einer speziellen historischen Epoche und impliziert speziell-gesellschaftliche, nicht nur allgemein-menschheitliche Kommunikations- und Interaktionsstrukturen.

Weil aber Geschichte und Gesellschaft darin übereinkommen, daß ihre Grundkategorie das Spezielle ist, nicht das Individuelle oder das Allgemeine, darum sind zwei immer wieder unternommene Versuche der Theorie von Geschichte und Gesellschaft prinzipiell zum Scheitern verurteilt: Geschichte und Gesellschaft lassen sich nicht aus der Beschreibung der Individuen, ihrer Bedürfnisse und Neigungen, ihrer Vorstellungen und Handlungen wie aus Elementen „konstruieren“; sie lassen sich aber auch nicht aus Begriffen von der Menschheit als Gattung und von ihren Gesetzen „deduzieren“. Beide Betrachtungsweisen verfehlen jene Ebene der konkreten und darum speziellen Intersubjektivität, die für die Phänomene der Geschichte und der Gesellschaft charakteristisch ist.

Für die Geschichtsphilosophie wie für die Sozialphilosophie ergibt sich aus diesem Befund die Aufgabe, nach den Bedingungen zu fragen, die das Zustandekommen konkreter und spezieller Strukturen der Kommunikation und Interaktion ermöglichen und beeinflussen. Dies aber ist die Stelle im Problemzusammenhang, an welcher die oben skizzierten Erwägungen über die Historizität der Wahrheit und über die Vermittlung des Idealen und Realen geeignet erscheinen, weiterführende Problemperspektiven zu eröffnen. Die als Intersubjektivitätsbedingung verstandene Wahrheit, so hat sich an früherer Stelle gezeigt, erweist sich als historisch, indem sie je konkrete Formen des Sichverstehens begründet. Die Idee, so zeigte sich an anderer Stelle, ermöglicht eine kritische Auseinandersetzung mit der Realität dadurch, daß sie als strittige Sache das gemeinsame Bemühen um die Überwindung von Vorurteilen und Befangenheiten veranlaßt. Gerade auf diese Weise aber ermöglichen die Wahrheit und die Idee ein je konkretes historisch-gesellschaftliches Handeln und Sichverstehen.

Die Frage nach der Konstitution von Geschichte und Gesellschaft verweist so zurück auf zwei früher behandelte Probleme: auf das ontologisch-ethische Problem des Verhältnisses von Idealität und Realität und auf das transzendentale Problem der Wahrheit. Freilich ist eine verwandelte Ontologie, Ethik und Transzendentalphilosophie erforderlich, wenn sie zugleich eine Grundlegung für die Philosophie der Gesellschaft und der Geschichte leisten soll. Ihr darf das Ideale nicht mehr als das in einem ungeschichtlichen Sinne Ewige gelten, das Wahre nicht mehr als das Abstrakt-Allgemeine. Vielmehr müssen Idealität und Wahrheit nun in ihrer Funktion gesehen werden, zwischen dem Allgemeinen und dem Individuellen jene „dritte Ebene" des Konkret-Speziellen entstehen zu lassen, auf der die historisch-gesellschaftlichen Prozesse sich abspielen.

Ein drittes Mal hat damit der geschichtsphilosophische Gedankengang die Grenze der Transzendentalphilosophie erreicht. Denn die Aufgabe der Transzendentalphilosophie besteht darin, nicht neue Objekte zu entdecken oder neue Leistungen der Subjektivität bewußtzumachen, sondern die Bedingungen der Möglichkeit alles Seienden, aller Erkenntnis und aller Erkenntnisgegenstände freizulegen. Der soeben durchlaufene Gedankengang aber hat auf die Frage geführt, wie das Ideale, ohne selber Realität zu sein, als Möglichkeitsbedingung der historischen Realität fungiere, und wie die Wahrheit, ohne selber ein Subjekt oder Objekt zu sein, die intersubjektive Beziehung auf Objekte möglich mache.

Die hier versuchte Topographie der geschichtsphilosophischen Probleme scheint (um im Bild zu bleiben) den „strategischen Ort" sichtbar gemacht zu haben, an dem die Entscheidungen fallen. Die Möglichkeit, zu einem sachgerechten Ansatz der geschichtsphilosophischen (und der sozialphilosophischen) Fragestellungen zu gelangen, scheint davon abzuhängen, ob es gelingt, den Aussagen der Transzendentalphilosophie, entgegen ihrem geläufigen Selbstverständnis, einen historisch-gesellschaftlichen Sinn abzugewinnen. Unter dieser Perspektive erscheint das Problem „Transzendentalphilosophie und Geschichte" als ein Schlüsselproblem der Philosophie im allgemeinen, sofern diese einer transzendentalphilosophischen Fundierung bedarf, und der Geschichts- und Sozialphilosophie im besonderen, sofern hier die Konstitution des historisch-gesellschaftlichen Phänomenbereichs und seiner Eigenart zur Erörterung steht.

Ob das Thema „Transzendentalphilosophie und Geschichte" wirklich diejenige Fruchtbarkeit entfaltet, die es unter dem hier entwickelten Gesichtspunkt verspricht, ist freilich erst zu entscheiden, wenn von der bloßen Topographie der Probleme zu einem Versuch der Lösungen übergegangen wird. Nur ein solcher Versuch kann zeigen, ob die gewonnene Antwort auf die Frage nach dem historischen oder ahistorischen Charakter der Konstitutionsbedingungen des Seienden, der Erkenntnis und des Erkannten zugleich diejenigen Aufgaben lösbar macht, die in das nun umschrittene Problemfeld der Geschichtsphilosophie fallen. Einige Hinweise darauf, wie bei einem solchen Versuch der Problemlösung verfahren werden könnte, werden in den abschließenden Erwägungen dieser ›Einführung‹ gegeben werden.

Zuvor jedoch soll die gewonnene Perspektive auf das geschichtsphilosophische Problemfeld nochmals einer Überprüfung unterzogen werden. Insbesondere gilt es zu entscheiden, ob jene Schlüsselstellung des transzendentalen Problems, wie sie sich im soeben durchlaufenen Gedankengang ergeben zu haben scheint, nur aus einer willkürlich gewählten Betrachtungsart resultiert oder aus einem Sachzwang der geschichtsphilosophischen Problemverweisungen folgt. Das läßt sich nur entscheiden, indem die hier gewonnene Sicht auf das Problemfeld der Geschichte anderen, im Verlaufe der Philosophiegeschichte entwickelten Formen der Geschichtsphilosophie gegenübergestellt wird. Die Sachnotwendigkeit, das transzendentale Problem zu bevorzugen, müßte sich in einem solchen Vergleich dadurch erweisen, daß dieses Problem sich auch dort zur Geltung bringt, wo Philosophen anderer Epochen die Geschichte unter anderen Blickwinkeln zum Gegenstand ihrer Untersuchung gemacht haben.

Aus diesem Grunde, vor allem aber wegen der schon in der Einleitung betonten Notwendigkeit, die Geschichtsphilosophie vor einem ahistorischen Verständnis ihrer selbst zu bewahren, soll auf die in diesem ersten Teil unternommene Topographie der Probleme nicht unmittelbar die Umriß-Skizze eines Lösungsversuches folgen, sondern zunächst eine knappe Darstellung der Geschichte geschichtsphilosophischer Fragestellungen.

Zweiter Teil

GENESE UND WANDEL DES PHILOSOPHISCHEN GESCHICHTSPROBLEMS

Vorbemerkungen

Die Geschichte ist nicht nur ein Gegenstand philosophischen Fragens; das philosophische Fragen selber ist hinsichtlich seiner Form wie hinsichtlich seiner Thematik durch Geschichte bedingt. Schon darin liegt ein erster Hinweis auf die philosophische Bedeutung der Geschichte. Eben dies, daß sie dem Denken Bedingungen vorzeichnet, von denen seine Form und seine Thematik mitbestimmt werden, gehört wesentlich mit zu ihr. Die Aufgabe, Geschichte philosophisch zu verstehen, schließt deshalb die Aufgabe ein, Philosophie historisch zu verstehen. Keine Philosophie der Geschichte ist möglich ohne Geschichte der Philosophie.

Diese allgemeine Regel gilt jedoch überdies noch in einem speziellen Sinn. Die Geschichte gehört nicht zu den „ewigen Themen" der Philosophie, wenigstens in dem Sinne nicht, daß sie nicht zu allen Zeiten selbständig thematisiert worden ist. Geschichtsphilosophie ist als selbständiger philosophischer Traktat relativ jung. Als Buchtitel kommt die ›Philosophie de l'Histoire‹ erstmals bei Voltaire vor,[1] der Sache nach wird eine selbständige geschichtsphilosophische Untersuchung erstmals von Giambattista Vico vorgetragen, bezeichnenderweise ausdrücklich als „Neue Wissenschaft"[2]. Ist nun aber die Frage nach der Geschichte (verstanden als selbständiges Thema der Philosophie) in dieser Weise jung, also allem Anschein nach erst unter speziellen historischen

[1] Voltaire hat seiner Schrift ›Versuch über die Sitten und den Geist der Nationen und über die hauptsächlichen Tatsachen der Geschichte von Karl dem Großen bis zu Ludwig XIII.‹ (Sieben Bände 1754—1758) eine Einleitung unter der Überschrift ›Philosophie der Geschichte‹ vorangestellt, die von 1765 an auch als selbständige Schrift erschien.

[2] ›Prinzipien einer neuen Wissenschaft über die gemeinsame Natur der Völker, mit deren Hilfe sich die Grundsätze eines anderen Systems des Naturrechts und des Völkerrechts auffinden lassen‹, Neapel, 1725. Eine

Bedingungen stellbar geworden, so entsteht für die Deutung der Geschichte überhaupt ein neues Problem: Was Geschichte sei, kann nicht geklärt werden, ohne zugleich zu klären, warum sie sich dem philosophischen Denken so spät als selbständiges Thema bemerkbar gemacht hat. Die Frage nach der Geschichte ist nicht stellbar ohne Rücksicht auf die Geschichte dieser Frage.

Die Geschichtsphilosophie gewinnt aus dieser Reflexion auf ihre eigene Geschichte nicht nur das Bewußtsein von ihrer historischen Bedingtheit; sie gewinnt daraus zugleich die Möglichkeit, selbstkritisch zu prüfen, ob, in welcher Weise und unter welchen Voraussetzungen ihre Problemstellung sich als gerechtfertigt (und das heißt: als unabweisbar) bewährt. In dieser Hinsicht ist auch und gerade die Vorgeschichte der Geschichtsphilosophie von besonderem Interesse. Ehe nämlich die Geschichte als selbständiges Thema philosophischen Fragens entdeckt wurde, stieß das philosophische Denken im Zusammenhang andersgearteter Fragestellungen auf das Geschichtsproblem. Gerade auf diese Weise zeigte sich: Die Philosophie war nicht frei, die Frage nach der Geschichte zu stellen oder diese Problemstellung zu unterlassen. Längst ehe es sich von selbst verstand, daß es neben anderen philosophischen „Disziplinen" (wie Logik, Naturphilosophie, Metaphysik oder Ethik) auch eine besondere „Disziplin" namens „Geschichtsphilosophie" gebe, drängte sich die Frage nach der Geschichte auf, weil sich zeigte, daß ohne diese Frage eine Reihe anderer Aufgaben des philosophischen Denkens nicht sachgerecht formulierbar seien. Die Philosophie machte die Erfahrung von der Unausweichlichkeit des Problems der Geschichte. Und jede spätere Thematisierung des Geschichtsproblems in einem besonderen geschichtsphilosophischen Traktat wird sich daran messen lassen müssen, ob sie diejenige Notwendigkeit befriedige, die in solcher Erfahrung offenkundig geworden ist. In diesem Sinne ist die Reflexion auf die vorbereitenden Schritte, die auf eine Geschichtsphilosophie hingeführt haben, zugleich die Vorbereitung einer Selbstkritik der Geschichtsphilosophie als ganzer.

erweiterte Fassung erschien 1730 unter dem Titel ›Fünf Bücher über die Prinzipien einer neuen Wissenschaft, die die gemeinsame Natur der Völker betrifft‹.

I. Vorbereitende Schritte

1. Im Zusammenhang der Staatsphilosophie

Im Zusammenhang der Staatsphilosophie bemerkte Platon, daß er auch den idealen Staat nur als entstehenden und verfallenden beschreiben könne;[3] er und Aristoteles entwickelten daraus die Lehre vom Kreislauf der Verfassungen.[4] Damit war die prinzipielle Geschichtsbezogenheit der Polis entdeckt.

Diese prinzipielle Geschichtsbezogenheit der Polis wird von Platon im Mythos des ›Politikos‹ darauf zurückgeführt, daß der göttliche Weltherrscher die Welt in gewissen Perioden aus der Hand gibt und sich selbst überläßt, um sie in anderen Perioden wieder in die Hand zu nehmen und unmittelbar selbst zu regieren.[5] Dabei liegen die Perioden des unmittelbaren göttlichen Weltregiments völlig außerhalb unserer Erfahrung. Polis und Geschichte, wie wir sie aus Erfahrung kennen, werden also gemeinsam als Folge einer relativen Gott-Ferne der Welt und zugleich als Ursache ihrer fortschreitenden Gott-Entfernung ausgelegt. Insofern wird die Geschichte als Verfallsgeschichte gesehen, die Endkatastrophe aber wird zugleich als die Stunde des erneuernden göttlichen Eingreifens erwartet.

Dennoch wird die geschichtliche Polis von Platon nicht zugunsten einer göttlichen idealen Rechtsordnung außer Verbindlichkeit gesetzt. Die moralische Verbindlichkeit des Gott entfremdeten Staates, im

[3] „Wir wollen nun in Gedanken beobachten, wie der Staat entsteht" (Politeia 369a). „Weil alles Entstandene auch seinen Untergang hat, so hat nicht einmal ein so geartetes Gefüge auf alle Zeit Bestand, sondern wird sich auflösen" (Politeia 546a).

[4] „Aus welchen Gründen, aus wie gearteten und aus wie vielen die Staatsverfassungen umschlagen und auf welche Weise jede von ihnen untergeht und welche Verfassungen in welche anderen übergehen [. . .], das muß man im Anschluß an das bisher Gesagte betrachten" (Politik E 1, 1301a 20—25).

[5] „Zu gewissen Zeiten wird der Kosmos von einer fremden göttlichen Ursache Schritt für Schritt geführt und gelangt so wieder zum Leben und empfängt die Unsterblichkeit, die der Demiurg ihr bereitet hat. Zu gewissen Zeiten aber wird er losgelassen, um durch sich selbst seiner Wege zu gehen [. . .]. Dann aber sieht der Gott, wie er in Not ist [. . .], und übernimmt wieder seinen Platz am Steuerruder [. . .] und bringt ihn wieder in die rechte Richtung, wodurch er ihn unsterblich macht und vor dem Altern bewahrt" (Politikos 269e—270a und 273d/e).

›Kriton‹ zum Problem gemacht, beruht darauf, daß auch in seiner Ferne vom göttlichen Ursprung das „Eidolon“ die Funktion hat, Anspruch und Wirksamkeit des „Eidos“ vor der betrachtenden Seele gegenwärtig zu machen. Darum und nur darum können die Rechtssprüche irdischer Gerichte, auch wo sie, an den idealen Gesetzen gemessen, ungerecht sind, dennoch im Namen dieser idealen Gesetze Gehorsam verlangen.[6] Das rechte Verhalten zur geschichtlichen Wirklichkeit ist deshalb die Einheit von Kritik und Gehorsam: Kritik als Unterscheiden des Eidolon vom Eidos und als Impuls zur historischen Umgestaltung, Gehorsam als Konsequenz aus der Erfahrung, daß im Eidolon das Eidos gegenwärtig wird und so Kontinuität im historischen Wandel begründet. Dieser Norm folgt das Verhalten des platonischen Sokrates zum delphischen Orakel[7] und zur athenischen Polis[8]. Das Problem der Geschichte wird also im Zusammenhang der Staatsphilosophie in doppelter Weise gesehen: als Frage nach derjenigen Notwendigkeit, welche die Idee nötigt, sich in der Form von Entstehen und Verfall zu realisieren; und als Frage nach derjenigen Möglichkeit, welche es dem Menschen gestattet, sich inmitten der Gott entfremdeten Welt und im Bewußtsein von deren Gegensatz gegen das Unbedingte dennoch zum Unbedingten zu verhalten.

2. Im Zusammenhang der Moralphilosophie

Im Zusammenhang der Moralphilosophie bemerkte Plotin, daß die Taten nur dann dem Handelnden sittlich zugerechnet werden können, wenn dieser einerseits ein „eigener Ursprung“ ist (nicht nur ein Teil des gesetzmäßig geordneten Weltlaufs), andererseits aber „mitwebt

[6] „Oder meinst du, es sei möglich, daß diese Stadt Bestand habe und nicht zerstört werde, wenn die [in der Zeit] geschehenden Rechtssprüche keine Gewalt besitzen?“ (Kriton 50b).

[7] Sokrates bezeichnet es als seine Lebensaufgabe, daß er „wenn irgend möglich, das Orakel widerlege“ (Apologie 21b). Zugleich aber bezeichnet er die Mühe, die er dadurch auf sich genommen hat, als den „Dienst [Kult] des Gottes“ (Apologie 23b).

[8] Nachdem Sokrates geschildert hat, wie er seine Lebensaufgabe in einer unnachsichtigen Kritik an den Athenern gesehen habe, fährt er fort: „Ich meine, daß euch nirgendwo in der Stadt ein größeres Gut zuteil geworden ist als dieser mein Dienst an der Gottheit“ (Apologie 30a).

am Gewebe des Ganzen“ (nicht in einem isolierten Für-sich-Sein existiert).[9] Hätte der Einzelne nicht Einfluß auf das Ganze, so blieben seine „Taten“ rein innerlich und verdienten dann nicht einmal, „Taten“ genannt zu werden; sie wären statt dessen bloß intramentale Absichten; wäre der Handelnde aber bei aller Verflechtung in das Bedingungsgefüge des Ganzen kein „eigener Ursprung“, so könnten seine Taten nicht mehr als die seinen gelten. Dennoch ist er nicht Ursprung der Welt, sondern allenfalls Ursprung in der Welt. Das aber ist nur möglich, wenn seine Tat, die dem Weltganzen eingefügt ist und von dessen „Logos“ beherrscht wird, zugleich als Mitursprung dieses Ganzen und seines Logos verstanden werden darf. Der Weltlauf muß im Ganzen so gedacht werden dürfen, daß die freie Handlung, die durch sein Gesetz ermöglicht wird, zugleich zu den Möglichkeitsgründen dieses Gesetzes gehört. Dieses paradoxe Verhältnis ist es, das nach Plotins Auffassung den Weltlauf von einer mechanischen Ursachenreihe unterscheidet. Insofern kann gesagt werden, Plotin habe den Weltlauf im Ganzen als Geschichte verstanden.

Die prinzipielle Geschichtsbezogenheit des sittlichen Handelns wird von Plotin in seinen beiden Schriften ›Über die Pronoia‹ darauf zurückgeführt, daß das absolute Eine die Welt durch Vermittelung des „Nous“ begründet. In der Entgegensetzung von Geist und Gegenstand ist zugleich die Möglichkeit ihrer Begegnung begründet. In der Begegnung zwischen dem göttlichen „Nous“ und der von ihm auf solche Weise hervorgebrachten sittlich verantwortlichen Seele wird nun der Logos der Welt gezeugt.[10] So wird die Geschichte zum „Weltdrama“, dessen Gesetz sich aus den vielfältigen und gegensätzlichen Akten der frei Handelnden dennoch als einheitlicher Logos herstellt. Das Problem der Geschichte ist damit in zwei neuen Hinsichten entdeckt: als Frage nach dem Zusammenhang von Weltgesetz (Logos) und Freiheit, und als Frage nach dem unmittelbaren und doch zugleich stets mittelbaren Verhältnis des sittlich handelnden Einzelnen zum Prinzip

[9] „Die Seele muß ein eigener, selbständiger Ursprung sein [...], und zwar nicht nur die Allseele, sondern auch die Einzelseele [...], welche mitwebt am Gewebe des Ganzen“ (Enneaden III 1, Kap. 8, 4—9).

[10] „Der Logos ist [...] gleichsam ein Aufblitz aus beiden, aus dem Nous und der Seele [...]. Beide zusammen erzeugen den Logos als ein Leben, das ein gewisses stetig wirkendes Gesetz in sich enthält“ (Enneaden III 2, Kap. 16, 10—17).

des Geschichtsverlaufes: als Glied der Geschichte ist der Einzelne auf deren Prinzip immer nur mittelbar verwiesen, als Mitgesetzgeber der Geschichte aber verhält er sich unmittelbar zu diesem Prinzip.

3. Im Zusammenhang der Religion

Im Zusammenhang der Religion wird die Entdeckung der Geschichte auf dreifache Weise vorbereitet.

a) Im Mythos

Der Mythos erweist sich insofern als der Geschichte verwandt, als er seiner Form nach Erzählung ist, die ein Gedächtnis stiften will. Platon hat die Aufgabe des Mythos in zutreffender Weise dahingehend bestimmt, daß er „Archailogia", Rede von den Ursprüngen, sein wolle.[11] Dabei unterscheidet die mythische „Archailogia" nicht zwischen zeitlichem „Ursprung" (z. B. der Welt, der Völker und der Staaten) und sachlichem „Prinzip". Sobald diese Unterscheidung gesetzt wird, gehen aus dem Mythos einerseits die Geschichte, andererseits die Philosophie hervor; jene als Erinnerung an das zeitlich Frühe gewisser Gründungsereignisse, diese als die „Anamnesis" an den sachlichen Möglichkeitsgrund, der außerhalb aller Zeitverhältnisse „den Gegenständen das Sein und die Wahrheit, dem Denken die Kraft zuteilt" [12]. Die gleiche Unterscheidung, der die Philosophie und die Geschichte ihre gemeinsame Entgegensetzung gegen den Mythos verdanken, die Unterscheidung zwischen zeitlichem Gründungsgeschehen und zeitlosem Prinzip, ist jedoch zugleich der Grund für die Entfremdung zwischen Philosophie und Geschichte: Das „bloß Zeitliche" erscheint nun der Philosophie nicht „denkwürdig"; das „Prinzipielle" aber erscheint der Historie gerade als ungeschichtlich. So wird die später entstehende Geschichtsphilosophie zu der Bemühung, jene Ent-

[11] Vgl. Hippias maior 285d.

[12] „Das also, was den Gegenständen die Wahrheit [Erkennbarkeit] gewährt und dem Erkennenden die Kraft zuteilt, sollst du die Idee des Guten nennen" (Politeia 508e). „Und man muß sagen, daß den Gegenständen nicht nur das Erkanntwerden durch das Gute zukommt, sondern auch das Sein und das Wesen" (Politeia 509b).

fremdung zwischen Philosophie und Historie zu überwinden, die mit ihrem gemeinsamen Hervorgang aus dem Mythos mitgesetzt war.[13]

b) In der Prophetie

Im Gegensatz zum Mythos ist die Prophetie nicht nur nach ihrer Form (als Erzählung) der Geschichte verwandt, sondern ausdrücklich ihrem Inhalte nach auf sie bezogen, sofern sie die Erfahrungen menschlichen Tuns und Leidens als die Erscheinungsgestalt für göttliche Taten auslegt. Dabei muß die gleiche Tat, die der Prophet verkündet, in demjenigen Hörer, der die Verkündigung verstehen soll, zugleich ein „neues Auge und Ohr" schaffen.

Daraus ergeben sich drei Folgerungen:

α) Die erzählte Geschichte und die Verwandlung des Bewußtseins, die zu solchem Erzählen und dem ihm entsprechenden Verstehen fähig macht, machen ein unteilbares Gesetz aus;

β) Wer darum geschehene Geschichte in Erinnerung ruft, muß zugleich bekennen, daß er zuvor unverständig gewesen ist und erst durch das berichtete Ereignis selbst zum Verstehen fähig gemacht wurde;

γ) Deshalb werden die Ereignisse in der Rückschau in ein Bewußtsein aufgenommen, das zur Zeit ihres Geschehens erst entstand, also noch nicht gegeben war; d. h. die berichteten Ereignisse werden in der Rückschau auf neue Weise verstanden.

So hat die Prophetie drei allgemeinere Einsichten vorbereitet, die für die spätere Geschichtsphilosophie bedeutsam geworden sind.

ad α) Die „historia quae narratur" und die „historia qua narratur" bilden eine Einheit, denn mit dem neuen Ereignis enstand zugleich erst dasjenige neue Bewußtsein, das die Ereignisse verstehen und „erzählen" kann.

ad β) Historie wird nur dort angemessen verstanden, wo die Historizität des eigenen Verstehens mitverstanden wird.

ad γ) Geschichte ist deshalb zugleich wesentlich Auslegungsgeschichte früherer Verstehensformen.

[13] Von hier aus versteht sich Schellings Wunsch nach einer künftigen „Zeit, wo die Wahrheit wieder zur Fabel und die Fabel zur Wahrheit wird" (Die Weltalter, Ausgabe Schröter, 4. Hauptband, S. 576).

Insofern diese drei Einsichten für das historische Bewußtsein konstitutiv sind, hat die Prophetie wesentlich zur Entstehung des historischen Bewußtseins beigetragen.

Ein besonderes Problem der prophetischen Verkündigung liegt in der Frage, wie sich die Neuheit, ja die Unerhörtheit der je gegenwärtigen „Taten Gottes" zu der bleibenden Denkwürdigkeit früherer Ereignisse und damit zu der Möglichkeit eines Überlieferungszusammenhanges verhalte. Die Prophetie führt Denkwürdigkeit und Traditionszusammenhang nicht auf die Einheit der menschlichen Natur oder auf die Perseveranz eines Volkscharakters zurück, aber auch nicht allein auf die Identität des handelnden Gottes, zu dem sich der Prophet bekennt, sondern auf die freie Treue dieses Gottes und der Menschen in einem Bundesverhältnis. Die Kontinuität der Geschichte darf, so verstanden, nicht als notwendig vorausgesetzt werden, sondern ist jeweils als erreichtes oder verfehltes Ergebnis freier Handlungen (Gottes und der Menschen) erst zu erweisen.

Die spätere „profane" Geschichtsschreibung hat diese Einsicht und Aufgabenstellung festgehalten: Ob und in welchem Maße im Wechsel der historischen Verhältnisse Kontinuität herrsche, ist eine stets offene Frage, die nur in der Nachzeichnung der einzelnen Ereignisreihen beantwortet werden kann.

Die spekulative Geschichtsphilosophie dagegen meinte häufig, a priori einen notwendigen Geschichtszusammenhang einsehen zu können, so daß bei der empirischen Geschichtserzählung die Kontinuität der Gesamtgeschichte immer schon vorausgesetzt werden dürfe.

c) In der Apokalyptik

Einen weiteren, für die spätere Geschichtsphilosophie bedeutsamen Schritt tut die Apokalyptik. Hier läßt sich besonders deutlich zeigen, daß ein neues Geschichtsverständnis seinerseits durch Geschichte bedingt ist. Die jüdischen Exilsgemeinden zur Zeit der „Babylonischen Gefangenschaft" bildeten untereinander keinen handlungsfähigen Sozialverband. Wenn es trotzdem auch in dieser Zeit eine fortdauernde Geschichte der Juden gab, und wenn diese in einer Kontinuität zur vorangehenden Geschichte Israels stand, so konnte dieser Geschichtszusammenhang nicht mehr als Folge einer gegenseitigen Bundestreue zwischen Gott und der Gemeinde gedeutet werden, weil eine historisch handlungsfähige Gemeinde als „Bundespartner" Gottes zu dieser Zeit nicht existierte. Als Grund für den Zusammenhang der Geschichte galt deshalb nun die Einseitigkeit der Treue Gottes zum ungetreuen Menschen. In einer so verstandenen historischen Situation mußte die prophetische Geschichtsdeutung in Apokalyptik übergehen.

Nach apokalyptischem Geschichtsverständnis macht die Alleinwirksamkeit einer göttlichen „Heilsökonomie" die Kontinuität des Geschichtsverlaufes unabhängig vom menschlichen Wissen und Wollen. Gerade dadurch wird andererseits die Universalität des Geschichtszusammenhanges, der sichere Gang der geschichtlichen Entwicklung und ihre Ausrichtung auf ein sinngebendes Ziel, das alle Einzelereignisse rechtfertigt, garantiert.

Die gleichen drei Merkmale (Universalität, sicherer Gang, rechtfertigendes Ziel) unterscheiden das Geschichtsbild der späteren spekulativen Geschichtsphilosophie von dem der empirischen Geschichtsschreibung. Insofern ist die Apokalyptik zum Vorbild der spekulativen Geschichtsphilosophie (vor allem des Deutschen Idealismus) geworden. Dies gilt insbesondere für die folgenden drei Konsequenzen:

α) Menschliche Unwissenheit und Bosheit können die göttliche Heilsabsicht nicht nur nicht verhindern, sondern dienen ihr zu Mitteln ihrer Verwirklichung.[14]

β) Deshalb fallen, solange die Geschichte noch nicht an ihr Ende gelangt ist, geschehende und verstandene Geschichte auseinander (die Beteiligten verstehen gerade nicht, was an ihnen und durch sie geschieht); doch ist die Versöhnung zwischen geschehender und verstandener Geschichte gerade das Ziel des Geschichtsverlaufes: Am Ende wird allen einsichtig werden, was immer schon am Werke war.[15]

[14] „Die Bewohner von Jerusalem und ihre Vorsteher haben ihn [Jesus] verkannt und auch die Worte der Propheten, die jeden Sabbat verlesen werden. Gerade so haben sie sie [diese Worte] durch ihren Urteilsspruch erfüllt" (Apg 13, 27).

[15] „Wir sprechen von Gottes Weisheit in einem geheimen Ratschluß, dem verborgenen, den Gott vor den Weltzeiten vorher festgesetzt hat [...] und den keiner unter den Herrschern dieser Weltzeit kannte. Denn hätten sie ihn gekannt, so hätten sie den Herrn der Herrlichkeit nicht gekreuzigt. Uns aber hat Gott ihn kundgemacht durch den Geist" (1 Kor 2, 7 ff.). „Er hat uns kundgemacht den geheimen Beschluß seines Willens [...], den er bei sich vorher gefaßt hat für ein planvolles Weltregiment auf die Fülle der Zeiten hin" (Eph 1, 9 f.).

γ) Deshalb ist das Auftreten des Apokalyptikers selber, der „für uns" verständlich macht, was „an sich" immer schon verborgen am Werke war, ein Zeichen dafür, daß das Ende nahe ist.[16]

Die spekulative Geschichtsphilosophie hat diese drei Konsequenzen übernommen: So spricht Hegel von der „List der Vernunft", die auch die Unwissenheit und Bosheit der Menschen als Mittel für die Verwirklichung ihrer Ziele gebraucht;[17] Schelling begreift die Geschichte als fortschreitende Offenbarung des Absoluten, so daß am Ende der Geschichte offenbar wird, was immer schon ihr bestimmendes Prinzip gewesen war;[18] Hegel wiederum vergleicht den Philosophen, der die Geschichte im Ganzen versteht, mit der „Eule der Minerva", deren Flug den „Abend" (d. h. das Ende der Geschichte) ankündigt[19].

4. Zusammenfassung

Das Problem der Geschichte, so hat sich gezeigt, ist der Philosophie zunächst im Zusammenhang der Staatsphilosophie und der Moralphilosophie begegnet, einmal als die Frage nach der moralischen Verbindlichkeit der stets kritikbedürftigen staatlichen Normsetzungen, das andere Mal als Frage nach der Möglichkeit sittlicher Verant-

[16] „Vorhergewußt vor Gründung der Welt, am Ende der Tage aber offenbar geworden um euretwillen" (1 Petr 1, 20).

[17] „Die Vernunft ist ebenso listig als mächtig. Die List besteht überhaupt in der vermittelnden Tätigkeit, welche, indem sie die Objekte ihrer eigenen Natur gemäß aufeinander einwirken und sich aneinander abarbeiten läßt, ohne sich unmittelbar in diesen Prozeß einzumischen, gleichwohl nur *ihren* Zweck zur Ausführung bringt. Man kann in diesem Sinne sagen, daß die göttliche Vorsehung, der Welt und ihrem Prozeß gegenüber, sich als die absolute List verhält. Gott läßt die Menschen bei ihren besonderen Leidenschaften und Interessen gewähren, und was dadurch zustande kommt, das ist die Vollführung *seiner* Absichten, welche ein Anderes sind, als dasjenige, worum es denjenigen, deren er sich dabei bedient, zunächst zu tun war" (System der Philosophie I. Teil § 209 Zusatz, Ausgabe Glockner, VIII, S. 420).

[18] „Die Geschichte als Ganzes ist eine fortgehende, allmählich sich enthüllende Offenbarung des Absoluten" (System des transzendentalen Idealismus, Ausgabe Schröter, 2. Hauptband, S. 603).

[19] „Als der *Gedanke* der Welt erscheint sie [die Philosophie] erst in der Zeit, nachdem die Wirklichkeit ihren Bildungsprozeß vollendet und sich

wortung inmitten eines gesetzmäßig geordneten Weltlaufes. In beiden Fällen wurde die Geschichte zum Problem, weil sie der Lösung philosophischer Aufgaben Hindernisse in den Weg stellte, die nach Überwindung verlangten. *Trotz* der geschichtlichen Vorläufigkeit soll Verpflichtung im Staate möglich sein; *trotz* der innergeschichtlichen Bedingtheit jeder Handlung soll die unbedingte Verantwortung des Handelnden gewahrt werden. Die Erfahrung der Geschichte wird in solchen Zusammenhängen philosophisch relevant als die Erfahrung von einer Bedrohung der Möglichkeit der politischen wie der individuellen Moral.

Die Erfahrung von der geschichtlichen Vorläufigkeit und innerhistorischen Bedingtheit aller menschlichen Verhältnisse und Handlungen läßt jedoch nicht nur Zweifel daran entstehen, ob eine Erkenntnis gesicherter Normen für die Praxis möglich sei; der gleiche Zweifel richtet sich alsbald auch gegen die Möglichkeit einer gesicherten Theorie. Die Erfahrung der Geschichte erhält so ihre philosophische Bedeutung als Erfahrung von der drohenden historischen Relativität nicht nur der praktischen, sondern auch der theoretischen Erkenntnis. Bis in unser Jahrhundert hinein erweist sich deshalb die Geschichtsphilosophie als unentbehrlich, insofern die Philosophie im ganzen sich über die Gefahr des „historischen Relativismus" Rechenschaft geben muß und um ihre Überwindung bemüht bleibt.[20]

Erfährt die Philosophie auf diese Weise die Geschichte primär als Gefährdung ihrer eigenen Möglichkeit, so hat, wie sich zeigte, die Religion weit eher ein positives Verhältnis zur Geschichte. In ihrer

fertiggemacht hat [...]. Die Eule der Minerva beginnt erst mit der einbrechenden Dämmerung ihren Flug" (Grundlinien der Philosophie des Rechts, Ausgabe Glockner, Bd. VII, S. 36 f.).

[20] So faßt Ernst Troeltsch „die Probleme der Geschichtsphilosophie" in die Formel zusammen: „Eine Bewältigung und Begrenzung des ungeheuren, immer reißender und breiter werdenden Lebensstromes [...]. Das aber heißt mit anderen Worten: die Historie verlangt eine Auseinandersetzung mit der Idee eines bleibenden und maßgebenden Systems der Werte, das doch gerade von diesem Strom unterwaschen und zerfetzt zu werden schien" (Der Historismus und seine Überwindung, Vorlesungen 1921, gedruckt 1924, S. 3). Vgl. dazu auch die Überzeugung von Nietzsche, „daß wir alle an einem verzehrenden historischen Fieber leiden und mindestens erkennen sollten, daß wir daran leiden" (Vom Nutzen und Nachteil der Historie für das Leben, Ausgabe Kröner, II, 1964, S. 98).

mythischen Form ist sie „Erzählung", in ihrer prophetischen und apokalyptischen Form entwirft sie Möglichkeiten eines Geschichtsverständnisses, die — bei aller Gegensätzlichkeit untereinander — doch eines gemeinsam haben: Weder der Prophet noch der Apokalyptiker muß erst eine „Bedrohung durch die Geschichte" überwinden, ehe er sein Wort sprechen kann; beide sprechen vielmehr ihre mit dem Anspruch voller Verbindlichkeit vorgetragene Botschaft gerade dadurch aus, daß sie den Menschen in seiner wesentlichen Bezogenheit auf Geschichte antreffen und ansprechen. Am Beispiel religiöser Rede findet daher die Philosophie eine Möglichkeit vor, Geschichte nicht nur als eine Quelle der Gefahr für jede verbindliche Wahrheit und Weisung zu erfahren, sondern als positiven Ermöglichungsgrund verbindlichen Sprechens von Gott, der Welt und den Menschen.

Die Weckung eines Bewußtseins für die Dringlichkeit des Geschichtsproblems, vor allem aber die Ermutigung des Vertrauens, in der Geschichte nicht nur eine Bedrohung des Denkens, sondern eine eigene Fundstelle der Wahrheit zu suchen, kann als ein besonders wirkungsvoller Beitrag der christlichen Theologie zur Entwicklung des europäischen Geistes gelten. Gelegentlich wird die Antithese formuliert, die (heidnische) Antike sei vorwiegend am Kosmos interessiert gewesen, den sie als göttlich gewertet und von einer göttlichen Notwendigkeit her verstanden habe; im Gegensatz dazu sei das (christliche) Mittelalter und die (nachchristliche) Neuzeit durch ein vorwiegendes Interesse an der Geschichte bestimmt. Diese sei nach christlicher Auffassung durch göttliche Freiheit begründet und durch ein Wechselverhältnis zwischen göttlicher und menschlicher Freiheit bestimmt und bleibe auch nach einem „nachchristlichen" Verständnis als das Feld der Freiheit von der Natur als dem Felde der Notwendigkeit unterschieden. So erweise sich der Sinn für Geschichte auch im „Zeitalter der Profaneität" als eine Spätwirkung der biblischen Botschaft. Die Rückkehr zur antiken Überordnung der Natur über die Geschichte sei uns Heutigen verstellt, seit die Bibel sogar die Welt im ganzen auf eine freie göttliche Tat zurückgeführt habe und also nicht die Geschichte (d. h. die Abfolge freier Taten) zu einem Teil der Welt, sondern die Welt (als Schöpfung) zu einem Teil der Geschichte erklärt habe.[21]

[21] „Der Sinn aller Dinge, die nicht von Natur aus sind, was sie sind, sondern von Gott und vom Menschen gewollt und geschaffen sind, bestimmt sich aus ihrem Wozu oder Zweck [...]. Die biblische und nachchristliche

Antithesen dieser Art wird man als schematische Vereinfachungen werten müssen. Doch ist sicher nicht zu bezweifeln, daß der Einfluß der biblischen Botschaft wesentlich dazu beigetragen hat, den Blick für die Geschichte zu schärfen und das Zutrauen in einen „Sinn“ der Geschichte zu stärken, d. h. das Zutrauen darin, daß die Geschichte etwas kundtue, was ihr im ganzen und in allen ihren Teilen Bedeutung und zugleich ihrer Verlaufsrichtung ein Ziel verleiht.

Mit solcher Schärfung des Blickes und Weckung des Zutrauens war jedoch noch kein ausreichender Grund gelegt, auf dem eine spezifisch philosophische Behandlung des Geschichtsproblems aufbauen konnte. Um sich das neu entdeckte (oder doch in seiner Dringlichkeit und Fruchtbarkeit neu erfahrene) Thema zu eigen zu machen, mußte die Philosophie von ihrer eigenen Sache her ein Verhältnis zur Geschichte gewinnen.

Die Frage, vor die sich die Philosophie dadurch gestellt sieht, lautet: Ist es ein Spezifikum der Religion, daß diese sich nicht nur der drohenden Relativierung durch die Geschichte zu erwehren hat, sondern zugleich positiv sich aus der Geschichte verstehen und die Geschichte aus eigenen (religiösen) Prinzipien deuten kann? Oder kann auch die Philosophie auf ihre eigene Weise sich selbst historisch und die Historie aus eigenen (philosophischen) Prinzipien und also philosophisch verstehen?

Ob dies möglich sei, ist offenbar nur zu entscheiden, wenn das Verhältnis zwischen den Möglichkeitsbedingungen des philosophischen Erkennens und der Geschichte geklärt ist. Das Geschichtsproblem, zunächst nur als Implikation anderer philosophischer Fragen entdeckt, konnte deshalb nur im Durchgang durch die Reflexion auf die Möglichkeitsbedingungen der Erkenntnis zum selbständigen Thema des Philosophierens werden. Die später so genannte, aber unter anderem Namen weit früher vollzogene „transzendentale Reflexion“ hat den Weg zu einer selbständigen Geschichtsphilosophie freigelegt.

Im Durchgang durch diese Reflexion gelang es der Philosophie, sich auch die Inhalte religiöser Geschichtsdeutungen auf spezifisch philosophische Weise anzueignen. Dabei läßt sich zeigen, daß es weniger

Geschichtsbetrachtung ist prinzipiell futuristisch; sie verkehrt die griechische Bedeutung von ‘historein’ [...]. Nach jüdischer und christlicher Geschichtsauffassung ist die Vergangenheit ein Versprechen der Zukunft“ (Karl Löwith, Weltgeschichte und Heilsgeschehen, 1953, S. 14 f.).

die prophetische Geschichtsdeutung war, mit der die philosophische Reflexion sich verband, als vielmehr die Geschichtsdeutung der Apokalyptik. Platons Lehre vom Aufstieg der Seele zur Erkenntnis der obersten Bedingung für alles Sein und alles Wissen und die apokalyptische Vorstellung von einer stufenweisen Enthüllung der göttlichen Wahrheit konnten sich so miteinander verbinden, daß es möglich wurde, die Geschichte mit philosophischen Fragestellungen zu thematisieren und mit philosophischen Methoden zu deuten.

II. Der Übergang zur selbständigen Thematisierung der Geschichte

1. Platon

Platon erklärte die erfahrene Zweideutigkeit aller Sinnesdata durch die Annahme, daß diese nicht im vollen Sinne „sind", was sie sind,[22] sondern nur am reinen Sein der Ideen „teilhaben"[23]. Gerade dadurch, daß die „Unreinheit" der Erscheinungen den Betrachter daran hindert, sie aus sich selbst zu begreifen, und ihn dazu nötigt, die Erscheinungen aus ihrer Teilhabe an einem Anderen zu erklären, weisen diese Erscheinungen über sich hinaus, so daß der menschliche Geist durch sie an die Ideen „erinnert" wird.[24] Zur Erkenntnis dieser Ideen wird der Geist nur fähig, sofern er sich kraft dieser Erinnerung zu einer „Umwendung" veranlassen läßt.[25] Philosophische Einsicht ist also

[22] „Es scheint also, wir haben gefunden, daß jenes Viele, das bei den Vielen als maßgeblich gilt hinsichtlich des Schönen und alles Anderen, sich irgendwo herumwälzt zwischen dem Nichtseienden und dem, was im reinen Sinne ist" (Politeia 479d).

[23] „Wenn es etwas Schönes gibt außer dem Schönen selbst, so scheint es aus keinem anderen Grunde schön zu sein als deshalb, weil es am Schönen teilhat. Und auf diese Weise beschreibe ich alles" (Phaidon 100c).

[24] „Woher gewinnen wir das Wissen von ihm [vom Idealen]?" „Von diesem her denken wir auf jenes hin, das von diesem verschieden ist" (Phaidon 74b).

„Das sogenannte Lernen dürfte also das Wiedergewinnen eines Wissens sein, das wir schon besitzen. Wenn wir diesen Vorgang aber ein Wiedererinnern nennen, werden wir ihn richtig bezeichnen" (Phaidon 75e).

[25] „Das aber ist, wie es scheint, nicht das Umdrehen einer Scherbe, sondern der Vorgang, in dem die Seele in eine neue Richtung geführt wird, von einem nachtartigen Tag zum wahren. Und diese Umwendung ist der Wieder-

einerseits von aller sinnlichen Wahrnehmung verschieden: Sie ist Erinnerung an die Idee, nicht Wahrnehmung von Erscheinungen. Andererseits wird philosophische Einsicht durch Erfahrung ermöglicht: Die sinnlich gegebenen Gegenstände sind es, die die Erinnerung an die Ideen auslösen und den Geist zu seiner Umwendung veranlassen. Die durch die Erfahrung geschehende Verwandlung des Denkens ist aber nicht nur die Voraussetzung der philosophischen Einsicht, sondern zugleich das zentrale Thema der philosophischen Aussage. Von den Ideen kann nur gesprochen werden, indem der Denkende zugleich die Geschichte seiner eigenen Verwandlung erzählt.[26]

Mit solchen Überlegungen ist die prinzipielle Geschichtsbezogenheit des Denkens und seines Verhältnisses zur Wahrheit entdeckt, wenn auch zunächst offenbleibt, ob es sich bei dieser Konstitution der Verständigkeit des Verstandes um ein einmaliges Ereignis handle oder um eine das ganze Leben füllende „Paideia" oder schließlich um einen überindividuellen historischen Prozeß. Jedenfalls zeigt schon diese erste Reflexion: Das Denken ist darauf angewiesen, daß seine Verständigkeit erst durch ein Geschehen (ein „Erinnertwerden" und eine „Umwendung") konstituiert werde.

Diese Angewiesenheit des Denkens auf ein konstituierendes Geschehen kann nach Platons Auffassung nur durch folgende Annahmen zulänglich erklärt werden: weder das Denken noch die Gegenstände seien autark; vielmehr erhalte das Denken seine Kraft, das Erkannte sein Sein und seine Erkennbarkeit von einer dritten Größe „zugeteilt" und dies in dem gleichen Vorgang, in welchem die beiden untereinander vermittelt („zusammengejocht") werden.[27]

aufstieg zum Seienden, welchen wir als die wahre Philosophie bezeichnen wollen" (Politeia 521c).

[26] Vgl. dazu das „Höhlengleichnis" der ›Politeia‹ (514a—518b) und die Rede der Diotima im ›Symposion‹ (201d—212a).

[27] „Die Gesichtswahrnehmung und die Sehkraft werden also durch eine keineswegs geringe Wesenheit, sondern durch ein Joch zusammengejocht, das erhabener ist als andere Zusammenjochungen, da doch das Licht etwas Erhabenes ist" (Politeia 507e—508a).

„Diese Sonne aber nenne ich den Sohn des Guten, den das Gute gezeugt hat als sein Abbild. Was nämlich dieses [das Gute] im Bereich des Intelligiblen ist im Verhältnis zum Geist und den geistig erkannten Gegenständen, das ist die Sonne im Bereich des Sensiblen im Verhältnis zur Sehkraft und dem Gesehenen" (Politeia 508b—c).

Die Rückfrage in den gemeinsamen Möglichkeitsgrund des Denkens und seiner Gegenstände, der seinerseits auf keine andere Weise zur Erscheinung kommt als in der Vermittlung beider, ist später unter dem Namen „transzendentale Reflexion" zum zentralen Thema der Philosophie geworden. Diese Reflexion legt das Denken und seine Gegenstände auf einen Konstitutionsvorgang hin aus, den der Denkende gewöhnlich je schon vergessen hat. Darum gehört es zugleich mit zur Aufgabe der transzendentalen Reflexion, zu erklären, daß und warum der Denkende sich im Vergessen seines Ursprunges immer schon mißverstanden hat, aber auch daß und warum diese Selbstvergessenheit später auf einer „höheren Reflexionsstufe" überwunden werden konnte und mußte. Das bedeutet, daß die Transzendentalphilosophie zugleich den Weg der entstehenden Subjektivität nachzeichnen muß, der von einer ursprünglichen Bewußtlosigkeit über die Verlorenheit an die Erscheinungen zum Selbstbewußtsein führt und sich schließlich in der reflektierenden Rückfrage nach dem vermittelnden Dritten (das in Wahrheit das ermöglichende Erste ist) vollendet. Transzendentalphilosophie läßt sich nur durchführen, indem sie diesen Weg nachzeichnet. Die beginnende Geschichtsphilosophie läßt sich als Versuch verstehen, diejenige Abfolge von Schritten, durch die die Vernunft zu einem angemessenen Verständnis ihrer selbst gelangt, zugleich als einen historischen Vorgang zu beschreiben.

2. *Augustin*

Augustin hat diesen Versuch als erster unternommen. Er hat damit zugleich die Geschichte zum selbständigen Thema erhoben. Freilich kann bei ihm insofern noch nicht von einer Geschichtsphilosophie die Rede sein, als er das Thema mit Methoden bearbeitet, in denen sich Philosophie und Theologie auf eigenartige Weise durchdringen.

a) Theologische Interpretation der Transzendentalphilosophie

Augustin gewinnt einerseits der philosophischen Reflexion auf die Möglichkeitsbedingungen der Erkenntnis und ihrer Gegenstände eine theologische (näherhin eine soteriologische) Bedeutung ab. Denn jene Wahrheit, die die Erkenntnisfähigkeit des Menschen begründet und der er deshalb bei seinem freien Urteil über die Gegenstände unterworfen bleibt, gilt ihm nicht nur als ewig (im Gegensatz zum Wechsel menschlicher Meinungen) und nicht nur als einheitlich (im Gegensatz zur Zerfallenheit des Menschen mit sich selbst), vielmehr versteht er diese „veritas“ zugleich als jene „caritas“, die sich des in die Irre gehenden Menschen immer schon angenommen haben muß, wenn dieser fähig werden soll, nach ihr zu suchen und schließlich zu ihr umzukehren.[28] Der Weg der Erkenntnis führt deshalb von der schuldhaften „sparsio“ über die gnadenhaft ermöglichte „conversio“ zur göttlich gewährten „collectio“. Die ersten zehn Bücher der ›Confessiones‹ beschreiben diesen Weg als individuellen Lebensweg; die letzten Bücher der ›Confessiones‹ und vor allem die zweite Hälfte des Werkes ›De civitate dei‹ stellen den gleichen Weg als den historischen Weg der Menschheit dar.

b) Transzendentalphilosophische Interpretation der Theologie

Andererseits gewinnt Augustin der Theologie (näherhin: Schöpfungslehre) eine transzendentalphilosophische Bedeutung ab. Im ersten Satz der ›Genesis‹ findet er nicht nur den „Anfang“, sondern zugleich das „Prinzip“ bezeugt, in welchem „Gott Himmel und Erde geschaffen hat“.[29] Nach platonischem Vorbild erkennt er in diesem Prinzip jene veritas wieder, die das Sein und die Erkennbarkeit der Gegenstände und die Erkenntnisfähigkeit des Menschen gemeinsam begründet. Dabei führt der Weg des Erkennens, wiederum nach platonischem Vorbild, von einer bloßen Zuwendung zu den Erscheinungen zur Rückwendung auf den Ermöglichungsgrund ihres Seins und ihrer Wahrheit. Die Erkenntnis der Welt „in se“ geht ihrer Erkenntnis „in veritate divina“ voraus — weshalb jeder Schöpfungstag mit der abendlichen

[28] „Du warst bei mir, als ich nicht bei dir war“ (Confessiones X, Cap. 27, Corpus scriptorum ecclesiasticorum latinorum, vol. XXXIII, S. 255).

„Hätte der Ursprung nicht Bestand gehabt, während wir in die Irre gingen, so gäbe es nichts, wohin wir zurückkehren könnten [...]. Damit wir ihn aber erkennen können, lehrt er uns“ (Confessiones XI, Cap. 8, S. 287/88).

[29] „In diesem Principium, o Gott, hast du Himmel und Erde erschaffen: in deinem Wort, in deinem Sohne [...], in deiner Wahrheit“ (Confessiones XI, Cap. 9, S. 288).

Dämmerung beginnt und erst dann in den Aufgang des morgendlichen Lichtes übergeht.[30] Dieser Vorgang wiederholt sich mehrfach, weil die Reflexion, die vom gegebenen Gegenstand zu der Bedingung seines Seins und Erkanntwerdens vordringt, an immer anderen Gegenständen und unter immer neuen Umständen vollzogen werden muß: an sieben Schöpfungstagen, in denen Augustin zugleich sieben historische Epochen vorgebildet findet.

c) Die beiden Civitates

Jene theologische Interpretation der Erkenntnis und diese transzendentalphilosophische Interpretation des Schöpfungswerkes bereiten eine Deutung der Geschichte vor. Zunächst führen sie beide gemeinsam zu dem Ergebnis, der Mensch müsse stets zuerst die Dinge in sich betrachten (wodurch er in die Zerstreuung genötigt wird), um erst in einem zweiten Schritte die gleichen Erscheinungen in der göttlichen Wahrheit zu sehen (wodurch ihm die Sammlung seines Geistes gewährt wird). Von dieser Betrachtung her wird ein ausdrücklicher Hinblick auf Geschichte dadurch gewonnen, daß Augustin diese beiden Erkenntnisweisen jeweils zur gleichen Zeit auf zwei verschiedene Sozialgruppen („civitates") verteilt sieht und von dorther den notwendigen Antagonismus dieser beiden Gruppen erklärt.[31] Die weltverfallene Zerstreuung verhindert in der „civitas terrena" jeden dauerhaften Frieden, weil ihre Glieder nur im Streben nach irdischen Gütern einig sind und deshalb versuchen müssen, sich gegenseitig vom Mitbesitz dieser Güter auszuschließen. So errichten sie als schlechtes Abbild des wahren Friedens ihre temporären Gewaltsysteme (die Bruder-

[30] „Die Erkenntnis der Kreatur befindet sich, verglichen mit der Erkenntnis des Schöpfers, gewissermaßen im Abenddämmer. Sie wird aber licht und morgendlich, wenn sie bezogen wird auf das Lob des Schöpfers und die Liebe zu ihm [...]. Die Erkenntnis der Kreatur, wenn sie in sich selbst betrachtet wird, ist sozusagen farbloser als ihre Erkenntnis in der göttlichen Weisheit als in dem Gestaltungsakt, in dem sie geschaffen ist" (De civitate dei XI, Cap. 7, vol. XXXX, 1, S. 520/21).

[31] „Wir haben das Menschengeschlecht in zwei Arten eingeteilt, zur einen gehören die, die sich im Leben am Menschen ausrichten, zur andern die, die sich im Leben an Gott ausrichten. Diese Arten haben wir in einem übertragenen Sinne ‚zwei civitates' genannt" (De civitate dei XV, Cap. 1, vol. XXXX, 2, S. 58).

mörder Kain und Romulus gelten als die prototypischen Gründer irdischer Gesellschaften[32]). Andererseits schenkt die gottgewährte Sammlung deshalb der civitas dei den wahren Frieden, weil deren Glieder durch die Freude an der Wahrheit vereint sind, an einem Gute also, welches nicht kleiner, sondern größer wird, wenn es mit Mitbesitzern geteilt wird.[33]

Aus diesem Prinzip kann Augustin dreierlei verständlich machen: die nicht abreißende Kette innerer Kriege, durch die die Imperien der civitas terrena sich je selbst und untereinander zerstören; die Fremdlingsrolle der Glieder der civitas dei in dieser Welt und damit ihre Unterlegenheit im Kampf um die Macht; schließlich die sichere Hoffnung, daß sich zuletzt die Erkenntnis der Dinge in veritate divina als wahr erweisen und als rettend bewähren werde.

d) Apokalyptische und platonische Momente

Die Befremdlichkeit und zugleich die Fruchtbarkeit des Augustinischen Verständnisses von Geschichte beruht auf der Verknüpfung von Inhalten, die der apokalyptischen Geschichtsdeutung entnommen sind, mit Prinzipien der platonischen Reflexion auf die Möglichkeitsgründe der Erkenntnis und des Erkennbaren.

Apokalyptisch geprägt ist die entschieden universalhistorische Betrachtung: Der universelle Zusammenhang des Geschichtsprozesses wird garantiert durch einen göttlichen Geschichtsplan, dessen Verwirklichung

[32] „Der erste Gründer einer irdischen civitas war also ein Brudermörder [...]. Daher ist es nicht zu verwundern, daß viel später, bei der Begründung jener civitas, die das künftige Oberhaupt der civitas terrena werden sollte, indem sie über viele Völker herrschte, diesem Vorbilde und, griechisch gesprochen, diesem Archetypos der ganzen Art auch das Abbild entsprach. Denn so wurde Rom gegründet, als, wie die Geschichte erzählt, Remus von seinem Bruder Romulus getötet wurde" (De civitate dei XV, Cap. 5, S. 64).

[33] Die civitas terrena „streitet in unseliger Armut um solche Dinge, die man nicht mit anderen gemeinsam besitzen kann" (De civitate dei XV, Cap. 4, S. 63).

„Der Besitz des Guten wird keineswegs kleiner, wenn ein Mitbesitzer hinzukommt oder bleibt [...]. Vielmehr kann diesen Besitz nicht halten, wer ihn nicht mit anderen gemeinsam haben will" (De civitate dei XV, Cap. 5, S. 65).

weder durch die Unverständigkeit noch durch die Bosheit der Menschen verhindert werden kann. Transzendentalphilosophisch aber ist die Begründung dieser Universalität: Weil alle Erscheinungen und jedes Bewußtsein ihre gemeinsame Bedingung in der einen „veritas" haben, muß jede Erscheinung und jede Form des menschlichen Bewußtseins einen Ort in demjenigen Zusammenhang finden, in welchem diese Wahrheit sich zunächst in die Erscheinungen verhüllt, um zuletzt sich als ihr Grund zu offenbaren.

Apokalyptisch geprägt ist die Auffassung, daß die vollendete Enthüllung (Apokalypsis) der Wahrheit mit dem Ende der Geschichte zusammenfallen wird. Transzendentalphilosophisch aber ist wiederum der Erklärungsgrund für diese Zielrichtung der Geschichte: Die Einsicht in die Möglichkeitsbedingungen von menschlichem Geist und Gegenstandswelt ist das Ziel eines Prozesses, der notwendigerweise mit der Zuwendung zur Fülle der Weltgegenstände beginnt und erst von dort her die Möglichkeit gewinnt, sich zur Einheit des Ursprungs „umzukehren".

Apokalyptisch schließlich ist auch die Interpretation, die die menschliche „Zerstreuung" an die Vielheit der Weltgegenstände als Sünde qualifiziert, die End-Offenbarung der Wahrheit aber als Gericht versteht. Transzendentalphilosophisch andererseits ist die Interpretation der Sünde als Verlorenheit des menschlichen Geistes an die sinnlichen Objekte, die Interpretation des Gerichtes als Selbstdarstellung der Wahrheit, vor der alle Welterscheinungen vergehen müssen.

Indem es Augustin gelingt, auf solche Weise der apokalyptischen Geschichtsauffassung eine transzendentalphilosophische Begründung zu geben, verleiht er zugleich der transzendentalen Reflexion eine historische Bedeutung. Eben dies aber, der transzendentalen Reflexion historische Bedeutung zu geben, war, wie sich gezeigt hat, erforderlich, wenn umgekehrt der Historie philosophische Bedeutung abgewonnen werden sollte. Nur so konnte die Philosophie von ihrem eigenen Felde aus einen Zugang zur Geschichte und ein positives Verhältnis zu ihr gewinnen.

Für die weitere Entwicklung der Geschichtsphilosophie war schließlich der Hinweis von entscheidender Bedeutung, daß Erkenntnishaltungen oder Entwicklungsstufen des Bewußtseins nur insofern historische Epochen und ihre Abfolge bestimmen können, als sie durch gesellschaftliche Gruppen repräsentiert werden und das Verhältnis dieser Gruppen (z. B. als ihren Antagonismus) vorzeichnen.

3. Die mittelalterliche Historiographie und Geschichtstheologie

Die mittelalterliche Historiographie und Geschichtstheologie richtete ihr Interesse vorwiegend auf zwei Momente: auf Augustins Versuche einer Periodisierung der Universalgeschichte (Sieben Schöpfungstage als typoi von sieben Weltaltern) und auf den Nachweis, daß die Heilshoffnung der Christenheit in den Leiden der Geschichte nicht ihre Widerlegung, wohl aber ihre Bewährungsprobe finde. In dieser Hinsicht ist unter anderem hinzuweisen auf Otto von Freising[34] und Rupert von Deutz[35].

Von theologischem Interesse ist vor allem die Geschichtsdeutung des Joachim von Fiori[36], der in der eigenen Gegenwart den Anbruch eines „Reiches des Geistes" erwartet. Dieses soll als „drittes Reich" auf das Reich des Vaters (das mit der Schöpfung gegründet wird) und auf das durch Jesus begründete Reich des Sohnes folgen. Der Versuch, die Trinitätslehre als Schlüssel zum Verständnis der Geschichte zu benutzen, hat im Deutschen Idealismus Nachahmung gefunden. Die philosophische Bedeutung dieser theologischen Geschichtsauslegung beruht vor allem darauf, daß der Geist einerseits als göttlicher Geist das Ganze der Welt und der Geschichte beherrscht, andererseits als dem Menschen eingegossener Geist diesen zur freien Selbstbestimmung fähig macht. Das Reich des Geistes ist also dadurch ausgezeichnet, daß Notwendigkeit und Freiheit zusammenfallen, daß deshalb alle äußerliche Autorität und Gewalt, die bis dahin nötig war, um die vielen Einzelnen zur Ordnung eines Ganzen zusammenzuführen, entbehrlich wird. Die Geschichte als Gesamtverlauf ist so nicht nur eine fortschreitende Offenbarung der Wahrheit, sondern zugleich der Durchbruch zur vollständigen Freiheit. Die Endzeithoffnung, die sich an die Heraufkunft dieses „dritten Reiches" knüpfte, konnte sich freilich mit allerlei schwärmerischem Sektierertum verbinden, bis sie im Mißbrauch durch das nationalsozialistische „Dritte Reich" jeden Zusammenhang mit ihrem Ursprung (dem Zutrauen in die Herrschaft des Geistes und der Hoffnung auf das Überflüssigwerden aller Gewalt) verlor.

[34] ›Chronica sive de duabus civitatibus libri VIII‹ (geschrieben zwischen 1143 und 1146, Kaiser Friedrich I. überreicht 1157).

[35] ›De trinitate et operibus ejus‹ (verfaßt 1117).

[36] Vgl. besonders seine ›Expositio super Apocalypsim‹ (verfaßt nach 1130).

4. *Rückschau*

Transzendentale Reflexion und apokalyptische Theologie konnten sich, so hat sich gezeigt, auf eine Weise verbinden, die die Geschichte zu einem selbständigen Thema philosophischer Erörterungen hat werden lassen.

Für die nachfolgende geschichtsphilosophische Auseinandersetzung wird dabei das Problem zentrale Bedeutung erhalten, ob und inwieweit die historische Erfahrung unverstellt zur Kenntnis genommen werden kann, wenn sie einem System eingegliedert wird, das seine Herkunft aus Platonismus und Apokalyptik nicht verbergen kann. Das Verhältnis von geschichtsphilosophischer Spekulation und historischer Erfahrung wird deshalb immer wieder zum Anlaß für eine kritische Selbstprüfung jeder möglichen Geschichtsphilosophie.

III. Das zentrale Methodenproblem: Das Verhältnis von Vernunft und Geschichte

Für die Entstehung der Geschichtsphilosophie war gewiß der Einfluß christlich-theologischer Geschichtsauslegungen von großer Bedeutung. Dennoch konnte, so hat sich gezeigt, das Thema „Geschichte" erst dann einer philosophischen Behandlung zugänglich gemacht werden, als eine spezifisch philosophische Methode gefunden war, um diesen Gegenstand zu behandeln. Da nun aber die Philosophie sich je länger desto deutlicher als „Vernunftwissenschaft" verstand und von allen „Erfahrungswissenschaften" abgrenzte, erhob sich die Frage, ob und in welchem Sinne die Geschichte als ein Gefüge von Erfahrungstatsachen überhaupt einer philosophischen Behandlung zugänglich sei. Es ist deshalb kein Zufall, daß die ausdrückliche Thematisierung der Geschichte in einem gesonderten philosophischen Traktat erst in der Aufklärungszeit möglich wurde, in einer Zeit also, in der das Verhältnis von *Vernunft und Erfahrung* Gegenstand sehr grundsätzlicher Auseinandersetzungen gewesen ist. Im Streit zwischen dem „Rationalismus" der Cartesianer und dem „Empirismus" der englischen Schulen wurde das Verhältnis von Vernunft und Erfahrung erörtert. Jeder Versuch, diesen Streit zu entscheiden oder zu schlichten, mußte zugleich eine Verhältnisbestimmung von *Vernunft und Geschichte* einschließen.

1. *„Vernunftwahrheiten" und „Tatsachenwahrheiten"*

Eine folgenreiche Bestimmung des Verhältnisses von Vernunft und Geschichte findet sich bei *G. W. Leibniz*. Diese Verhältnisbestimmung wird artikuliert in der terminologischen Unterscheidung zwischen „notwendigen, ewigen Vernunftwahrheiten" und „zufälligen, historischen Tatsachenwahrheiten".[37]

a) Folgerungen für das erkennende Subjekt

Hinsichtlich des erkennenden Subjekts besagt diese Antithese: Vernunftwahrheiten sind aus der Analyse der bloßen Form des Denkens zu gewinnen. Die Logik als Formenlehre des Denkens wird so zur Vorzeichnung der Ontologie. Diese ist deshalb als System analytischer Urteile a priori zu entwerfen. Tatsachenwahrheiten dagegen sind nur aus der Erfahrung zu gewinnen. Die Sammlung der Kunde von Erfahrungen konstituiert die „Historie" im weitesten Sinne des Wortes als System synthetischer Urteile a posteriori.

Die Nicht-Identität von Geschichtserfahrung und Vernunftspekulation öffnet für Leibniz das Feld der Religion. Denn einerseits läßt sich der Verlauf der Geschichte nicht a priori deduzieren. Das bloß Tatsächliche ist von solcher Art, daß auch sein Gegenteil widerspruchsfrei denkbar (logisch „possibel") ist. Für das Ganze des Weltlaufs bedeutet das: „Es gibt eine unendliche Anzahl möglicher Welten". Andererseits ist, sobald eine bestimmte Tatsache realisiert ist, ihr kontradiktorisches Gegenteil ausgeschlossen (mit ihr nicht „kompossibel"). Für das Ganze des Weltlaufs bedeutet das: Auch die unendlich vielen möglichen Welten sind untereinander nicht kompossibel; „nur eine von ihnen kann wirklich sein"[38]. Die Gesamtheit aller bloßen Tatsachen erscheint so als die Folge einer Entscheidung zwischen Möglichkeiten, die je für sich betrachtet „gleich möglich", im Ver-

[37] „Es gibt zwei Arten von Wahrheiten: Vernunftwahrheiten und Tatsachenwahrheiten. Die Vernunftwahrheiten sind notwendig und ihr Gegenteil ist unmöglich. Die Tatsachenwahrheiten sind zufällig und ihr Gegenteil ist möglich" (Monadologie Nr. 33. In: G. W. Leibniz, Die philosophischen Schriften, Ausgabe C. J. Gerhardt, VI, S. 612).

[38] Monadologie Nr. 53, S. 615 f.

hältnis zueinander aber nicht „zugleich möglich“ (aequipossibel aber nicht kompossibel) sind. Betrifft diese Entscheidung wirklich das Ganze der (untereinander verknüpften) Tatsachen, so kann sie nur durch den Urheber des Weltganzen, also durch Gott, getroffen worden sein. So läßt gerade die bloße Faktizität des Weltlaufs (der ganzen „series rerum“) diese als Ergebnis einer göttlichen Wahl begreifen und eröffnet so das Feld der Religion, d. h. des Zutrauens in die Güte Gottes, die ihn veranlaßt, seine Wahl stets nach dem „Prinzip des jeweils Besseren“ zu treffen.[39]

Dieses religiöse Zutrauen zu rechtfertigen (angesichts der erscheinenden Unvollkommenheit der Welt und der erscheinenden Übermacht des Bösen in ihr) ist die Aufgabe der „Theodizee“.[40] Wenn die Verknüpfung aller Tatsachen in der Zeit (also die Geschichte) als Ergebnis einer Wahlhandlung des guten Gottes verstanden werden soll, dann muß die Theodizee zum zentralen Traktat der Geschichtsphilosophie werden. Dieser wächst dadurch die Aufgabe zu, in dem scheinbar zufälligen, ja widersinnigen Weltlauf das Werk einer auf Verwirklichung des Besten abzielenden göttlichen Vorsehung freizulegen. Das von Leibniz gestellte Thema der Theodizee auf diese Weise ausdrücklich in der Form einer Geschichtsphilosophie durchzuführen, war die erklärte Absicht von Hegels ›Philosophie der Geschichte‹.[41]

Die subjektive Fassung des Gegensatzes von Vernunftwahrheiten und Tatsachenwahrheiten führt so zu einem Zutrauen in die „objektive Vernunft in der Geschichte“. Es entsteht die Idee der Geschichte als einer fortschreitenden Verwirklichung göttlicher Wahlhandlungen, deren Ausgang zwar logisch und deswegen auch ontologisch kontin-

[39] „Es muß einen zureichenden Grund für die Wahl Gottes geben, die ihn zu der einen Welt mehr als zu der anderen bestimmt“ (Monadologie Nr. 53, S. 615 f.).

„Und dieser Grund kann in nichts anderem liegen als [...] im Grade der Vollkommenheit, den diese Welten enthalten. Denn alles Mögliche hat einen Anspruch auf Verwirklichung anzumelden im Maße der Vollkommenheit, die es einschließt“ (Monadologie Nr. 54, S. 616).

[40] ›Essais de Théodicée sur la bonté de Dieu, la liberté de l'homme et l'origine du mal‹ (anonym erschienen 1710).

[41] „Unsere Erkenntnis geht darauf, die Einsicht zu gewinnen, daß das von der ewigen Weisheit Bezweckte, wie auf dem Boden der Natur, so auf dem Boden des in der Welt wirklichen und tätigen Geistes herausgekommen ist. Unsere Betrachtung ist insofern eine Theodizee, eine Rechtfertigung

gent, moralisch aber „zureichend begründet" ist. Eine solche Geschichtsauffassung läßt einerseits eine konservative Deutung zu: Alles historisch Gewordene ist Ausdruck göttlicher Wahlentscheidungen und deshalb der Anerkennung durch den Menschen würdig („Gib dich zufrieden und sei stille"). Die gleiche Geschichtsauffassung kann aber auch progressistisch gedeutet werden: Alles schon Verwirklichte ist nur Material für kommende Wahlhandlungen Gottes und also Mittel für die Verwirklichung seiner Zukunftsabsichten; da nun aber Gott seine Absichten auch durch die Handlungen von Menschen realisiert, sind die Menschen aufgefordert, sich in den Dienst solcher Umgestaltung der Weltverhältnisse zu stellen, alles Bestehende aber nur als Material für die Verwirklichung eines besseren Weltzustandes zu gebrauchen. Beiden Folgerungen aus der oben skizzierten Geschichtsauffassung aber ist gemeinsam, daß sie vom Einzelnen verlangen, seine gegenwärtige Glücksforderung zurückzustellen zugunsten der Einwilligung in den alles Leid rechtfertigenden Sinn des zukünftigen Ganzen.

b) Folgerungen für das erkannte Objekt

Hinsichtlich der erkannten Objekte besagt die Antithese von Vernunftwahrheiten und Tatsachenwahrheiten: Nur die Intelligibilia sind notwendig und ewig; die Geschichtstatsachen lassen durch ihre Gewordenheit erkennen, daß sie kontingent sind. Der Aufweis der Historizität der Tatsachen ist darum zugleich der Ansatz für ihre Kritik: Allzu oft wird das bloß „Faktische" von den Menschen nur deshalb für das allein Mögliche (also das Notwendige) gehalten, weil sie sein gleich mögliches Gegenteil nicht aus Erfahrung kennen. In solcher Weise das Gewohnte für das Vernunftnotwendige zu halten, ist das Kennzeichen eines in Vorurteilen befangenen Denkens. Die Beischaffung historischer Gegenbeispiele ist dann das geeignete Mittel, um solche Vorurteile zu überwinden. Denn diese Gegenbeispiele beweisen, daß irgendwann wirklich war oder irgendwo wirklich ist, was die

Gottes, welche Leibniz metaphysisch auf seine Weise in noch unbestimmten, abstrakten Kategorien versucht hat, so daß das Übel in der Welt begriffen, der denkende Geist mit dem Bösen versöhnt werden sollte" (Philosophie der Geschichte, Ausgabe Glockner, XI, S. 42).

befangene Vernunft für unmöglich halten möchte, daß also bloß faktisch ist, was sie für vernunftnotwendig hält.[42]

Was aber nicht notwendig ist, bedarf eines rechtfertigenden Grundes für seine Existenz. Das Faktische auf seine Berechtigung hin zu prüfen, ist dann die Aufgabe der vernünftigen Kritik. Sofern das Historische bloß faktisch ist, ist es dieser Vernunftkritik unterworfen, nicht maßgeblicher Maßstab für die Vernunft. So wird der Nachweis der bloß historischen Faktizität eines Sachverhaltes, einer Denkform oder einer Verhaltensweise zugleich zum Argument gegen seine Maßgeblichkeit und für seine Kritikbedürftigkeit.[43]

Die Nicht-Identität von historisch-kontingenten Tatsachenwahrheiten und ewig-notwendigen Vernunftwahrheiten eröffnet jedoch nicht nur das Feld der vernünftigen Kritik am Faktischen, sondern zugleich das der Moral. Denn wenn das Faktische nicht notwendig ist, so ist die Veränderung der faktischen Verhältnisse wenigstens in Gedanken widerspruchsfrei konzipierbar, unter geeigneten Bedingungen auch realisierbar. Das historisch Überlieferte ist dann nicht verbindlicher Maßstab, sondern nur physische Bedingung für die Verwirklichung vernünftiger Gestaltungsabsichten. Das Tatsächliche ist so gesehen nur das Material, das gestaltet werden soll; das Vernünftige darf nicht als gegeben vorausgesetzt werden, sondern ist dem Menschen zur Verwirklichung in diesem Material aufgegeben. Durch menschliches Handeln soll das Vernünftige wirklich, das Wirkliche vernünftig gemacht werden.

So veranlaßt die objektive Fassung des Gegensatzes von Vernunftwahrheiten und Tatsachenwahrheiten den Appell an die subjektive

[42] Vgl. dazu die historische Argumentation von John Locke gegen die Annahme „angeborener Ideen". Die Feststellung, „die Vorstellungen von Gott sind bei verschiedenen Menschen unterschiedlich" (Essai über den menschlichen Verstand, Buch I, Cap. 4, §§ 13—16), dient dem Nachweis, daß keine dieser Vorstellungen vernunftnotwendig sei.

[43] Vgl. vor allem Lessings bekanntes Argument gegen die Maßgeblichkeit der biblischen Botschaft: „Zufällige Geschichtswahrheiten können der Beweis von notwendigen Vernunftwahrheiten nie werden [...]. Mir zumuten, weil ich der Auferstehung Jesu kein glaubwürdiges Zeugnis entgegensetzen kann, alle meine Grundideen vom Wesen der Gottheit danach abzuändern: wenn das nicht eine Metabasis eis allo genos ist, so weiß ich nicht, was Aristoteles sonst unter dieser Benennung verstanden" (Über den Beweis des Geistes und der Kraft, Ausgabe K. Lachmann, XIII, S. 5. u. S. 7).

Vernunft des Handelnden: Es entsteht die Idee der Geschichte als eines Zusammenhanges moralischer Aufgaben. Voraussetzung für die Erfüllung dieser Aufgaben ist nun freilich eine „Erziehung des Menschengeschlechtes" (Lessing)[44] zur Moralität und zugleich die Einsetzung des Menschen in die Herrschaft über seine Lebensverhältnisse. Nur so wird es möglich, den Zufall durch den moralisch konzipierten Plan zu ersetzen.

Auch diese Geschichtsauffassung läßt einerseits eine autoritäre Deutung zu: Die Planmäßigkeit der Menschenerziehung und der Umgestaltung der Verhältnisse verlangt, daß nur der Sachkundige Entscheidungsvollmacht habe, während der „beschränkte Untertansverstand" sich dabei bescheiden muß, das Angeordnete auszuführen (aufgeklärter Absolutismus). Die gleiche Geschichtsauffassung kann aber auch andererseits revolutionär gedeutet werden: Um der Moralität willen muß jeder Mensch aus einem Untertan zum Souverän gemacht werden (Aufklärung als Revolutionsprogramm). Beiden Konsequenzen aus der angedeuteten Geschichtsauffassung aber ist eines gemeinsam: Beiden gilt der moralische Staat (des „Landesvaters" oder aber des Revolutionskomitees) als das Mittel, welches allein tauglich ist, der Vernunft zur Herrschaft in der Geschichte zu verhelfen.

c) Objektive und subjektive Vernunft in der Geschichte

Die soeben geschilderten beiden Fassungen des Gegensatzes von ewigen Vernunftwahrheiten und historischen Tatsachenwahrheiten können untereinander in einen Gegensatz treten. Die subjektive Fassung dieses Gegensatzes führt, so hat sich gezeigt, zu einem religiös begründeten Zutrauen, das sich darauf verläßt, die objektive Vernunft (des guten Gottes) herrsche immer schon in der Geschichte und garantiere ihren sicheren und zielgerichteten Gang. Die objektive Fassung des gleichen Gegensatzes dagegen führt zu einem moralischen Appell, der sich an die subjektive Vernunft des Einzelnen wendet und ihn dafür verantwortlich macht, daß durch planmäßige Veränderung des Bewußtseins (durch „Erziehung") und durch planmäßige Umgestaltung der Lebensverhältnisse die Vernünftigkeit des Wirklichen erst

[44] So der Titel einer Schrift von Lessing, die, nach einem teilweisen Vorabdruck von 1777, 1780 erschienen ist.

hergestellt werde. Den Gegensatz zwischen diesen beiden Weisen der Geschichtsbetrachtung aufzuheben, wurde zu einer zentralen Aufgabe der Geschichtsphilosophie. Fichte und Hegel versuchten diese Aufgabe dadurch zu lösen, daß sie den Nachweis unternahmen, es handle sich nicht um einen Gegensatz von Betrachtungsweisen der Geschichte, sondern um einen Gegensatz der im Geschehen selbst wirkenden Kräfte. Die Aufhebung dieses Gegensatzes sei folglich nicht von einer bloßen neuen Geschichtstheorie zu erwarten, sondern von einer neuen Phase des historischen Geschehens selbst. Die Geschichte habe ihr Ziel darin, daß die objektive Vernunft (d. h. das immer schon verborgen wirkende Prinzip einer teleologischen Gesetzmäßigkeit im Geschehen) auch subjektiv werde (d. h. sich selbst in ihrer Einheit als objektiver und subjektiver Geist erkenne).

2. *„Natur“, „Freiheit“ und „Vernunft“*

Mit der Unterscheidung von Vernunft und Erfahrung (als zwei verschiedenen Erkenntnisquellen), von Vernunftwahrheiten und Tatsachenwahrheiten (als zwei artverschiedenen Erkenntnisinhalten) verbindet sich die Unterscheidung von Natur und Freiheit. Der ausgezeichnete Fall einer „Tatsache“, von der man nur aus Erfahrung Kenntnis erhalten kann, ist die freie Handlung. Weil sie zwischen mehreren „gleichmöglichen“, aber nicht „zugleich-möglichen“ Möglichkeiten wählt, kann nicht vorher definiert werden, wie die Entscheidung ausfallen wird. Die Geschichte ist deshalb der Erkenntnisbereich der unberechenbaren Erfahrung, weil sie ein Zusammenhang freier Handlungen ist. Naturereignisse dagegen lassen sich berechnen, weil ihr Zusammenhang notwendigen Gesetzen folgt, die ihrerseits mathematisch formulierbar sind. Das mathematische Gesetz aber gilt seit altersher als der Prototyp eines Gegenstandes des reinen Denkens. Die Natur ist deshalb der Erkenntnisbereich der mathematischen Vernunft, weil sie ein Zusammenhang notwendiger Ereignisverknüpfungen ist.

Kurz: Der Geschichte als dem „Reich der Freiheit“ steht die Natur als das „Reich der Notwendigkeit“ gegenüber. Wenn aber eine Vernunfterkenntnis der Geschichte (und also eine Geschichtsphilosophie) möglich werden soll, dann muß dieser Gegensatz überwunden werden. Das verlangt zugleich ein Verständnis von „Vernunft“, gemäß welchem diese nicht (als mathematische Vernunft) auf das Feld nachrechenbarer Notwendigkeit eingeschränkt bleibt, sondern zugleich (als historische Vernunft) die verborgene Notwendigkeit in dem Zusammenhang freier Handlungen zutage bringt. So ergibt sich aus der Unterscheidung von Vernunftwahrheiten und Tatsachenwahrheiten der Gegensatz von Naturnotwendigkeit und Freiheit; aus der Aufgabe, diesen Gegensatz zu überwinden, folgt die Notwendigkeit eines neuen Verständnisses von Vernunft.

Einen wichtigen Beitrag zu diesem Verständnis von Natur, Freiheit und Vernunft hat *B. Spinoza* geleistet.

Ein innerer Gegensatz im überlieferten Begriff von „Natur" veranlaßte ihn, ein neues Verständnis von Natur zu entwickeln. Dieses neue Verständnis von Natur gab in der Folgezeit Veranlassung dazu, das Verhältnis der Natur zur Freiheit und zur Vernunft neu zu bedenken.

a) Neufassung des Naturbegriffs

In der aristotelischen Überlieferung wurde *Natur* definiert als „essentia in quantum est principium actuum" [45]. In diesem überlieferten Begriff sollte die zeitlose „Wesenheit" zugleich als ein „Prinzip" gedacht werden, das als solches nur ist, indem es zeitliche Akte aus sich entläßt. Den Gegensatz von ewiger Wesenheit und zeitlicher Produktivität versuchte B. Spinoza dadurch aufzuheben, daß er, unter Anwendung des überlieferten Begriffes von „Leben" („vita est actio immanens" [46], das ewige Wesen als innere Selbstproduktion (causatio sui) verstand. Diese innere Selbstproduktion des Lebendigen soll sich sodann in den nach außen hervortretenden Kausalreihen der mechanischen „actiones ad extra" seine zeitliche Darstellung verschaffen. Die natura naturata gilt als „Ausdruck" der natura naturans. So

[45] Diese bei den Scholastikern geläufig gewordene Definition scheint auf die ausführlichere Formulierung des Thomas von Aquin zurückzugehen: „Der Name ‚Natur' [...] scheint die Wesenheit einer Sache zu bezeichnen, insofern sie auf diejenige Tätigkeit ausgerichtet oder hingeordnet ist, welche dieser Sache eigen ist" (De ente et essentia 1c).

[46] Auch diese Kurzformel scheint die Zusammenfassung einer Definition des Thomas darzustellen: „Die Bezeichnung ‚Leben' wird verwendet, um eine Substanz zu bezeichnen, die fähig ist, sich gemäß ihrer eigenen Natur selbst zu bewegen" (Summa theologica I 18, 2c).

verstanden gestattet die Natur eine doppelte Betrachtung: Sie zeigt sich „sub specie temporis“ als zeitliche Reihe äußerer Kausationen, „sub specie aeternitatis“ als innere Produktivität des mit sich selbst identisch bleibenden Lebens.[47]

Diese Neufassung des Naturbegriffs eröffnete für die Philosophen der folgenden Epoche die Möglichkeit, auch die Ereignisreihen der Geschichte auf entsprechende Weise zu verstehen. Man konnte versuchen, auch sie als die äußere Erscheinung auszulegen, in welcher das innere Leben einer göttlichen Natur sich „ausdrückt“. Spekulative Geschichtsphilosophie und empirische Geschichtsschreibung sollen sich dann zueinander so verhalten wie die Betrachtung der gleichen Ereignisreihen „sub specie aeternitatis“ und „sub specie temporis“. Sowohl die Naturphilosophie als auch die Geschichtsphilosophie Schellings lassen sich als der groß angelegte Versuch verstehen, diese von Spinoza eröffnete Deutungsmöglichkeit zu realisieren.[48]

b) Veränderung des Freiheitsbegriffs

Nicht weniger folgenreich als Spinozas Neufassung des Naturbegriffes war die Veränderung des Verständnisses von *Freiheit.* Spinoza scheint sich zu widersprechen, wenn er einerseits die Freiheit (und sogar den Willen als solchen) zu einer Fiktion erklärt,[49] andererseits sein Hauptwerk, die ›Ethik‹, in einem abschließenden Buche ›Über die

[47] „Die Dinge werden von uns auf zweifache Weise als wirklich begriffen, einerseits sofern wir ihre Existenz als abhängig von bestimmten Zeiten und Orten verstehen, andererseits insofern wir sie als enthalten in Gott und als folgend aus der Notwendigkeit der göttlichen Natur begreifen“ (Ethik, Teil 5, Lehrsatz XXIV).

[48] Thema der Philosophie Schellings ist die Produktivität jenes Prinzips, das in der Objektivität der Natur und in der Subjektivität der menschlichen Freiheit nur seine beiden komplementären Darstellungsweisen findet. „So kann jenes Höhere selbst weder Subjekt noch Objekt, auch nicht beides zugleich sondern nur die absolute Identität sein“ (System des transzendentalen Idealismus, Ausgabe Schröter, 2. Hauptband, S. 600).

[49] „Da der Wille, wie wir gezeigt haben, nur eine Vorstellung ist [...], ein Ens Rationis und kein Ens Reale, so kann von ihm auch nichts verursacht werden. Nam ex nihilo nihil fit [...]. So braucht man auch nicht zu fragen, ob der Wille frei oder nicht frei ist“ (Kurze Abhandlung von Gott, dem Menschen und seinem Glück, Teil 2, Cap. 16 ›Vom Willen‹).

menschliche Freiheit‹ kulminieren läßt. Der scheinbare Widerspruch löst sich durch folgende Unterscheidung: Freiheit als ein aus der Naturnotwendigkeit ausgesparter Bereich wird bestritten, aber die Notwendigkeit der Natur als solche wird als die innere „Selbstbestimmung" gedacht; und insofern Selbstbestimmung das Wesen der Freiheit ausmacht, wird der Gegensatz zwischen Natur und Freiheit aufgehoben. Die Aufgabe der Ethik besteht demnach darin, den Menschen aus der zufälligen Unterwerfung unter fremde Natur-Ursachen zur notwendigen Unterwerfung unter seine eigene Natur zurückzuführen.[50]

Unter dieser Voraussetzung aber mußten die nachfolgenden Philosophen auch das Verhältnis von Vernunfteinsicht und Erfahrung noch einmal neu bestimmen. Dem Begriffe und also der Vernunfteinsicht nach ist „Selbstbestimmung" nicht mehr ein Vorrecht des Geistes, sondern ein gemeinsames Merkmal alles „Natürlichen"; der Erfahrung nach jedoch haben die Natur und der Mensch diese ihre „Natürlichkeit" (freie Selbstbestimmung) allenthalben verloren. Was also gesucht werden muß, ist die Kunst, der Natur (der Dinge und des Menschen) zu ihrer Natürlichkeit zurückzuverhelfen.

Diese Konsequenz ist von der nachfolgenden Philosophie der Aufklärung in aller Deutlichkeit gezogen worden. Daß alle Kunst die Aufgabe hat, die Natur wieder natürlich zu machen, kann schon an den gerade in dieser Epoche einsetzenden Versuchen einer ausdrücklichen Landschaftsgestaltung abgelesen werden. Weil aber kein Wesen in eine so unnatürlich-unfreie Lage geraten ist wie der Mensch in seiner Fremdbestimmung durch die Gesellschaft, darum muß vor allem der Mensch seine Selbstbestimmung und also seine Freiheit in einer ausdrücklichen „Rückkehr zur Natur" wiedergewinnen.[51]

[50] Dieser Absicht entspricht die Überschrift über die beiden letzten Bücher der Ethik ›Über die menschliche Knechtschaft‹ bzw. ›Über die menschliche Freiheit‹ und die zentrale Behauptung, die Einsicht in die Notwendigkeit aller Dinge verschaffe dem Verstand die Unabhängigkeit vom Einfluß äußerer Ursachen. „In dem Maße, in welchem der Geist alle Dinge als notwendig einsieht, im gleichen Maße wächst seine Gewalt über die Affekte und nimmt deren bestimmender Einfluß auf ihn ab" (Ethik, Teil 5, Lehrsatz VI).

[51] Die Formel „Zurück zur Natur", durch die in der Literatur Rousseaus Programm beschrieben zu werden pflegt, scheint durch Vereinfachung aus folgender Selbstdarstellung hervorgegangen zu sein. Rousseau wendet sich an seinen Leser und erwartet folgende Wirkung seiner Schrift ›Über den

Diese Auffassung von dem Verhältnis zwischen Natur und Freiheit begründete in der Folgezeit ein neues Verständnis von der Geschichte. Denn von hier aus wird es möglich, die Geschichte als den Weg zu verstehen, auf welchem der Mensch — „von Natur aus frei, aber überall in Ketten liegend“ [52] — von der naturhaft-organischen Selbstbestimmung der Frühzeit über die äußere Knechtung der Gegenwart zu bewußt reflektierter Selbstbestimmung fortschreiten soll. Die Gesellschaftskritik und Geschichtsphilosophie von Jean Jacques Rousseau wird erst von diesem Ansatze her verständlich. Die darin grundgelegte Möglichkeit einer umfassenden Geschichtsdeutung ist später vor allem von Fichte ergriffen worden.[53]

c) Verändertes Selbstverständnis der Vernunft

Das veränderte Verständnis von Natur und Freiheit verlangt zugleich ein verändertes Selbstverständnis der *Vernunft*. Denn wenn die Natur das Prinzip einer inneren Selbstbestimmung ist, und wenn weiterhin die sittliche Selbstbestimmung nur dadurch erreicht werden

Ursprung und die Grundlagen der Ungleichheit unter den Menschen‹: „Du wirst dasjenige Zeitalter suchen, von dem du wünschen wirst, deine Gattung wäre bei ihm stehengeblieben. Unzufrieden mit deinem gegenwärtigen Zustand und bewogen von Gründen, die deiner unglücklichen Nachkommenschaft noch größere Anlässe zur Unzufriedenheit verheißen, wirst du vielleicht wünschen, du könntest zurückschreiten. Und dieses Gefühl muß sich auswirken im Lob deiner frühesten Ahnen, in der Kritik deiner Zeitgenossen und im Warnruf an die, die das Unglück haben, nach dir zu leben“ (Ausgabe Meiner, 1971, S. 80/82 bzw. S. 81/83). Wichtiger jedoch als diese Beschreibung eines im Leser vermuteten Gefühls ist das Programm Rousseaus, die Freiheit, die im Naturzustand bestanden hat und im Gesellschaftszustand verlorengegangen ist, innerhalb des Gesellschaftszustandes wiederzugewinnen und zu sichern.

[52] J. J. Rousseau, Du contrat social, Buch 1, Kap. 1, 1. Satz, Ausgabe Garnier Frères, 1962, S. 236.

[53] Vgl. dazu Fichtes Gliederung der Geschichte in fünf Zeitalter, bei denen sich die Vernunft vom innerlich wirkenden „Vernunftinstinkt“ über die äußere Autorität von Gesetzgebern und Staatsmännern und über die Revolte gegen diese Autorität zur „Vernunftwissenschaft“ und „Vernunftkunst“ entwickelt (›Die Grundzüge des gegenwärtigen Zeitalters‹, 1. und 2. Vorlesung).

kann, daß die widernatürliche (durch die Übermacht der Affekte [Spinoza] oder durch gesellschaftliche Konventionen [Rousseau] bedingte) Fremdbestimmung zugunsten einer neuen, freilich reflektierten Natürlichkeit überwunden wird: dann ist in der Gesetzmäßigkeit des Naturprozesses und in der Freiheit der sittlichen Selbstbestimmung das gleiche Prinzip am Werk.[54]

Nachfolgende Philosophen aber konnten daraus folgende Schlüsse ziehen: Selbstbestimmung der Natura naturans als Grund für die Notwendigkeit der Prozesse der Natura naturata ist das Wesensgesetz der Natur; Selbstbestimmung der Sittlichkeit als Ausdruck für die Notwendigkeit des eigenen Wesens ist das Gesetz der Freiheit; Wiedergewinnung der natürlich-notwendigen Selbstbestimmung und Überwindung der gesellschaftlich-zufälligen Fremdbestimmung ist das Wesensziel der Geschichte. Aufgabe der Philosophie ist es, das Prinzip jener Einheit von Freiheit und Notwendigkeit zu finden, das auf solche Weise Natur, Sittlichkeit und Geschichte bestimmt.

Der Vernunft aber ist dieses Prinzip aus ihrer eigenen Selbsterfahrung wohlbekannt, weil sie ihre Einsichten in freiem Urteil gewinnt und sie doch zugleich als willkürfrei-notwendige Denkergebnisse erfährt. Die Freiheit des „Ich denke“ und die Notwendigkeit des Gedachten ist das Wesensgesetz der Vernunftakte. So entdeckt die Vernunft in sich selber das verborgene gemeinsame Prinzip von Natur, Sittlichkeit und Geschichte.[55] Diese sind einer Erkenntnis durch Vernunft zugänglich, weil sie durch ihre Struktur verraten, daß in ihnen Vernunft am Werke ist.

Freilich ist diese Vernunft zunächst in der Notwendigkeit der Natur und in der scheinbaren Willkür der Geschichte verborgen, tritt sodann in einem Gegensatz von Naturnotwendigkeit und Vernunftfreiheit

[54] Dieses identische Prinzip ist bei Spinoza die zugleich notwendige und freie Selbstverursachung Gottes. „Diejenige Sache wird frei genannt, die ausschließlich aufgrund der Notwendigkeit ihrer Natur existiert und rein aus sich selbst zum Handeln bestimmt wird“ (Ethik, Teil 1, Definition VII). „Daraus folgt, daß Gott allein eine freie Ursache ist. Denn er allein existiert ausschließlich aufgrund der Notwendigkeit seiner Natur und handelt ausschließlich aufgrund dieser seiner Naturnotwendigkeit“ (Ethik, Teil 1, Lehrsatz XVII, Corrolarium II).

[55] Auch in diesem Sinne gilt, was Leibniz in anderem Zusammenhang gesagt hat: Die Seele erweist sich als „lebendiger und beständiger Spiegel des Alls“ (Monadologie Nr. 56, S. 616).

zum erstenmal in die Erscheinung, um zuletzt in einer sich vollendenden Reflexion als das identische Prinzip von Notwendigkeit und Freiheit ans Licht zu treten.

Es ist deutlich, daß auch dieses neue Selbstverständnis der Vernunft ein neues Verständnis der Geschichte begründet. Die Geschichte gilt nun als der Weg, auf dem die Vernunft von ursprünglicher Selbstvergessenheit über ihre Entgegensetzung gegen die Natur zu jener Einheit des Selbstwissens voranschreitet, in welcher sie auch in der scheinbar äußeren Natur und in den scheinbar naturwidrigen gesellschaftlichen Verhältnissen nur die Stufen ihrer eigenen Entwicklung wiedererkennt: eine Möglichkeit der Geschichtsdeutung, die Schelling und Hegel je auf ihre Weise ergriffen haben.

3. Der erreichte Problemstand

Die Erfahrung von der Geschichte ist, so hat sich gezeigt, für die Philosophie zunächst die Erfahrung von einer Gefahr, durch die jeder Versuch bedroht wird, der sich um die Erkenntnis ewiger Wahrheiten und Verhaltensnormen bemüht.

Eine Deutung der Geschichte, so zeigte sich an zweiter Stelle, gelingt weit besser der Religion, sei es in ihrer mythischen, sei es in ihrer prophetischen oder apokalyptischen Gestalt. Die Geschichtsphilosophie kann jedoch nicht irgendwelche Aussagen über die Geschichte bei der Religion entlehnen. Wohl aber kann sie sich von ihr auf Themen aufmerksam machen lassen. Diese Themen werden einer philosophischen Behandlung in dem Maße zugänglich, in welchem es gelingt, sie von einer spezifisch philosophischen Frage her aufzugreifen. Dies gelang im ausgehenden Altertum dadurch, daß die Frage nach den gemeinsamen Möglichkeitsbedingungen der Erkenntnis und des Erkannten als Frage nach einem zeitlichen Konstitutionsvorgang begriffen wurde.

Die Verknüpfung von transzendentaler Reflexion und Geschichte sah sich nun, so zeigte sich an dritter Stelle, vor die Frage gestellt, ob und in welcher Weise die Vernunft (als die spezifische Erkenntnisweise der Philosophie) und die Erfahrung (als deren ausgezeichnetes Gegenstandsfeld die Geschichte gilt) miteinander in ein Verhältnis gesetzt werden können. Das Verhältnis von Vernunft und Erfahrung erschien dabei zunächst als ein reines Gegensatzverhältnis, vermittelt allein durch Religion (als Zutrauen in Gottes Weltregiment) und durch Moral (als Aufforderung, die erfahrene Welt in einem historischen Prozeß nach vernünftigen Gesetzen umzugestalten). Zuletzt jedoch zeigte sich eine Möglichkeit, die Vernunft selber historisch zu verstehen, sofern die Vernunft als unbewußt-naturhafte Selbstbestimmung zu wirken beginnt, sodann zur Entgegensetzung von vernünftiger Freiheit und naturhafter Notwendigkeit fortschreitet und schließlich in einer vollendeten „Rückkehr" zur Natur den Gegensatz von Notwendigkeit und Freiheit überwindet. Wenn aber die Vernunft selber ihre Geschichte hat, so muß auch die Reflexion auf ihre Möglichkeitsbedingungen, die später so genannte „transzendentale Reflexion", die Form einer Nachkonstruktion eines historischen Prozesses annehmen.

Als Lehre von der Geschichte der Vernunft entsteht auf diese Weise eine Vernunftlehre von der Geschichte, also eine Geschichtsphilosophie.

IV. Das neue Sachproblem: Die Geschichte der Vernunft

Das Verhältnis von Vernunft und Geschichte zu bestimmen, erwies sich zunächst als vordringliche Aufgabe einer Methodenreflexion. Diese Methodenfrage wurde unausweichlich, sobald die empirische Geschichtsschreibung sich zur Kritik an derjenigen Geschichtsphilosophie genötigt sah, die durch Augustin grundgelegt worden war. Diese Geschichtsphilosophie hatte, in einer Verknüpfung von (platonischer) Reflexion auf die Möglichkeitsbedingungen des Erkennens wie des Erkannten und (apokalyptischer) Darstellung eines göttlichen Welt- und Heilsplanes, den Versuch unternommen, das Ganze der Geschichte als einen universalen, zielgerichteten und unbeirrbaren Ereigniszusammenhang zu beschreiben. Diesem Versuch widersprach die empirische Geschichtsschreibung durch den Hinweis auf die Kontingenz der historischen Fakten und auf die Freiheit der Handlungen. Daraus resultierte das Methodenproblem: Ist Geschichte (als Inbegriff kontingenter Tatsachen) ein möglicher Gegenstand für eine Erkenntnis durch reine Vernunft (für eine Philosophie)?

Die Lösung dieses Methodenproblems schien eine Vermittlung zu erfordern zwischen der Notwendigkeit der Vernunftwahrheiten und der Kontingenz der Tatsachenwahrheiten, zwischen Natur, Freiheit und Vernunft. Diese Vermittlung schien zu gelingen, wenn die Kontingenz der Fakten als die äußere Erscheinung für die innere Produktivität einer „natura naturans" verstanden werden durfte. Denn in dieser Natur fällt die Freiheit von aller Fremdbestimmung mit der Notwendigkeit zusammen, sich selbst und nur sich selbst zu produzieren. Die Vernunfterkenntnis dieser Notwendigkeit und die empirische Erkenntnis des „bloß Faktischen" aber verhalten sich dann als komplementäre Betrachtungen, von denen die eine das „innere Wesen", die andere die „äußere Erscheinung" erfaßt.

Die so verstandene „Natur" ihrerseits erschien als möglicher Erkenntnisgegenstand der „Vernunft", weil beide in ihrem Grund und Wesen als identisch gedacht werden konnten. Auch der Gedanke der Vernunft produziert sich selbst; und auch die denkende Vernunft ist frei (bestimmt sich selbst) gerade dann, wenn sie der Notwendigkeit ihres eigenen Denkgesetzes folgt.

Mit dieser Annahme jedoch verwandelt sich die Frage nach dem Verhältnis von Vernunft und Geschichte aus einer Methodenfrage in ein Sachproblem. Denn die soeben geschilderte Lösung der Methodenfrage (wie die Geschichte zu einem möglichen Gegenstand für eine Erkenntnis durch reine Vernunft gemacht werden könne) hing von der inhaltlichen Voraussetzung ab, daß die Vernunft wie die Natur sich selber produziere. Nur wenn die Vernunft in diesem Sinne eine Geschichte ihres Werdens *hat*, kann in der Reflexion, also durch reine Vernunft, Geschichte *erkannt* werden. Die vordringliche Sachfrage lautet deshalb: Kann und in welchem Sinne kann die Vernunft eine Geschichte haben?

Diese Frage meint nicht nur den Wandel der Methoden, durch die die Vernunft zu ihren Erkenntnissen gelangt, schon gar nicht bloß den Wandel der Ergebnisse, zu denen sie durch diese Methoden geführt wird. Wenn die Rede ist von einer Selbstproduktion der Vernunft nach Analogie der sich selbst produzierenden Natur, dann meint die soeben formulierte Frage vielmehr den Wandel der Vernunft selbst. Nicht was sie erkennt, nicht wie sie zu ihren Erkenntnissen gelangt, sondern was sie „ist", wird daraufhin befragt, ob und in welchem Sinne es einem historischen Wandel unterliege, ob und in welcher Weise dieser Wandel ein Gesetz erkennen lasse. Was aber „ist" die Vernunft unter Absehung von ihren Gegenständen und von ihren Methoden? Sie ist dasjenige, was den Akten des vernünftigen Denkens ihre Form vorschreibt. Geschichte der Vernunft, wenn es eine solche gibt, ist der Wandel der Denkformen, in die alles eingefügt werden muß, was durch vernünftiges Denken erkannt werden soll.

So verstanden erscheint die Frage, ob und in welchem Sinne die Vernunft eine Geschichte haben könne, absurd. Die Formen des vernünftigen Denkens zu beschreiben, galt seit der Antike als die Aufgabe der formalen Logik. Sie und die mit ihr verwandte Mathematik galten als die ausgezeichneten Beispiele für solche Wissenschaften, deren Aufgabe darin bestand, „ewige Vernunftwahrheiten" aufzufinden. Der Vernunft ihrer Form nach einen historischen Wandel zuzutrauen, das scheint auf dem Hintergrunde dieser Auffassung von Logik wie ein Verstoß gegen die Möglichkeit von Logik überhaupt, wie ein Angriff auf jede Möglichkeit, vernünftiges (den ewigen Gesetzen der Logik folgendes) Denken von der Beliebigkeit subjektiver Gedankenverknüpfung zu unterscheiden.

Es ist deshalb verständlich, daß die Frage nach einer möglichen Geschichte der Vernunft lange Zeit hindurch nicht in den Gesichtskreis der Philosophen getreten ist. Diese Frage mußte gestellt werden, sobald sich erwies, daß ohne die Annahme einer Geschichte der Vernunft jede Vernunfterkenntnis der Geschichte unmöglich sei.

Eine Bearbeitung dieses Problems, so hat sich gezeigt, wurde im 18. Jahrhundert durch die Neufassung der Begriffe „Natur", „Freiheit" und „Vernunft" vorbereitet. Doch sind die dadurch eröffneten Möglichkeiten eines neuen, spezifisch philosophischen Geschichtsverständnisses innerhalb des 18. Jahrhunderts nur ansatzweise verwirklicht worden. Sie auszuschöpfen blieb dem Deutschen Idealismus vorbehalten. Der Übergang von der Philosophie des 18. Jahrhunderts zum Idealismus aber wurde durch drei philosophische Bemühungen vorbereitet: durch Vicos ›Neue Wissenschaft‹, durch eine historische Interpretation der aufgeklärten Naturrechtslehre und durch Kants Vernunftkritik.

1. Eine Morphologie der Geschichte als Entstehungsgeschichte der Vernunft (Vico)

Die ›Neue Wissenschaft‹, die *Giambattista Vico* im vollen Bewußtsein von ihrer Neuheit vorlegte, stellte sich die Aufgabe, „den Grundriß einer ewigen und idealen Geschichte zu entdecken, auf die gegründet die Geschichten aller Völker in der Zeit verlaufen" [56]. Ohne ausdrück-

[56] Neue Wissenschaft, Ausgabe 1744, 1. Kap.: Idee des Werkes (Ausgabe De Gruyter, 1965, S. 49; Ausgabe Rowohlt, 1966, S. 10).

lich darauf zu reflektieren, macht Vico beim Entwurf dieses Grundrisses von der nun schon mehrfach formulierten Methodenregel Gebrauch, daß eine Philosophie der Geschichte sich nur begründen lasse, indem der transzendentalen Reflexion ein historischer Sinn gegeben wird. Sein Grundriß der Geschichte ergibt sich aus dem Gesetz der sich konstituierenden Vernunft. Die Vernunft ist zunächst in der Prägekraft einer sinnlich-anschaulichen Phantasie am Werke, ehe sie in der gesellschaftlich-staatlichen Praxis gestaltend hervortritt, um zuletzt zu den Leistungen der theoretischen Wissenschaft zu gelangen. Dieser Werdegang der Vernunft betrifft nicht nur die theoretischen Meinungen, sondern in einem und demselben Vorgang „die Gedanken, Verhaltensweisen und Taten der Menschen“ [57]. Dieser Konstitutionsvorgang der Vernunft wird historisch, indem er nicht die Individuen, sondern soziale Gruppen (hier: Völker) zu seinen Trägern hat. Der Weg des individuellen Geistes von der Sinnlichkeit zum abstrakten Denken wiederholt sich als Weg jedes einzelnen Volkes von der anschaulich-poetischen Vernunft der Frühzeit über die Staatsraison der politisch handelnden Herrscher zur abstrakt-theoretischen Vernunft der Wissenschaft, die jeweils erst in Spätphasen der Volksgeschichte auftritt.[58]

Innerhalb dieses Grundrisses einer jeden Volksgeschichte ist diejenige Phase, die aus schriftlichen Zeugnissen erforscht werden kann, nur ein kleiner, und zwar der jeweils spätere Teil. Das wichtigste Dokument für die Rekonstruktion der vorliterarischen Phasen in der Geschichte eines Volkes und seiner werdenden Vernunft ist die Sprache. Eingeborene Vokabeln sind Zeugnisse für die eigene Vergangenheit,

[57] Neue Wissenschaft, 2. Buch. Prolegomena, 2. Kap. (Ausgabe De Gruyter, S. 149, Ausgabe Rowohlt, S. 66).

[58] „Man kann sagen, die Dichter waren die Sinne des Menschengeschlechtes, die Philosophen sein Verstand, so daß auch allgemein gilt, was Aristoteles von jedem Menschen im besonderen sagt: ‚Nihil est in intellectu quin prius fuerit in sensu‘“ (Neue Wissenschaft, 2. Buch, Prolegomena, Einleitung; Ausgabe De Gruyter, S. 144, Ausgabe Rowohlt, S. 64).

„Dies ist die Entwicklung der menschlichen Dinge: erst waren die Wälder, dann die Hütten, dann die Städte und zuletzt erst die Akademien. Dieser Grundsatz ist ein wichtiges etymologisches Prinzip. Denn entsprechend dieser Reihenfolge menschlicher Dinge muß sich auch die Geschichte der ursprünglichen Sprachen erzählen lassen“ (Neue Wissenschaft, 1. Buch, 2. Abteilung, These 65; Ausgabe De Gruyter, S. 100, Ausgabe Rowohlt, S. 38).

Lehnwörter bezeugen erfolgte Fremdeinflüsse. Vor allem aber verweist die Metaphorik einzelner Wörter auf die sozialen Verhältnisse ihrer Entstehungszeit (z. B. verweist das Wort „pecunia" für „Vermögen" auf Verhältnisse, in denen der Besitz von Vieh, „pecus", der exemplarische Fall von Reichtum gewesen ist). Auf diese Weise wird es möglich, den einzelnen Wörtern und sonstigen Elementen der Sprache ihre Entstehungszeit innerhalb der Geschichte der Sprachnationen zuzuweisen. Wörter, in denen sich frühe Sozialverhältnisse spiegeln, können als alt gelten; Wörter, die eine späte Entwicklungsphase der Sozialverhältnisse voraussetzen, gelten als jung. (Die Sprache der Hirten ist älter als die der Bauern, jünger ist die Sprache der Stadtkulturen und am jüngsten die wissenschaftliche Fachsprache.) Für die Rekonstruktion der Frühgeschichte eines Volkes ist dabei die Sprache der Dichtung besonders wichtig. Denn auch in späten Entwicklungsphasen behält die poetische Sprache noch Eigentümlichkeiten bei, in denen eine frühe Weltansicht ihren Ausdruck fand: jene Weltansicht früherer Kulturen, in welchen die Vernunft noch in der Gestalt der mythisch-anschaulichen Phantasie tätig war. Diese wird von der philosophisch-wissenschaftlichen Vernunft mit ihrer eigenen Theoriesprache nur mühsam und spät und niemals vollständig eingeholt.[59]

Auf diese Weise resultieren aus der gemeinsamen Menschennatur nicht irgendwelche „Essentialia", die dem historischen Wandel enthoben wären; vielmehr ergibt sich aus ihr ein Entwicklungsgesetz der Geschichte selbst, das sich in der Strukturgleichheit des Ablaufes verschiedener Nationalgeschichten bewährt.

Von Vicos Ergebnissen sind die folgenden für die weitere Entwicklung der Geschichtsphilosophie besonders bedeutsam geworden:

a) Die Geschichte als Wandel der Verhaltensweisen und Taten ist fundiert in einer Geschichte der entstehenden Vernunft (vgl. später Hegel: die Geschichte als Weg des Geistes zu sich selbst).

b) Die gemeinsame Natur der Menschen und Völker zeigt sich nicht in denjenigen Merkmalen, die außerhalb des historischen Wandels liegen, sondern in der Notwendigkeit, eine historische Entwicklung

[59] „Es zeigt sich, daß gerade durch das Fehlen menschlicher Vernunftschlüsse eine so hohe Poesie entstand, wie sie durch die später entstehenden Philosophien und sogar durch die poetischen und kritischen Künste späterer Zeiten weder erreicht noch gar überboten wurde" (Neue Wissenschaft, 2. Buch, 1. Abteilung, 1. Kap.; Ausgabe De Gruyter, S. 159, Ausgabe Rowohlt, S. 72).

von gesetzmäßiger Struktur zu durchlaufen (vgl. später Schelling: die Geschichte als Zeugnis des sich selbst produzierenden Lebens).

c) Subjekt dieser Geschichte sind die Völker, greifbar als Sprachgemeinschaften, deren je gegenwärtig gesprochene Sprache ihre historische Genese noch erkennen läßt. Sprache gestattet Rekonstruktion von Sprachgeschichte; Sprachgeschichte ist das wichtigste Zeugnis der Geschichte der Vernunft, die sich zugleich im Wandel der Verhaltensgewohnheiten und der Sozialverhältnisse ihren Ausdruck verschafft. Dabei wiederholen sich in der Entwicklung der Sprachen und der Sprachgemeinschaften die Entwicklungsphasen der individuellen Vernunft. Man kann deshalb von Kindheit, Jugendalter, Reife und Greisenalter der Sprachnationen sprechen (vgl. später Herder und die europäische Romantik).

d) Der Zusammenhang der Nationalgeschichten in einer Universalgeschichte besteht nicht so sehr in einem Wirkungszusammenhang zwischen den einzelnen Völkern und ihren Kulturen, sondern weit mehr darin, daß in der Geschichte jedes einzelnen Volkes die wichtigsten Entwicklungsphasen sich gesetzmäßig wiederholen. So wird eine vergleichende Geschichts-Morphologie möglich (vgl. später Spengler).

e) Am Anfang dieser Geschichte steht jeweils ein religiös-poetisches, am Ende ein wissenschaftlich-rationales Zeitalter, vermittelt durch ein Zeitalter der in einem Herrscherstande monopolisierten Staatsraison (vgl. später Fichte: die äußere Autorität des Gesetzes vermittelt zwischen dem Vernunftinstinkt der Frühzeit und der späteren Vernunftwissenschaft und Vernunftkunst).

2. Die Naturrechtslehre als historische Rekonstruktion der politischen Vernunft

Vicos Versuch, den Grundbauplan aller Nationalgeschichten freizulegen, hat auf die Beobachtung geführt, daß die einzelnen Nationalsprachen einer historischen Entwicklung unterliegen, an welcher ihrerseits eine historische Entwicklung der Vernunft ablesbar wird. So hat Vico einen Hinweis auf die Historizität der Vernunft gefunden, ohne daß dies in der primären Intention seiner Fragestellung gelegen war. Ein zweiter Hinweis auf die Historizität der Vernunft wurde auf ähnlich indirekte Weise im Zusammenhang solcher Denkversuche gewonnen, die primär einer Kritik am geltenden Recht gewidmet waren und sich dabei eines aus der Antike überlieferten Begriffspaares bedienten. Die antiken Sophisten haben die Begriffe „Thesis" und „Physis" in der Absicht geprägt, im Namen der „Natur" Kritik an den „Setzungen" des geltenden Rechts zu üben.[60] Die mittelalterliche Ethik und Rechtsphilosophie hat in gleicher Absicht das „Gesetz der Natur" den „positiven Gesetzen" gegenübergestellt.[61] In der Philosophie der Aufklärung schließlich gewann die Lehre vom „Naturrecht" nicht nur erhöhte Aktualität in der Kritik an den Rechtssetzungen absolutistischer Herrscher; sie gewann zugleich — über das Spezialgebiet der Rechtskritik und der Theorie des Widerstandes gegen ungerechtes Recht hinaus — allgemeine Bedeutung für das Verständnis der Gesellschaft, der Geschichte und der in ihr wirksamen Vernunft.

a) Das neue Programm einer Naturrechtslehre

Das Programm einer Lehre vom „natürlichen Recht" wurde in der Aufklärungszeit neu gefaßt. Die Naturrechtslehre antiker Tradition beruhte auf dem Versuch, aus der Natur des Menschen oder aus der Natur der rechtlich bedeutsamen Sachen inhaltliche Rechtsnormen abzuleiten. Eine neue, vor allem durch Thomas Hobbes begründete Natur-

[60] Die Entgegensetzung von „Thesis" und „Physis" begegnet zuerst bei der Frage nach dem natürlichen oder konventionellen Ursprung der sprachlichen Bezeichnungen (vgl. dazu Platons Kratylos und die an dessen Sprachgebrauch orientierte rückschauende Charakterisierung früherer Sprachdenker: „Pythagoras sagt, die Namen seien ‚physei', Demokrit aber, sie seien ‚thesei'". Diels, Demokrit A 26, 14). In ähnlichem Sinne wird in der sophistischen Rechtskritik „nomos" gegen „physis" distinguiert. „Die Gebote der Gesetze sind willkürlich, die der Natur dagegen notwendig; die der Gesetze beruhen auf Vereinbarung, nicht auf natürlichem Wachstum, die der Natur dagegen sind gewachsen, nicht vereinbart" (Diels, Antiphon, der Sophist B 44).

Die sprachphilosophische Unterscheidung von Physis und Thesis, sowie die rechtskritische Unterscheidung zwischen Physis und Nomos haben gemeinsam einen Sprachgebrauch erzeugt, der nun innerhalb der Gesetze „das von Natur aus Gesetzmäßige" und „das durch Setzung Gesetzmäßige" unterschied. Dieser seit Philo belegte Sprachgebrauch bestimmte die Naturrechtslehre des Mittelalters und der frühen Neuzeit.

[61] Vgl. Thomas von Aquin, Summa theologica, I[a] II[ae], Quaestio 91: De legum diversitate.

rechtslehre dagegen suchte nicht nach solchen ewigen (mit der Erschaffung des Menschen und der Dinge mitgesetzten) inhaltlichen Rechtsnormen „neben" oder „über" den Willensentscheidungen zeitlicher Gesetzgeber, sondern nach den Möglichkeitsbedingungen der zeitlich-positiven Gesetzgebung selbst.[62] Es wird zu zeigen sein, daß diese veränderte Fragestellung nicht nur die Funktion der Naturrechtslehre verwandelt, sondern zugleich ein neues Geschichtsverständnis begründet hat.

Die Frage nach den Möglichkeitsbedingungen des positiven Rechts entsteht nur unter gewissen Voraussetzungen. Erst wenn die Möglichkeit des positiven Rechts als eines solchen zum Problem geworden ist, wird nach den Bedingungen dieser Möglichkeit gefragt. Die Möglichkeit des positiven Rechts wird zum Problem durch die Überlegung, daß die positive Gesetzgebung einen unentrinnbaren Widerspruch impliziere und folglich als solche unmöglich zu sein scheine. Denn Gesetzgebung überhaupt ist nur nötig, wo damit gerechnet werden muß, daß diejenigen, an die das Gesetz sich wendet, nicht „von selbst" tun, was sie sollen. Andererseits verlangt das Gesetz Gehorsam: Diejenigen, an die es sich wendet, sollen „einwilligen", d. h. sie sollen das Gebotene, obgleich sie es nicht von selbst wollen, in ihren eigenen Willen deswegen aufnehmen, weil es geboten ist. Sogar dann, wenn der Gesetzgeber die Erfüllung seiner Gebote mit Gewalt erzwingt, ist er auf die Einwilligung derer angewiesen, die als Organe seiner Gewalt tätig werden sollen. Wenigstens im Hinblick auf die Organe der Staatsgewalt bleibt deswegen die Frage gestellt: Wie ist es möglich, daß Menschen kraft eigenen Willens diesen eigenen Willen einem fremden Willen unterwerfen?

Gemäß solchen Überlegungen wird der Möglichkeitsgrund des positiven Rechts in einem Akt freier Unterwerfung gesucht. Weil aber Unterwerfung für sich genommen ein Übel ist, kann sie nur dann frei gewollt werden, wenn sie zur Erreichung eines größeren Gutes oder zur Vermeidung eines größeren Übels notwendig erscheint. *Thomas Hobbes* meinte dieses größere Übel in dem „Krieg aller gegen alle"

[62] Das Problem dieser Gesetzgebung beruht darauf, daß „das Zusammenleben der Menschen in einem Staat" und „die damit verbundene Selbstverpflichtung", nämlich zum Gehorsam gegenüber menschlichen Gesetzen, „in offenem Gegensatz zu seiner [des Menschen] natürlichen Freiheitsliebe und zu seinem Machttrieb steht" (Leviathan, 2. Teil, Kap. 17: Ursachen, Entstehung und Definition des Staates, 1. Lehrsatz).

gefunden zu haben, der stattfinden würde, wenn jeder seinen eigenen Willen zur obersten Norm erklärte.[63] Entsprechend sah er das größere Gut, das das Opfer an Selbstbestimmung rechtfertigt, in der Sicherheit, die durch die gemeinsame Unterwerfung vieler einzelner unter einen gemeinsamen Herrn ermöglicht wird.[64] Positives Recht verdankt demnach seine Möglichkeit einem freien Akt: dem gemeinsam geschlossenen, Gemeinschaft begründenden Unterwerfungsvertrag. Dieser Unterwerfungsvertrag seinerseits verdankt seine Möglichkeit dem Angebot einer Sicherheit aller angesichts der Gefahr des drohenden allgemeinen Bürgerkrieges.

b) Die Naturrechtslehre als Instrument der Rechtskritik und als Ursprung eines neuen Geschichtsverständnisses

Die Primärfunktion der Naturrechtslehre ist die Kritik am geltenden Recht. In dieser Hinsicht scheint die „klassische" Naturrechtslehre die leistungsfähigere zu sein. Denn durch ihre inhaltlichen Normen werden die positiven Gesetze auf eine zweifache Funktion beschränkt: Sie können die ewigen Vernunftwahrheiten des Rechts in einer Weise formulieren, die ihr Verständnis für die Zeitgenossen und ihre Anwendung auf die Zeitverhältnisse erleichtert (deklaratorische Funktion des positiven Rechts; klassisches Beispiel: die Erklärung der Menschenrechte durch die Verfassungsgesetzgeber seit der Französischen Revolution); oder sie können die Entscheidung solcher Rechts-

[63] „Und so kann man nicht leugnen, daß der natürliche Zustand der Menschen, bevor sie zur Gesellschaft zusammentraten, der Krieg gewesen ist, und zwar nicht der Krieg schlechthin, sondern der Krieg aller gegen alle" (De cive, 1. Kap. § 12, op. latina, S. 166; Ausgabe Meiner, 1966, S. 83).

[64] „Weil aber das Zusammenwirken mehrerer Willen zum gleichen Ziel nicht dazu ausreicht, den Frieden zu sichern und die Verteidigung zu stabilisieren, ist es nötig, daß hinsichtlich der Dinge, die für Frieden und Verteidigung notwendig sind, der Wille aller nur einer sei. Das aber ist nur möglich, wenn jeder Einzelne seinen Willen dem Willen eines anderen Einzigen (sei es ein einziger Mensch oder eine einzige Ratsversammlung) so unterwirft, daß alles dies, was jener in den Dingen, die für den gemeinsamen Frieden notwendig sind, wollen wird, als der Wille aller und aller Einzelnen gilt" (De cive, 5. Kap. § 6, op. latina, S. 213; Ausgabe Meiner, S. 128).

fragen vorschreiben, für die es mehrere mögliche Lösungen gibt, von denen keine mit der Natur des Menschen oder der Sachen in Widerspruch gerät (konstitutive Funktion des positiven Rechts; neuerdings oft herangezogenes Beispiel: der Erlaß von Rechtsvorschriften für den Straßenverkehr). In beiden Funktionen aber bleibt das positive Recht an die „ewigen Vernunftwahrheiten“ des Naturrechts gebunden. Denn in seiner deklaratorischen Funktion muß es sich daran messen lassen, ob es den Anspruch der Normen des natürlichen Rechts angemessen zur Geltung bringt; in seiner konstitutiven Funktion aber muß es sich die Prüfung gefallen lassen, ob es sich des Eingriffes in solche Rechtsfragen enthalten hat, die schon durch natürliche Rechtsnormen entschieden sind. Überall dort, wo ein Widerspruch zwischen positiven und natürlichen Rechtsnormen nachgewiesen werden kann, verliert infolgedessen das positive Recht seine Verpflichtungskraft (lex iniusta non est lex[65]).

Demgegenüber wird durch das Naturrecht, wie Hobbes es versteht, das geltende Recht nicht mehr an irgendwelchen definierten überpositiven Normen gemessen, sondern ausschließlich an seinem Zweck, den „Krieg aller gegen alle“ zu beenden bzw. sein Wiederaufleben zu verhindern, indem es die Bürger von der Notwendigkeit der Selbsthilfe befreit und jeden Interessenkonflikt unter ihnen in einen Rechtsstreit unter dem Gesetz verwandelt. Erst dort, wo Rechtsordnung und Staatsgewalt sich als unfähig erweisen, diesen Zweck zu garantieren, verstoßen sie gegen ihre Möglichkeitsbedingung: gegen das den Unterwerfungsvertrag rechtfertigende Sicherheitsangebot. Erst dort beginnt deshalb das Recht der Untertanen zum Widerstand gegen eine ihrem Zweck entfremdete und dadurch „naturrechtlich“ illegitim gewordene Staatsgewalt.[66] Solange der Staat dagegen „Gesetz und Ordnung“

[65] Diese Kurzformel scheint aus der Formulierung des Thomas von Aquin hervorgegangen zu sein „Alles vom Menschen gesetzte Recht hat insoweit den Charakter des Rechtes, als es vom natürlichen Recht sich herleitet. Wenn es aber in irgendeiner Hinsicht dem natürlichen Recht widerspricht, so ist es kein Recht mehr, sondern Rechtsbruch“ (Summa theologica, I^{a} II^{ae}, Quaestio 85, Art. 2).

[66] „Die Untertanen sind dem Herrscher nur so lange verpflichtet, wie der Herrscher die Macht hat, sie zu beschützen. Das natürliche Recht der Menschen, sich selbst zu verteidigen, wenn niemand anders sie zu verteidigen vermag, kann durch keinen Vertrag aufgehoben werden“ (Leviathan, 2. Teil, Kap. 21 ›Von der Freiheit der Untertanen‹).

garantiert, bleibt er dieser Auffassung nach legitim, gilt jeder Widerstand als unerlaubt.

Es ist gewiß kein Zufall, daß *John Locke*, dem die rechtskritische Leistung der Naturrechtslehre von Hobbes unzulänglich schien, mit seiner Auffassung vom "law of nature" auf jenes „klassische" Naturrecht zurückgriff.[67]

Die Naturrechtslehre von Hobbes dagegen erweist sich als überlegen auf dem Felde der Geschichtsdeutung. Auf diesem Gebiete ist die klassische Naturrechtslehre, auch in der Gestalt, die Locke ihr gegeben hat, nur eine spezielle Anwendung der früher geschilderten Gegenüberstellung von ewigen Vernunftwahrheiten und historischen Tatsachenwahrheiten, durch welche die Geschichte in einer besonderen Hinsicht verständlich gemacht werden kann: hinsichtlich der Gesetzmäßigkeit ihrer revolutionären Ereignisse. Revolutionen geschehen dann, wenn die faktische Rechtsordnung sich vom natürlichen Recht auf unerträgliche Weise entfernt hat.[68] Die Naturrechtslehre von Hobbes dagegen ermöglicht eine neue Weise der Geschichtsbetrachtung im ganzen. Geschichte, wie wir sie kennen, geschieht in der Interaktion von Sozialkörpern. Deren Existenz pflegen wir im allgemeinen immer schon vorauszusetzen (vgl. Vico); oder wir sind geneigt, sie aus naturhaften Bedingungen abzuleiten (etwa aus dem Zusammenleben der Menschen in Familien, die wir uns zu Großfamilien, Sippen, Stämmen und Völkern anwachsend denken). Die Theorie des Unterwerfungsvertrages dagegen versteht solche Sozialgebilde als das Ergebnis eigener freier Gründungshandlungen. Denn der Unterwerfungsvertrag, auf dem jedes mögliche positive Recht beruht, beendet den vorgesellschaftlichen „Naturzustand" (status naturae) und begründet den Zustand staatlicher Rechtsordnung, in welchem die Menschen zu Bürgern werden: den Bürgerzustand (status civilis).[69] Geschichte im geläufigen Sinne (als Interaktion von Sozialkörpern) erscheint so durch eine wahrhaft „epochemachende" Tat begründet und von einem vor-

[67] Vgl. Lockes ›Essays on the Law of Nature‹.

[68] Vgl. dazu den Beginn der Unabhängigkeitserklärung der Vereinigten Staaten von 1776.

[69] „Die Grundlage, die ich gelegt habe, bleibt sonach unerschüttert. Darauf zeige ich nun, daß der Zustand der Menschen außerhalb der bürgerlichen Gesellschaft (den ich den Naturzustand zu nennen mir erlaube) nur der Krieg aller gegen alle ist [...]. Ferner, daß alle Menschen aus diesem elenden und abscheulichen Zustande, von ihrer Natur genötigt, heraustreten,

geschichtlichen Zustand abgehoben. Sie gilt nun nicht mehr als mitgegeben mit der menschlichen Natur, aber auch nicht als Bereich „akzidenteller" Veränderungen, die die Natur des Menschen unangetastet lassen, sondern als gesetzt durch einen Hervorgang aus dem vorgeschichtlich-naturhaften Leben der Menschheit. Die Frage, wie der so verstandene Übergang von der Vorgeschichte zur Geschichte zu denken sei, wie ein Akt *durch* Freiheit zugleich den ersten Schritt *zur* Freiheit darstellen könne, gehört zu den zentralen Problemen der idealistischen Geschichtsphilosophie. Daß es insbesondere die Staatsgründung sei, durch die der Übergang von der Vorgeschichte zur Geschichte vollzogen werde, ist ein Gedanke, den später vor allem Hegel aufgegriffen hat.

Für das spezielle Gebiet der Rechtsgeschichte aber ist seit Hobbes die Frage nicht mehr zu überspringen, ob nur einzelne Rechtsordnungen oder ob das Recht als solches und im ganzen auf einen bestimmten Abschnitt innerhalb der Entwicklung der Menschheit bezogen und beschränkt sei: jenen Abschnitt, den Hobbes als den „status civilis" dem „status naturae" gegenüberzustellen versuchte — oder auch jenen Abschnitt, den später Karl Marx als das „bürgerliche Zeitalter" dort zu Ende gehen sieht, wo in der klassenlosen Gesellschaft der Staat und mit ihm das Recht „absterben" werden.

Die Lehre vom Ursprung des Staates in einem Unterwerfungsvertrag gewann weiter an Bedeutung, als man begann, sie auch auf das Verhältnis der Staaten untereinander anzuwenden. Sie bot dort einen Ansatz zur Kritik an den Unzulänglichkeiten des zwischenstaatlichen Rechts. Denn die Staaten untereinander schienen (und scheinen) über den „Naturzustand" des „Krieges aller gegen alle" prinzipiell noch nicht hinausgekommen zu sein, sofern es keine zwischenstaatliche Rechtsordnung gibt, die die einzelnen Staaten von der Notwendigkeit der Selbsthilfe befreien und ihre Konflikte in Rechtsverfahren unter einem gemeinsamen Gesetz verwandeln könnte. Für die Staaten untereinander bleibt insofern der Übergang vom „status naturae" zum „status civilis" eine noch unerfüllte Forderung.

sobald sie dessen Elend einsehen, daß dies aber nur möglich ist, wenn sie durch Eingehung von Verträgen von ihrem allumfassenden Recht zurücktreten" (De cive, Vorrede für den Leser, op. latina, S. 148; Ausgabe Meiner, S. 69/70).

Immanuel Kant hat diese Forderung in seiner Schrift ›Zum ewigen Frieden‹ formuliert[70] und sie mit dem Programm verbunden, die Sicherung des internationalen Friedens unter gemeinsamen Gesetzen zur Aufgabe eines Bündnisses der Staaten zu machen.[71] Geschichtsphilosophisch war dieses Programm insofern bedeutsam, als es eine Gesetzmäßigkeit des Geschichtsverlaufes sichtbar zu machen schien. Für die Individuen wie für die Staaten ist es der Antagonismus der Interessen, der sie zur Unterwerfung unter ein gemeinsames Gesetz nötigt, indem er zunächst den allgemeinen Krieg erzeugt und eben dadurch die Erfahrung von der Unentbehrlichkeit des Rechts vermittelt.[72] Die Menschen und die Völker machen diese Erfahrung, ohne sie zu suchen; daß sie dennoch durch diese Erfahrung „zur Vernunft gebracht" werden, ist der verborgene objektive Zweck, dem die Geschichte zustrebt, ohne daß die Menschen sich subjektiv diesen Zweck gesetzt hätten.

Die Lehre von einem objektiven Geschichtszweck, der nicht mit den subjektiven Absichten der historisch handelnden Personen zusammenfällt und der durch den entstehenden Antagonismus ihrer Interessen erreicht wird, ist für die Geschichtsphilosophie von Hegel und Marx bedeutsam geworden.

[70] „Im natürlichen Zustande der Staaten ist das Recht zum Kriege (zu Hostilitäten) die erlaubte Art, wodurch ein Staat sein Recht gegen einen anderen Staat verfolgt, nämlich, wenn er sich von diesem lädiert glaubt, durch eigene Gewalt, weil es durch einen Prozeß (als durch den allein die Zwistigkeiten im rechtlichen Zustande ausgeglichen werden) in jenem Zustande nicht geschehen kann" (Metaphysik der Sitten, I. Teil, § 56 A 220).

„Da der Naturzustand der Völker eben so wohl als einzelner Menschen ein Zustand ist, aus dem man herausgehen soll, um in einen gesetzlichen zu treten, so ist vor diesem Ereignis alles Recht der Völker und alles durch den Krieg erwerbliche oder erhaltbare äußerliche Mein und Dein der Staaten bloß provisorisch und kann nur in einem allgemeinen Staatenverein (analogisch dem, wodurch ein Volk Staat wird) peremtorisch geltend und ein wahrer Friedenszustand werden" (ibid. § 61).

[71] „Das Völkerrecht soll auf einen Föderalism freier Staaten gegründet sein" (Zum ewigen Frieden, 2. Definitivartikel, A 30).

[72] „Das, was diese Gewähr (Garantie) leistet, ist nichts Geringeres als die große Künstlerin Natur (natura daedala rerum), aus deren mechanischem Laufe sichtbarlich Zweckmäßigkeit hervorleuchtet, durch die Zwietracht der Menschen Eintracht selbst wider ihren Willen emporkommen zu lassen" (Zum ewigen Frieden, Kap.: Von der Garantie des ewigen Friedens; A 47).

c) Die Naturrechtslehre als Entstehungsgeschichte der politischen Vernunft

Ein Vergleich der antik-mittelalterlichen (und von Locke erneuerten) Form der Naturrechtslehre mit der neuen Fassung, die ihr durch Hobbes gegeben wurde, führt also zunächst zu dem Ergebnis: Die „klassische" Form der Naturrechtslehre ermöglicht eine weitergehende Kritik am geltenden positiven Recht; die „neue" Form der Naturrechtslehre jedoch erschließt die weiterreichenden Perspektiven für eine Deutung der Geschichte. Aber „klassische" und „neue" Naturrechtslehre stehen nicht in der Weise zur Wahl, daß man je nach der Absicht, sie mehr im Zusammenhang der Rechtskritik oder mehr im Zusammenhang der Geschichtsphilosophie „anzuwenden", für die eine oder andere votieren könnte. Auch wem primär um Rechtskritik zu tun ist, kann die Entdeckung nicht rückgängig machen, daß das Recht als solches nicht „ewig" ist, sondern einer bestimmten Epoche innerhalb der Geschichte der Menschheit zugehört. Die Aufgabe besteht darin, unter dieser Voraussetzung diejenige Radikalität der Kritik am geltenden Recht wiederzugewinnen, die durch Hobbes verlorengegangen zu sein schien. *Jean Jacques Rousseau,* der sich dieser Aufgabe unterzog, gelangte damit zugleich zu neuen Einsichten in die Historizität der menschlichen Vernunft. Rousseaus Forderung der Freiheit und Gleichheit aller Menschen ist offensichtlich nach dem Vorbild der klassischen Naturrechtslehre aus einer „ewigen" Natur der Menschen abgeleitet („Der Mensch ist von Natur aus frei"), aus einer ewigen Vernunftwahrheit also, die stets das höhere Recht zu beanspruchen hat als die historische Tatsachenwahrheit („... und überall liegt er in Ketten").[73] Aber die Begründung für diese naturrechtliche Forderung findet Rousseau in einer Reflexion auf die Möglichkeitsbedingungen, die den eminent historischen Übergang vom Naturzustand in den Gesellschaftszustand gestatten.

Wie Hobbes, so fragt auch er nach den Möglichkeitsbedingungen des positiven Rechtes, gegen die die Rechtsordnung nicht verstoßen darf, wenn sie nicht in einen Widerspruch mit sich selbst geraten soll. Und auch er fragt näherhin nach den Bedingungen, die eine Einwilligung der Rechtsunterworfenen in den Willen des Gesetzes möglich machen.

[73] Du contrat social, Buch 1, Kap. 1, 1. Satz (Ausgabe Garnier Frères, S. 236).

Aber im Gegensatz zu Hobbes hält er es nicht für selbstverständlich, daß diese Einwilligung den Charakter der Unterwerfung unter einen fremden Willen haben müsse, den Charakter also eines Verzichtes auf Freiheit, der durch das Angebot eines höheren Gutes (z. B. der Sicherheit) motiviert werden müßte. Vielmehr sucht er nach einer Möglichkeit, den Gehorsam gegen das positive Gesetz so zu denken, daß er mit der uneingeschränkten Selbstbestimmung der Einzelnen kompossibel sei. Das setzt voraus, daß der Einzelne im Willen des Gesetzes seinen eigenen Willen wiedererkennen kann, daß er also sich selbst zugleich als Gesetzgeber und als Rechtsunterworfener verstehen kann. Soll das positive Recht nicht eben jene Einwilligung unmöglich machen, ohne die es seinerseits selber unmöglich würde, so muß es also den Bürger in die Lage versetzen, zugleich „Souverän und Untertan" zu sein.[74] Unter allen Rechtsordnungen leistet dies nur die republikanische Verfassung, in welcher alle Bürger in der Volksversammlung aktiv am Erlaß derjenigen Gesetze beteiligt sind, denen sie nachher gehorchen sollen.[75] Alle anderen Staatsformen sind demgegenüber widersprüchliche „Chimären".[76] Mit Stolz bemerkt Rousseau, daß unter allen Staaten seiner Zeit nur seine republikanisch verfaßte Vaterstadt Genf denjenigen Forderungen genügt, die er im Namen des Naturrechts an jede Rechtsordnung stellt.[77]

[74] „Man sieht [...], daß jedes Individuum sozusagen mit sich selbst einen Vertrag schließt und sich nun in eine doppelte Beziehung eingefügt findet: nämlich als Glied des Souveräns mit Bezug auf die Einzelnen und als Glied des Staates mit Bezug auf den Souverän" (Du contrat social, Buch 1, Kap. 7, Ausgabe Garnier Frères, S. 245).

[75] Zwar erklärt Rousseau, daß die verschiedenen Regierungsformen je nach der Eigenart der Völker, ihrer Größe und ihres Siedlungsraumes variabel seien. Daß er dennoch die republikanische Verfassung bevorzugt, geht unter anderem daraus hervor, daß er die Verfallsgeschichte der Staaten als ihren Weg von der Republik über die Aristokratie zur Monarchie schildert und dies an Beispielen aus der Geschichte Roms und Venedigs exemplifiziert (Du contrat social, Buch 3, Kap. 10; Ausgabe Garnier Frères, S. 294 ff.).

[76] Nur der Widersinn, der die gegenwärtigen Staatsverfassungen beherrscht, macht die Frage verständlich, „welche Verkettung von Schreckensereignissen" sie begründet haben könne (Über den Ursprung und die Grundlagen der Ungleichheit unter den Menschen, Ausgabe Meiner S. 76/78 bzw. S. 77/79).

[77] „Sooft ich über die Regierungsformen nachdenke, bin ich jedesmal glücklich, in meinen Nachforschungen neue Gründe für die Liebe zur Ver-

Nun betont Rousseau zwar mit Recht, daß seine Ausführungen nicht historisch verstanden werden dürfen.[78] Er versucht nicht, faktische Ereignisse der Vergangenheit zu rekonstruieren, sondern will die Möglichkeitsbedingungen freilegen, auf denen einerseits die faktische Ungleichheit unter den Menschen beruht,[79] die aber zugleich andererseits den erstrebten Zustand der Freiheit und Gleichheit innerhalb der Gesellschaft möglich machen.[80] Doch gestattet seine Naturrechtslehre eine Anwendung, durch welche wichtige Aufgaben der Geschichtsphilosophie lösbar werden: die Vorzeichnung notwendiger Stadien des Geschichtsverlaufes in jeder Gesellschaft, die Angabe von Gründen für die Epochen-Übergänge und schließlich die Beantwortung der Frage, in welchem Sinne von einer Geschichte der Vernunft die Rede sein könne.

Rousseau kann sich nicht damit zufriedengeben, anstelle des Unterwerfungsvertrages einen Gesellschaftsvertrag freier und gleicher Bürger zu postulieren. Denn der Widerspruch des positiven Rechtes (daß es nur nötig ist, wenn die Bürger nicht *von selbst* wollen, was das Gesetz will, daß es aber zugleich nur möglich ist, wenn sie, in das Gesetz einwilligend, dennoch *selbst* wollen, was das Gesetz will) kehrt in verwandelter Form auch dann wieder, wenn dieses Gesetz aus dem „Gemeinwillen" (volenté générale) der in der Volksversammlung vereinigten Bürger hervorgeht. Das Problem nimmt nun die Form an: Wie kann der Einzelne als solcher wollen, daß das, was er als Einzelner will, gerade nicht geschehe, wenn es dem Gemeinwillen widerspricht?

fassung meines Landes zu finden" (Du contrat social, Buch 1, Einleitung, Ausgabe Garnier Frères, S. 238 f.). Vgl. auch das Widmungsschreiben zu ›Über den Ursprung und die Grundlagen der Ungleichheit unter den Menschen‹, gerichtet an den Rat der Stadt Genf.

[78] „Die Untersuchungen über diesen Gegenstand, in die wir nun eintreten, darf man nicht für historische Wahrheiten halten" (Über den Ursprung und die Grundlagen der Ungleichheit unter den Menschen, Ausgabe Meiner, S. 80 bzw. S. 81).

[79] Vgl. den Buchtitel ›Über den Ursprung und die Grundlagen der Ungleichheit unter den Menschen‹, Amsterdam, 1755.

[80] Die Aufgabe der Untersuchung besteht darin, „eine Form der Verbindung zu finden, die mit aller gemeinsamen Kraft die Person und den Besitz jedes einzelnen Genossen verteidigt und beschützt, und durch welche jeder, sich vereinend mit allen, nur sich selber gehorcht und also ebenso frei bleibt wie zuvor" (Du contrat social, Buch 1, Kap. 6, Ausgabe Garnier Frères, S. 243).

Das Problem würde unlösbar, wenn der Gemeinwille nur die Summe fremder Partikularwillen wäre, die dem eigenen Partikularwillen widersprechen. Dann wäre die in der Volksversammlung überstimmte Minderheit nur Untertan, nicht zugleich Souverän. Der Gemeinwille muß unterschieden werden vom „Willen aller“ (volonté de tous).[81] Der Anspruch des Gemeinwillens auf Einwilligung der Einzelnen ist nicht quantitativ zu begründen (als Anspruch der Mehrheit auf den Gehorsam der Minderheit); er wird auch nicht allein durch die Art seines Zustandekommens legitimiert (als Bevorzugung des Ergebnisses öffentlicher Diskussion vor den Entschlüssen Einzelner oder geschlossener Gruppen); er beruht vielmehr auf einem Unterschied der Qualität: Der Gemeinwille ist inhaltlich „immer richtig und gerecht“ (toujours juste et droite),[82] weil seine Entscheidungen ihrer Form nach *von allen im Namen aller* getroffen werden. In der Form der Allgemeinheit nämlich spricht sich die allgemeine Vernunft in allen Bürgern aus, während der Partikularwille seiner Form nach Ansprüche Einzelner gegen Ansprüche anderer Einzelner erhebt, also für die einen will, was er den andern verweigern möchte. Die geforderte Unterwerfung der Einzelnen unter den Gemeinwillen ist also die Unterwerfung der konkurrierenden Eigenliebe (amour propre), die in jedem Menschen wirksam ist, unter die allgemeine Vernunft, an der ebenfalls jeder einzelne Mensch partizipiert.[83]

[81] „Es besteht oft eine große Differenz zwischen dem Willen aller und dem Gemeinwillen. Dieser orientiert sich nur am gemeinsamen Interesse, der andere orientiert sich am privaten Interesse und ist nur eine Summe partikulärer Willen“ (Du contrat social, Buch 2, Kap. 3, Ausgabe Garnier Frères, S. 252).

[82] „Aus dem soeben Gesagten folgt, daß der Gemeinwille immer richtig ist und immer den gemeinsamen Nutzen intendiert“ (Du contrat social, Buch 2, Kap. 3, Ausgabe Garnier Frères, S. 252).

[83] „Man darf die Eigenliebe (amour propre) nicht mit der Selbstliebe (amour de soi-même) verwechseln. Diese beiden Leidenschaften unterscheiden sich durch ihre Natur und durch ihre Wirkungen. Die Selbstliebe ist ein natürliches Gefühl, das jedes Lebewesen veranlaßt, auf seine Selbsterhaltung zu achten, und das, da es beim Menschen durch die Vernunft geleitet und durch das Mitleid gemäßigt wird, Menschlichkeit und Tugend hervorbringt. Die Eigenliebe aber ist nur ein auf Relationen bezogenes, künstliches Gefühl, das in der Gesellschaft entsteht und jedes Individuum veranlaßt, mehr für sich als für jeden anderen zu wollen. Dieses Gefühl verleitet die Menschen zu allem Bösen, das sie sich gegenseitig antun, und ist die wahre Quelle des

(Es blieb *Immanuel Kant* vorbehalten, den moralphilosophischen Kern freizulegen, der diesen rechtsphilosophischen Gedankengang bestimmt. Die Vernunft als rein formales „Vermögen“ spricht sich in der reinen Form der Allgemeinheit des Gesetzes aus. Gerade dadurch garantiert sie die Vernünftigkeit des von diesem Gesetz gebotenen Zweckes. Darum gilt das Gesetz, das sich in seiner formalen Allgemeinheit als Vernunftgesetz zu erkennen gibt, unbedingt; alle konkurrierenden Ansprüche dagegen, die sich nicht in die Form der Allgemeinheit bringen lassen, beweisen dadurch, daß sie nicht im Namen der Vernunft und also nicht mit unbedingtem Geltungsanspruch erhoben werden können.)

Dabei muß die Vernunft als eine Naturausstattung in jedem Einzelnen vorausgesetzt werden; die konkurrierende Eigenliebe dagegen setzt voraus, daß die Einzelnen (veranlaßt durch die Notwendigkeit gegenseitiger materieller Hilfe) in Sozialverbänden leben. Denn nur dort kann sich der vergleichende Ehrgeiz entwickeln und mit ihm der Wille, für sich etwa zu beanspruchen, was die Anderen nicht haben. Der ausgezeichnete Fall dieses Willens ist das Streben nach Privateigentum, jenem „Ursprung der Ungleichheit unter den Menschen“[84]. Insofern erscheint schon der vorgesellschaftlich gedachte Einzelne als Träger der Vernunft, die Gesellschaft dagegen erscheint als die Bedingung für die Eigenliebe und also für das Besitz- und Unterwerfungsstreben.

Der immanente Widerspruch des positiven Rechts erweist sich so als Widerspruch zwischen der natürlichen Vernünftigkeit und Freiheit und der historisch-gesellschaftlichen Unfreiheit der Menschen. Aber die Aufhebung dieses Widerspruches wird nicht von einem Vorgang erwartet, der die Geschichte rückgängig macht und den Naturzustand der vernünftigen Freiheit wiederherstellt, sondern von einer Entwicklung der natürlichen Vernunft zu einer politischen Vernunft in Gestalt des Gemeinwillens.

Für diese Geschichte der Vernunft lassen sich folgende Stadien angeben.[85] Am Anfang stehen die ungeselligen „Wilden“ (sauvages);

Ehrgeizes“ (Über den Ursprung und die Grundlagen der Ungleichheit unter den Menschen, Ausgabe Meiner, S. 168 Fußnote 0 bzw. S. 169).

[84] Vgl. den Titel des ›Zweiten Discours‹.

[85] Rousseau gibt (im Gegensatz etwa zu Fichte) keinen Katalog der Geschichtsepochen an. Doch läßt sich aus seinem ›Zweiten Discours‹ die im folgenden geschilderte Abfolge von Epochen ablesen.

diese schließen sich zweitens zum Zweck gegenseitiger Hilfe zu frühen Gesellschaften zusammen (Jäger und Hirten); innerhalb dieser frühen Gemeinschaften entsteht die konkurrierende Eigenliebe und führt drittens zur Ausbildung von Eigentum (Grundbesitz und damit Ackerbau); aus der Ungleichheit des Besitzes folgt viertens die Ungleichheit der Macht, der Zustand der Kriege und der Unterwerfungsverhältnisse; dieser Zustand erzeugt das Bewußtsein von dem Widerspruch zwischen Menschennatur und gesellschaftlichen Verhältnissen und bereitet damit ein fünftes Stadium vor, in welchem der Gesellschaftsvertrag die natürliche Freiheit und Gleichheit der Menschen auf der Ebene der Gesellschaft wiederherstellt.

Dieses Entwicklungsschema überbietet die unvermittelte Gegenüberstellung eines vorgesellschaftlichen und eines gesellschaftlichen Zustandes durch die Angabe mehrerer Entwicklungsstufen (wobei sowohl der „status naturae" des Krieges aller gegen alle als auch der „status civilis" der Unterwerfung zur vierten Epoche gehören, die durch den Antagonismus der Besitz- und Machtbestrebungen ausgezeichnet ist).

d) Identität und Historizität der Vernunft

Dasjenige Sachproblem, das von der Geschichtsphilosophie der Aufklärungszeit zu der des Deutschen Idealismus überleitet, ist, so hat sich gezeigt, das Problem des Verhältnisses von Vernunft und Geschichte. Rousseaus Naturrechtslehre enthält zwei kaum reflektierte Voraussetzungen, die ein historisches Selbstverständnis der Vernunft vorbereiten. Die erste Voraussetzung besagt, daß es die identische Vernunft ist, die in allen Epochen der menschlichen Geschichte tätig war und ist; die zweite Voraussetzung hat den Inhalt, daß diese identische Vernunft genötigt wurde, von Stufe zu Stufe weiterzuschreiten und sich dabei von der natürlichen zur politischen Vernunft zu entwickeln.

Die Identität der Vernunft muß, auch wenn darauf nicht eigens reflektiert wird, aus folgenden Gründen vorausgesetzt werden: Nur wenn schon den vorgeschichtlichen „Wilden" Vernunft gegeben ist, lassen sich die frühen Gesellschaften der Jäger und Hirten als Ergebnisse freier Zusammenschlüsse von Einzelnen verstehen; Vernunft begreift die gegenseitige Hilfe als unerläßliches Mittel für gemeinsam gesetzte Zwecke. Ohne diese Voraussetzung wären die frühen Gesellschaften als ebenso naturgegeben anzusehen wie die Rudel der Tiere.

Dann aber wäre die dort entstehende Ungleichheit ebenso natürlich, und von einem Gegensatz zwischen „natürlicher“ Freiheit und „gesellschaftlicher“ Unfreiheit könnte nicht die Rede sein. Dieser Gegensatz entstünde auch dann nicht, wenn die Vernunft der Wilden beim Eintritt in die frühe Gesellschaft oder bei deren Verwandlung in ein System von Ungleichheitsverhältnissen des Besitzes, der Macht und des Rechtes verlorenginge. Nur dieser Gegensatz aber ist es, der über den Zustand der Ungleichheit hinausdrängt. Wäre es schließlich nicht die gleiche Vernunft, die schließlich in Gestalt des Gemeinwillens zur Herrschaft gelangt, so könnte auch dieser Endzustand nicht die natürliche Freiheit in gesellschaftlicher Form wiederherstellen. Die Identität der Vernunft ist also bei der Schilderung aller Stadien der Geschichte vorausgesetzt.

Was die Vernunft auf jedem Stadium leistet, läßt sich aus einem Vergleich der verschiedenen historischen Epochen erheben. Jedesmal nämlich ermöglicht sie die freie Einwilligung der Einzelnen in einen gemeinsamen Zweck. Diese Einwilligung geschieht sowohl bei der Gründung der frühen Gesellschaften als auch beim Übergang zum Privateigentum und zur Rechtsungleichheit (denn diese müssen „anerkannt“ werden, um wirksam zu sein[86]). Einwilligung der Einzelnen in einen gemeinsamen Zweck geschieht jedoch in ausgezeichneter Weise beim Abschluß eines Gesellschaftsvertrages und sodann im Gehorsam der Bürger gegenüber dem Gemeinwillen. In all diesen Fällen erweist es sich als die Natur der Vernunft, „allgemeine“ Vernunft zu sein und dennoch nirgendwo anders wirksam zu werden, als im eigenen Denken und Wollen jedes Einzelnen. Diese Natur der Vernunft aber kann sich im vorgesellschaftlichen Zustand nicht voll verwirklichen, denn dort tritt sie nicht als *allgemeine* in Erscheinung. Sie bleibt auch im Zustand der gesellschaftlichen Ungleichheit noch unvollständig, denn dort er-

[86] So wird, um das entscheidende Beispiel zu nennen, das Privateigentum an Grund und Boden nicht durch den begründet, „der ein Stück Land eingezäunt hatte und dreist sagte ‚das ist mein‘“. Weit wichtiger war es, daß er „Leute fand, die einfältig genug waren, ihm das zu glauben“. Die Begründung des Privateigentums mit all ihren historischen Folgen hätte vermieden werden können, wenn jemand „die Pfähle herausgerissen oder den Graben zugeschüttet und seinen Mitbürgern zugerufen hätte: ‚Hört ja nicht auf diesen Betrüger. Ihr seid verloren, wenn ihr vergeßt, daß die Freiheit allen gehört und die Erde keinem‘“ (Über den Ursprung und die Grundlagen der Ungleichheit unter den Menschen, Ausgabe Meiner, S. 190/192 bzw. S. 191/193).

scheint sie nicht als die Vernunft *aller Einzelnen*, sondern als die Vernunft der Herrschenden. Erst in dem Zustand, der durch den Gesellschaftsvertrag begründet wird, tritt sie *als die zugleich allgemeine und von jedem Einzelnen vollzogene* hervor. Eine Geschichte der Vernunft ist also nicht nur möglich, sondern notwendig als die durch Vernunft geleistete Herstellung derjenigen gesellschaftlichen Verhältnisse, die der Vernunft gestatten, ihrer Natur gemäß, d. h. als zugleich individuelle und allgemeine, wirksam zu werden.

Daß die Natur der Vernunft in der Vermittelung des Individuellen und des Allgemeinen bestehe, daß eben diese Natur der Vernunft eine Geschichte verlange und daß diese Geschichte in der Errichtung eines Staates freier Bürger ihr Ziel habe, dies ist ein Gedanke, der sich einerseits aus der Reflexion auf die Naturrechtslehre Rousseaus ergibt und der andererseits ein Kernstück der Geschichtsphilosophie von Schelling und Hegel darstellt.

Was jedoch die Vernunft nötigt, von einem Stadium zum anderen weiterzuschreiten, das scheint Rousseau, ohne ausdrücklich darauf zu reflektieren, wenigstens an Beispielen vorzuführen. Zum Zwecke der Jagd schließen sich die ungeselligen Sammler zu frühen Gesellschaften zusammen, weil nur so der Hunger der zahlreicher werdenden Einzelnen gestillt werden kann. Innerhalb dieser frühen Gesellschaften (die alsbald dazu übergehen, Tiere nicht nur zu erlegen, sondern sie zu zähmen und als Herden zu pflegen) entsteht der Wunsch nach Eigentum zwar nicht aus physischen Bedürfnissen, sondern aus dem konkurrierenden Ehrgeiz; aber kaum ist das Eigentum in seiner ausgezeichneten Form (als Besitz an Grund und Boden) begründet, da erweist es sich als physisch verwertbar, indem es den Ackerbau und damit eine neue Steigerung der Produktion an Nahrungsmitteln gestattet.

Folgt man diesen in Rousseaus Gedankengang verstreuten Hinweisen, so wird man darauf aufmerksam, daß auch die weitere Ausbildung der Ungleichheit an Besitz, Macht und Rechten verknüpft zu sein scheint mit einer (die Produktivität erhöhenden) fortschreitenden Arbeitsteilung und mit der dadurch entstehenden Notwendigkeit, den Gütertausch zum Gütermarkt zu institutionalisieren. Jedesmal scheint ein neues Stadium der Geschichte durch eine neue Weise der Produktion gekennzeichnet zu sein, wobei neue Produktionsweisen die Menschen zugleich nötigen, neue gesellschaftliche Verhältnisse einzugehen. Gilt diese Regel, so kann man weiter fragen, welche Veränderung der

Produktionsweisen und der Produktionsverhältnisse vorausgesetzt sei, wenn die Umgestaltung der Untertanengesellschaft in eine Gesellschaft freier und gleicher Bürger möglich sein soll, und welche neuerliche Umgestaltung der Produktionsweisen durch diese Veränderung der gesellschaftlichen Verhältnisse möglich werden wird. Es blieb Karl Marx vorbehalten, diese durch Rousseau eröffnete (aber noch nicht realisierte) Möglichkeit der Geschichtsbetrachtung zu ergreifen und damit auch die Frage nach der Historizität der Vernunft neu zu beantworten: Dieser neuen Antwort gemäß entwickelt sich die Vernunft (von der „natürlichen" Vernunft der „Wilden" zur politischen Vernunft freier Bürger), indem Produktionsweisen und Produktionsverhältnisse sich ändern; die Geschichte der Vernunft „spiegelt" die Geschichte der ökonomischen Verhältnisse.

3. Kants Vernunftkritik als Leitfaden für die Rekonstruktion einer Geschichte der Vernunft

An früherer Stelle konnte gezeigt werden: Die Frage, ob und wie eine Geschichte der Vernunft möglich sei, ergab sich, sobald die Reflexion auf das Verhältnis von Vernunft und Erfahrung, von Vernunftwahrheiten und Tatsachenwahrheiten, ein neues Verständnis von Natur, Freiheit und Vernunft nötig machte (vgl. das oben über Spinoza und Leibniz Gesagte). Wie man sich eine Geschichte der Vernunft vorstellen solle, dafür entwarf Vico einen „Grundriß", den er an der (rekonstruierten) Geschichte der Sprachen abzulesen versuchte. Worauf aber die Möglichkeit und Notwendigkeit einer solchen Geschichte der Vernunft beruhe, war damit noch nicht mitgesagt. Einen Hinweis auf eine mögliche Antwort bot die aufgeklärte Naturrechtslehre, indem sie den Hervorgang der politischen Vernunft des Bürgers aus der natürlichen Vernunft des Einzelnen nachkonstruierte. Diese Gedankengänge und ihre möglichen Konsequenzen für die Grundlegung einer Geschichtsphilosophie sind soeben in einer Weise geschildert worden, die vermuten lassen könnte: nunmehr seien alle Bedingungen aufgezählt, die die großen dialektischen Systeme der Geschichtsphilosophie im Idealismus wie im Marxismus ermöglicht haben.

Und dennoch war der Weg dorthin noch nicht frei. Noch könnte der Anschein entstehen, als seien diejenigen Lösungen, die im Anschluß an die aufgeklärte Naturrechtslehre zu gewinnen sind, durch eine unzulässige Verengung des Vernunftbegriffes erkauft. Diejenige Vernunft, die sich zur politischen Vernunft des Bürgers entwickeln läßt, scheint nur in einem Teilbereich tätig zu werden: im Bereich der planmäßig veranstalteten gesellschaftlichen Praxis. Das Feld der Theorie, auf dem doch die Vernunft seit alters für primär heimisch gehalten wird, scheint dabei ganz unberücksichtigt zu bleiben. Gerade hier jedoch entstehen die oben erwähnten grundsätzlichen Einwände, die die Annahme, Vernunft könne eine Geschichte haben, als absurd erscheinen lassen. Logik und Mathematik, diese zentralen Bereiche vernünftiger Theorie, scheinen die ausgezeichneten Beispiele für solche Wissenschaften zu sein, die deswegen der reinen Vernunft vorbehalten bleibei, weil die „ewigen Wahrheiten", die hier erkannt werden sollen, ein „Erkenntnisvermögen" verlangen, das seinerseits ebenfalls jedem historischen Wandel entzogen ist.

Die Frage, ob und wie eine Geschichte der Vernunft widerspruchsfrei denkbar sei, bleibt deshalb so lange unentschieden, wie die Vernunft nicht auch und gerade „in ihrem theoretischen Gebrauche" auf ihre mögliche Historizität geprüft worden ist. Hier liegt der entscheidende Beitrag, den Immanuel Kant (wenn auch gleichsam nebenher) zum Nachweis einer Historizität der Vernunft und damit zur Grundlegung einer Philosophie der Geschichte geleistet hat.

Immanuel Kant hat einige kleinere Schriften hinterlassen, die ausdrücklich Themen der Geschichtsphilosophie gewidmet sind (z. B. ›Vom ewigen Frieden‹ und ›Ideen zu einer allgemeinen Geschichte in weltbürgerlicher Absicht‹). Diese können als Vollendung der Geschichtsphilosophie der Aufklärung gelten. In seiner Schrift ›Was ist Aufklärung?‹ hat Kant ihr ihre programmatische und zugleich abschließende Charakteristik gegeben.

Was jedoch die Entdeckung neuer Fragestellungen und Methoden betrifft, so liegt Kants Bedeutung für die weitere Entwickelung der Geschichtsphilosophie weit weniger in seinen ausdrücklich geschichtsphilosophischen Schriften und weit mehr in seinen ›Kritiken‹. Denn daß die menschliche Vernunft faktisch eine Geschichte habe, hat Vico deutlicher als Kant an der Historizität der Sprachen aufgewiesen. Wie eine solche Geschichte der Vernunft gedacht werden könne, dafür hat die aufgeklärte Naturrechtslehre ausdrücklicher als Kant ein Beispiel gegeben, indem sie den Weg von der natürlichen (vorgesellschaftlichen) zur politischen Vernunft rekonstruierte. Bei all diesen Versuchen aber blieb die Frage offen, ob es sich bei diesen historischen

Veränderungen nur darum handle, identische Vernunftfunktionen auf ein wechselndes Erfahrungsmaterial anzuwenden, oder ob die Formen des Denkens selber einem historischen Wandel unterliegen. Eine endgültige Beantwortung dieser Frage ist, das sei vorweg gesagt, auch Kant nicht gelungen. Aber um eine solche Antwort vorzubereiten, mußten zunächst die Formen der Vernunfttätigkeit und ihre Funktionen hinlänglich klar beschrieben werden. Das zu leisten, war die Absicht Kants in seinen kritischen Schriften, die hier freilich nur in einigen für die Geschichtsphilosophie wichtigen Ergebnissen zu erörtern sind.

Dabei wird zu wiederholten Malen das gleiche Bild zu zeichnen sein: Zunächst scheinen Kants Ergebnisse alle diejenigen Ansätze zu einer Geschichtsphilosophie zu zerstören, die aus der Metaphysik von Spinoza und Leibniz gewonnen werden konnten. Sodann jedoch enthalten sie ein verändertes Verständnis der Vernunft, aus welchem der Deutsche Idealismus einen neuen Ansatz für eine Geschichtsphilosophie gewann, innerhalb derer sowohl die Geschichtsperspektiven der aufgeklärten Metaphysik als auch die der aufgeklärten Naturrechtslehre erneuert werden konnten. Schließlich hat Kant selbst, auf dem speziellen Gebiet der Philosophiegeschichte, eine Geschichtsbetrachtung entwickelt, die sich unmittelbar aus seinem kritischen Ansatz ergab.

a) Die Überwindung des Gegensatzes von Vernunftwahrheiten und Tatsachenwahrheiten

Unterschied Leibniz Vernunftwahrheiten von Tatsachenwahrheiten, von denen die ersteren a priori, die letzteren a posteriori zu erkennen seien, so übernimmt Kant zwar die Unterscheidung dieser beiden Erkenntnisarten; aber er ordnet ihnen nicht mehr zwei gesonderte Gegenstandsbereiche zu. Vielmehr hält er einerseits keine andere Erkenntnis von Gegenständen für möglich als die empirische[87] (so daß ein eigener

[87] „Der Satz aller echten Idealisten, von der eleatischen Schule an bis zum Bischof Berkeley, ist in dieser Formel enthalten: ‚Alle Erkenntnis durch Sinne und Erfahrung ist nichts als lauter Schein, und nur in den Ideen des reinen Verstandes und Vernunft ist Wahrheit'. Der Grundsatz, der meinen Idealism durchgängig regiert und bestimmt, ist dagegen: ‚Alles Erkenntnis von Dingen aus bloßem reinen Verstande oder reiner Vernunft ist nichts als lauter Schein, und nur in der Erfahrung ist Wahrheit'" (Prolegomena A 204).

Gegenstandsbereich des reinen Denkens entfällt); andererseits ist ihm die Empirie selbst nicht ein Ganzes bloßer sinnlicher Eindrücke, sondern zugleich ein Werk des Verstandes, der — von Vernunftideen geleitet — Zusammenhang in die Sinnesdata bringt.[88] Der Verstand ist es, der im Gegensatz zu den vielen möglichen Formen zufällig-assoziativer Verknüpfung jene eine Synthesis herstellt, die einer notwendigen Regel folgt.[89] Nur durch diese notwendige Verknüpfung aber wird unseren Vorstellungen „objektive Realität" verliehen.[90] Wo immer also Objekte als solche begegnen, da sind immer schon der Verstand und die Vernunft am Werke gewesen. Empirische (aposteriorische) Erkenntnis findet nur deshalb Gegenstände vor, weil immer schon zuvor (a priori) Verstand und Vernunft diese Gegenstände als solche konstituiert haben. Die apriorische Erkenntnis ihrerseits ist nicht Erkenntnis neuer Gegenstände neben denen der Empirie, sondern die nachträgliche Einsicht in diejenigen Formen der Selbsttätigkeit von Verstand und Vernunft, die alle Erfahrung und ihre Objekte erst möglich machen.

[88] „Nun beruht Erfahrung auf der synthetischen Einheit der Erscheinungen, d. i. auf einer Synthesis nach Begriffen" (Kritik der reinen Vernunft A 156).

[89] „Es ist [...] ein bloß empirisches Gesetz, nach welchem Vorstellungen, die sich oft gefolgt oder begleitet haben, [sich] miteinander endlich vergesellschaften und dadurch in eine Verknüpfung setzen, nach welcher [...] eine dieser Vorstellungen einen Übergang des Gemüts zu der anderen nach einer beständigen Regel hervorbringt" (Kritik der reinen Vernunft A 100). „Diesen subjektiven und empirischen Grund der Reproduktion nach Regeln nennt man die Assoziation der Vorstellungen" (A 121). „Dieses Gesetz der Reproduktion setzt aber voraus, daß die Erscheinungen selbst wirklich einer solchen Regel unterworfen seien" (A 100). „Es muß also etwas sein, was selbst diese Reproduktion der Erscheinungen möglich macht, dadurch, daß es der Grund *a priori* einer notwendigen synthetischen Einheit derselben ist [...]. Und man muß eine reine transzendentale Synthesis [...] annehmen, die selbst der Möglichkeit aller Erfahrung (als welche die Reproduzibilität der Erscheinungen notwendig voraussetzt) zum Grunde liegt" (A 101/102).

[90] „Man sieht bald, daß [...] die Erscheinung im Gegenverhältnis mit den Vorstellungen der Apprehension nur dadurch als das davon unterschiedene Objekt derselben könne vorgestellt werden, wenn sie unter einer Regel steht, welche sie von jeder anderen Apprehension unterscheidet und eine Art der Verbindung des Mannigfaltigen notwendig macht. Dasjenige an der Erscheinung, was die Bedingung dieser notwendigen Regel der Apprehension enthält, ist das Objekt" (Kritik der reinen Vernunft A 191).

Der Gegensatz von Vernunftwahrheiten und Tatsachenwahrheiten erschloß für Leibniz den leitenden Hinblick auf die Geschichte: sei es im Sinne des religiösen Zutrauens in das Weltregiment des guten Gottes, der unter kontingenten Möglichkeiten je schon die bessere gewählt hat; sei es im Sinne der moralischen Aufforderung zur Verwirklichung des Vernünftigen. Diese Möglichkeit der Geschichtsbetrachtung scheint durch Kant zerstört, wenn er lehrt, in jeder empirischen Tatsächlichkeit immer schon die Vernunft als die transzendentale Bedingung aller objektiven Wirklichkeit wiederzuerkennen. Gewiß hat Kant dabei vorwiegend an den Objektbereich der Naturwissenschaft gedacht.[91] Die gleiche Einsicht mußte jedoch alsbald auch auf den Objektbereich der Geschichtswissenschaft angewandt werden. Auch dort mußte die Frage erlaubt sein, inwiefern alles gegenständlich Gegebene sich als konstituiert durch Vernunft erweisen lasse. Unter dieser Voraussetzung aber muß die Herrschaft der Vernunft über die Faktizität weder als Gabe von der Güte Gottes noch als Aufgabe von der Moralität des Menschen erwartet werden. Geschichte ist insofern weder ein Thema der Theologie noch der Moral, denn statt Inhalt einer Hoffnung oder einer moralischen Forderung zu sein, ist die Herrschaft der Vernunft vielmehr die notwendige Folge davon, daß nichts ist, was nicht durch Vernunft hervorgebracht wäre.

Von hier aus konnte ein neuer Hinblick auf die Geschichte gewonnen werden. Es blieb freilich Hegel vorbehalten, aus dem Grundsatz, „daß die Vernunft die Welt beherrsche“, die Folgerung zu ziehen, „daß es also auch in der Weltgeschichte vernünftig zugegangen sei“.[92] Daß es in der Weltgeschichte vernünftig zugehe, das heißt nun aber, daß die Vernunft Weltgeschichte konstituiere (nicht weniger, als sie die Natur konstituiert). Und so kann Hegel von der „Idee“ behaupten, „daß sie sich in der Welt offenbart, und daß nichts in ihr sich offenbart als sie, ihre Ehre und Herrlichkeit“ [93].

Die Aufgabe der Theodizee jedoch, durch Leibniz zum Zentralthema der Geschichtsphilosophie erhoben, konnte gerade von diesem Ansatz her in veränderter Form wiedergewonnen werden: nicht als

[91] „Der Verstand [...] ist selbst die Gesetzgebung vor die Natur, d. i. ohne Verstand würde es überall nicht Natur, d. i. synthetische Einheit des Mannigfaltigen der Erscheinungen nach Regeln, geben“ (Kritik der reinen Vernunft A 126/127).

[92] Philosophie der Geschichte, Ausgabe Glockner, XI, S. 34.

[93] Philosophie der Geschichte, Ausgabe Glockner, XI, S. 35.

Rechtfertigung des Zutrauens in die Güte Gottes, nicht als Forderung an die Moralität des Menschen, wohl aber als Nachweis der Notwendigkeit, kraft deren alles Faktische in der Geschichte dem Gesetz der weltbegründenden Vernunft gehorchen muß.

b) Die Natur als Inbegriff von Erscheinungen „für uns"

Sah die späte Aufklärung (im Gefolge Spinozas) ebenso wie die frühe Romantik in der Natur eine selbsttätige, innerlich bildende Kraft, die sich in äußeren Kausalreihen ihren Ausdruck verschafft, so findet Kant das gesetzgebende Prinzip der Natur nicht in dieser selbst, sondern in der Vernunft. Die Vernunft bringt, Erscheinungen apperzipierend und damit die Fülle der Sinnesdata zur „Einheit der Erfahrung" synthetisierend, Natur erst als solche hervor. So verstanden sind die empirischen Erscheinungsreihen in der Zeit nicht der „Ausdruck" des sich innerlich bildenden Lebens. Statt dessen sind sie ihrem Inhalt nach Erscheinung einer unbekannt bleibenden Ordnung von „Dingen an sich", auf die keine Zeitbestimmungen angewandt werden können; ihrer Form nach aber sind sie die Darstellung eines apriorischen, sich ewig gleichbleibenden Gesetzes der verständigen und vernünftigen Synthesis. Natur ist nicht die in der natura naturata sich äußernde natura naturans, sie ist das durch die Tätigkeit von Verstand und Vernunft geordnete Gefüge von Erscheinungen für ein erkennendes Subjekt.

Indem Spinoza die erfahrbaren Ereignisreihen als äußere Darstellung eines sich innerlich bildenden Lebens interpretierte, hatte er für die Spätaufklärung und für die Romantik den leitenden Hinblick auf die Geschichte aufgeschlossen. Denn so wurde es möglich, die Kontingenz der Ereignisse auf die Notwendigkeit eines Wesens hin auszulegen, das sich in ihnen ausdrückte; die Äußerlichkeit der Ursachenverknüpfung ließ sich aus der Selbstbestimmung einer sich bildenden Natur begreifen; die Erfahrung des Faktischen konnte zurückgeführt werden auf die Vernunfteinsicht in ihr bestimmendes Prinzip. Diese Möglichkeit scheint durch Kant zerstört, wenn er lehrt, daß alle Ordnung der Erscheinungen nicht von der erscheinenden Substanz, sondern vom betrachtenden Subjekt hervorgebracht werde.

Eben damit aber war eine Fragestellung vorbereitet, die alsbald eine Erneuerung der Geschichtsphilosophie einleiten sollte. Denn offensichtlich gelangt das betrachtende Subjekt erst spät dazu, sich selbst als das gesetzgebende Prinzip der Ereignisreihe in Natur und Geschichte zu erkennen und dasjenige, was es zuvor für eine an sich seiende Ordnung der Dinge gehalten hat, als eine von ihm selbst hervorgebrachte Ordnung der Erscheinungen zu verstehen. Schon die Tatsache, daß viele Jahrhunderte philosophischer Bemühung erforderlich waren, ehe Kants Philosophie möglich wurde, beweist: Das Bewußtsein hatte einen langen Weg zu durchlaufen, ehe es seiner selbst und seiner konstitutiven Bedeutung für die Erscheinungswelt bewußt wurde und schließlich zu jenem Wissen gelangte, das in der Ordnung der Welt sich selbst, in sich selbst die Welt (ihrer Form nach) wiedererkannte.

Wenn aber einerseits das Bewußtsein sich in dieser Weise entwickeln muß, und wenn andererseits die Ordnung der Erscheinungen durch die Tätigkeitsformen des Subjekts bestimmt wird: sollte dann nicht die Entwicklung des Bewußtseins einen Einfluß auf die jeweilige Ordnung der Erscheinungswelt haben? Sollte dann aber nicht an jenen Strukturveränderungen der Erscheinungswelt, die wir empirisch als Weltgeschichte kennen, die Entwicklungsgeschichte des Geistes ablesbar werden?

Wiederum blieb es Hegel vorbehalten, aus dem Grundsatz, daß der Geist „in dem Weltdasein ... seine eine Natur expliziert“ [94], die Folgerung zu ziehen, von der Weltgeschichte könne gesagt werden, „daß sie die Darstellung des Geistes sei, wie er sich das Wissen dessen, was er an sich ist, erarbeitet“ [95]; sie sei mit einem Worte „die Auslegung des Geistes in der Zeit“ [96].

Die Aufgabe jedoch, die durch Spinozas Einfluß zum Zentralthema der Geschichtsphilosophie geworden war: die Aufgabe, die historische Tatsächlichkeit auf die Notwendigkeit eines sich innerlich bildenden Lebens hin auszulegen, konnte gerade von diesem Ansatz her in verwandelter Form wiedergewonnen werden. Nicht die sich selbst hervorbringende Substanz (im Sinne der natura naturans), wohl aber das sich selbst realisierende Subjekt ist es, das sich in den Ereignisreihen der Geschichte seinen Ausdruck verschafft.

[94] Philosophie der Geschichte, Ausgabe Glockner, XI, S. 36.
[95] Philosophie der Geschichte, Ausgabe Glockner, XI, S. 45.
[96] Philosophie der Geschichte, Ausgabe Glockner, XI, S. 111.

c) Freiheit und „intelligible Handlung"

Einem ersten Hinblick gilt die Natur als das Reich der Notwendigkeit, die durch Vernunft erfaßt (und in mathematischen Gesetzen formuliert) werden kann, die Geschichte dagegen als das Reich der Freiheit, in welchem nur die Erfahrung Kenntnisse sammeln kann. Diesen Dualismus von Natur und Geschichte hat Spinoza durch den Nachweis aufgehoben, daß in der reinen Selbstbestimmung des eigenen Wesens Notwendigkeit und Freiheit zusammenfallen und daß diese Selbstbestimmung ebensosehr ein Merkmal der Natur sei wie ein Kennzeichen der zur Freiheit gelangten Vernunft.

Sieht dagegen Kant die Gesetzmäßigkeit in der Verknüpfung der Naturerscheinung nicht durch ein der Natur innewohnendes Gestaltungsprinzip hervorgebracht, sondern durch die Anschauungs- und Denkformen des betrachtenden Subjektes, dann ist Selbstbestimmung wiederum (wie schon zuvor bei Descartes) ein auszeichnendes Merkmal des Geistes. Wieder steht der sich selbst bestimmende Geist dualistisch dem Mechanismus der Natur gegenüber.

Freilich ist die Selbstbestimmung des Geistes nun nicht mehr als Wesenseigenschaft des Menschen zu denken, wie er als Glied der Erscheinungswelt vorkommt, sondern als Eigenart jener konstitutiven Tätigkeit der Vernunft, die aller Verknüpfung von Erscheinungen ermöglichend vorausliegt. Diese Tätigkeit ist eben deshalb unabhängig *von* allen Kausalreihen der Natur, weil sie gesetzgebend *für* sie ist. Doch ist sie deshalb keineswegs willkürlich. Sie folgt vielmehr bei ihrer verständig-vernünftigen Synthesis jenen notwendigen Regeln, die in einer transzendentalen (d. h. die Ermöglichung von Gegenständen beschreibenden) Logik formulierbar sind.[97] Insofern steht der Natur (als dem Reich der Notwendigkeit in den Erscheinungen) nicht eine Geschichte (als Zusammenhang freier Entscheidungen) gegenüber,

[97] „Diejenige Handlung des Verstandes [...], durch die das Mannigfaltige gegebener Vorstellungen [...] unter eine Apperzeption überhaupt gebracht wird, ist die logische Funktion der Urteile. Also ist alles Mannigfaltige, sofern es in einer empirischen Anschauung gegeben ist, in Ansehung einer der logischen Funktionen zu urteilen bestimmt [...]. Nun sind aber die Kategorien nichts anderes, als eben diese Funktionen zu urteilen [...]. Also steht auch das Mannigfaltige in einer gegebenen Anschauung notwendig unter Kategorien" (Kritik der reinen Vernunft B 143).

sondern die andere Notwendigkeit einer transzendentalen Gesetzgebung durch reine Vernunft.

Wird dagegen nach der Fähigkeit gefragt, zwischen möglichen Handlungen in einer sittlich zuzurechnenden Weise zu wählen, so muß Kants Antwort lauten: Der Mensch als Glied der Erscheinungswelt ist der gleichen Notwendigkeit eingefügt, der die Vernunft alle Erscheinungen in der Zeit unterwirft. Wenn darum (im Interesse der Sittlichkeit) von Akten der freien Wahl gesprochen werden soll, so können diese jedenfalls nur in einer Handlung realisiert sein, die nicht in den Erscheinungen angetroffen werden kann, sondern außerhalb dieser Erscheinungsreihe vollzogen wird, und die sich in den Erscheinungen nur dadurch darstellt, daß der „empirische Charakter" (also die durch Erfahrung zu ermittelnde Eigenart des erscheinenden Menschen) als die „Erscheinung" eines „intelligiblen Charakters" gilt, den der Mensch sich frei gegeben habe.[98] Die so verstandene Freiheit ist durch die Naturkausalität nicht beschränkt, denn die intelligible Handlung geschieht nicht in der Zeit und folgt darum auch nicht aus einer zeitlich vorausgehenden Ursachenkonstellation. Aber die so verstandene Freiheit beschränkt auch ihrerseits die Naturkausalität nicht, bringt doch die Vernunft die kausale Naturordnung gerade zustande.[99]

Da indessen Handlungen außerhalb der Zeit, wenn solche überhaupt möglich sind, jedenfalls keine Geschichte konstituieren, so scheint auch auf diesem Wege kein möglicher Zugang zu einer Theorie der Geschichte sich aufzutun. Spinoza hatte durch die Aufhebung des Gegensatzes von Notwendigkeit und Freiheit einen Ansatz für eine philosophische Betrachtung der Geschichte gefunden. Indem Kant den Gegensatz von Notwendigkeit und Freiheit als Gegensatz zwischen der Erscheinungswelt und der Welt der „intelligiblen" Dinge und Handlungen wiederherstellt, scheint er auch in dieser Hinsicht die schon erreichte Möglichkeit einer Geschichtsphilosophie zerstört zu haben.

Und dennoch hat Kant durch die Weise, wie er die Funktion der Vernunft beschrieb, der Philosophie der Geschichte ein neues Thema gestellt. Denn wenn es wesentlich zum Menschen als einem Vernunftwesen gehört, daß er sich in einer „intelligiblen" Handlung selber

[98] „Ein anderer intelligibeler Charakter würde einen andern empirischen ergeben haben" (Kritik der reinen Vernunft A 556, vgl. A 540/41).

[99] Vgl. dazu die Auflösung der Freiheits-Antinomie (Kritik der reinen Vernunft A 538—558).

den „Charakter" gibt, dann besteht zwischen dieser seiner wesentlichen Freiheit und seiner faktischen Abhängigkeit ein Widerspruch, der nur in einem „progressus" zur Freiheit überwunden werden kann. Dabei handelt es sich nicht um eine bloße Beseitigung äußerer Hindernisse für die Wirksamkeit der menschlichen Freiheit, sondern um deren Wiederherstellung aus einer inneren Verderbnis. Denn da das Vernunftsubjekt (als „Ding an sich") außerhalb aller Zeitverhältnisse steht, kann seine Freiheit nicht durch äußere Einflüsse, sondern nur durch eigene Schuld bedroht werden, näherhin dadurch, daß die Vernunft sich selber unter Bedingungen der Sinnlichkeit stellt (insbesondere die Erfüllung ihres sittlichen Vernunftgesetzes von der Befriedigung sinnlicher Bedürfnisse abhängig macht).[100] In diesem Zustand der selbstverschuldeten Unfreiheit findet sich freilich der Mensch immer schon vor, wenn er mit der sittlichen Reflexion beginnt. Das sittliche Programm des individuellen Lebens ist darum in die Formel zu fassen, mit der Kant zugleich die Aufklärung definiert: „Ausgang der Vernunft aus ihrer selbstverschuldeten Unmündigkeit"[101]. Im Leben des

[100] „Was der Mensch im moralischen Sinne ist oder werden soll, gut oder böse, dazu muß er sich selbst machen oder gemacht haben. Beides muß eine Wirkung seiner freien Willkür sein, denn sonst könnte es ihm nicht zugerechnet werden, folglich er weder moralisch gut noch böse sein" (Die Religion innerhalb der Grenzen der bloßen Vernunft A 45).

„Um also einen Grund des Moralisch-Bösen im Menschen anzugeben, enthält die Sinnlichkeit zu wenig. Denn sie macht den Menschen, indem sie die Triebfedern, die aus der Freiheit entspringen können, regiert, zu einem bloß tierischen; eine vom moralischen Gesetz aber freisprechende, gleichsam boshafte Vernunft (ein schlechthin böser Wille) enthält dagegen zuviel, weil dadurch der Widerstreit gegen das Gesetz selbst zur Triebfeder [...] erhoben und so das Subjekt zu einem teuflischen Wesen gemacht werden würde" (ibid. A 28/29).

„Also muß der Unterschied, ob der Mensch gut oder böse sei, nicht in dem Unterschied der Triebfedern, die er in seine Maxime aufnimmt (nicht in dieser ihrer Materie), sondern in der Unterordnung (der Form derselben) liegen, welche von beiden er zur Bedingung der andern macht" (ibid. A 30).

„Die Bösartigkeit der menschlichen Natur ist also nicht sowohl Bosheit [...] als eine Gesinnung [...], das Böse als Böses zur Triebfeder in seine Maxime aufzunehmen (denn das ist teuflisch), sondern vielmehr Verkehrtheit des Herzens" (ibid. A 32).

[101] Beantwortung der Frage: Was ist Aufklärung?, Ges. Schriften, VIII, S. 35 ff.

Einzelnen kann dieses Programm nur durch den „unendlichen Progressus" zur Sittlichkeit erfüllt werden.[102] Kant meint jedoch, dieser Fortschritt zur Freiheit müsse auch im Leben der Gesellschaft seine Entsprechung finden. Dort wird die Herstellung eines „ethischen gemeinen Wesens" gefordert. Dieses gilt zugleich als das Endziel der historischen Entwicklung. Kant sucht es bald in den christlichen Kirchen[103], bald in den Staaten, die den Krieg aller gegen alle durch eine ethische Rechtsordnung beenden, und zwar zunächst im Inneren jedes Staates, sodann aber in einer sittlich-rechtlichen Staatengemeinschaft[104].

Auch diese Kantische Auffassung vom Zweck der Geschichte ist im Deutschen Idealismus ausdrücklich thematisiert worden. Schelling beschreibt die „bürgerliche Rechtsordnung" als Ziel der Geschichte;[105]

[102] „Die völlige Angemessenheit des Willens [. . .] zum moralischen Gesetz ist Heiligkeit, eine Vollkommenheit, deren kein vernünftiges Wesen der Sinnenwelt, in keinem Zeitpunkte seines Daseins, fähig ist. Da sie jedoch gleichwohl als praktisch notwendig gefordert wird, so kann sie nur in einem ins Unendliche gehenden Progressus zu jener völligen Angemessenheit angetroffen werden [. . .]. Dieser unendliche Progressus ist aber nur unter Voraussetzung einer ins Unendliche fortdauernden Existenz und Persönlichkeit desselben vernünftigen Wesens (welche man die Unsterblichkeit der Seele nennt) möglich" (Kritik der praktischen Vernunft A 220).

[103] „Der Begriff eines ethischen gemeinen Wesens ist der Begriff von einem Volke Gottes unter ethischen Gesetzen" (Die Religion innerhalb der Grenzen der bloßen Vernunft A 129).

„Die Idee eines Volkes Gottes ist (unter menschlicher Veranstaltung) nicht anders als in der Form einer Kirche auszuführen" (ibid. A 132).

„Ein ethisches gemeines Wesen unter der göttlichen moralischen Gesetzgebung ist eine Kirche" (ibid. A 134).

[104] „Da der Naturzustand der Völker, eben so wohl als einzelner Menschen, ein Zustand ist, aus dem man herausgehen soll, um in einen gesetzlichen zu treten: so ist, vor diesem Ereignis, alles Recht der Völker [. . .] bloß provisorisch, und kann nur in einem allgemeinen Staatenverein (analogisch mit dem, wodurch ein Volk Staat wird) peremtorisch geltend und ein wahrer Friedenszustand werden" (Metaphysik der Sitten, Rechtslehre § 61, A 227/228).

[105] „Was nun aber die transzendentale Notwendigkeit der Geschichte betrifft, so ist sie in dem Vorhergehenden schon dadurch abgeleitet, daß den Vernunftwesen die universelle rechtliche Verfassung als ein Problem aufgegeben ist, was nur durch die ganze Gattung, d. h. eben nur durch Geschichte realisierbar ist. Wir begnügen uns also hier nur noch, den Schluß zu ziehen,

Hegel erklärt den Staat als die „objektiv gewordene Sittlichkeit" zum Träger der Geschichte.[106]

Methodisch bleibt freilich zu betonen, daß bei Kant selbst das Verhältnis des sittlichen Progressus zu einer empirisch beschreibbaren Geschichte ungeklärt bleibt. Wenn das sittliche Subjekt als solches nicht zur Erscheinungswelt gehört und wenn es nur deshalb von aller Zeitbestimmung und also von aller kausalen Abhängigkeit frei ist, dann wird es schwer, die Abfolge seiner moralischen Zustände als eine Geschichte zu beschreiben, die ein zeitliches Nacheinander kennt. Der sittliche Prozeß soll außerdem noch über den Tod hinaus fortgesetzt werden und beweist dadurch besonders deutlich, daß er wohl kaum zur Erscheinungsreihe gerechnet werden kann. Als wirklich *zeitlicher* Fortgang zur Freiheit wird dieser Progressus erst dann widerspruchsfrei denkbar, wenn gegen Kants Absicht die Vernunft selber nicht nur als Geschichte konstituierend, sondern auch als einer Geschichte unterworfen gedacht wird. Diesen Schritt hat die idealistische Philosophie mit vollem Bewußtsein getan.

d) Die notwendige Dialektik der Vernunft

Das veränderte Verständnis von Natur und Freiheit erfordert, wie nun schon mehrfach deutlich wurde, zugleich ein verändertes Verständnis der Vernunft. Noch für Leibniz und seine Schule galt die Vernunft als ein Vermögen, zu vernehmen, was ist; der Wille dagegen galt als das Vermögen, Nichtwirkliches zur Verwirklichung auszuwählen. Für Kant, so zeigte sich, ist das Vermögen der Erkenntnis keineswegs rezeptiv, es ist nicht weniger gesetzgebend als das Vermögen der Wahl. Ja, es ist in Natur und Sittlichkeit die gleiche Vernunft, die — einmal im „theoretischen", einmal im „praktischen Gebrauche" — gesetzgebend tätig wird.

daß das einzige wahre Objekt der Historie nur das allmähliche Entstehen der weltbürgerlichen Verfassung sein kann, denn eben diese ist der einzige Grund einer Geschichte" (System des transzendentalen Idealismus, Ausgabe Schröter, 2. Hauptband, S. 591/92).

[106] „Der Staat ist die Wirklichkeit der sittlichen Idee — der sittliche Geist als der offenbare, sich selbst deutliche substantielle Wille, der sich denkt und weiß und das, was er weiß und insofern er es weiß, vollführt" (Philosophie des Rechts § 257, Ausgabe Glockner, VII, S. 328).

Gerade diese Identität der Vernunft jedoch verschärft den Gegensatz zwischen den Gesetzen der Natur und denen der Sittlichkeit zum unerträglichen Widerspruch. Daß die physische Ordnung der Natur-Ursachen nicht das Glück derer garantiert, die seiner aufgrund ihrer Moralität würdig wären; daß andererseits moralische Gesinnungen nicht die Macht haben, den Lauf der Natur so zu ändern, daß Sittlichkeit auch zur Glückseligkeit führte: diese beiden Einsichten ergeben sich aus der alltäglichen Erfahrung.

Wenn aber die solchermaßen konkurrierenden Ordnungen der Natur und der Sittlichkeit durch die gleiche Vernunft (einmal in ihrem theoretischen, einmal in ihrem praktischen Gebrauche) gestiftet werden, dann verwandelt sich der Gegensatz der Ordnungen in einen inneren Widerstreit der Vernunft mit sich selbst.[107]

Soll daher die Vernunft sich nicht selbst vernichten (wodurch sowohl Natur als auch Sittlichkeit unmöglich würden), dann muß dieser innere Widerstreit der Vernunft auflösbar sein.

Doch entsteht ein solcher innerer Widerstreit nicht erst in Gestalt des Konfliktes zwischen der Natur (unter dem Gesetz der theoretischen Vernunft) und der Sittlichkeit (unter dem Gesetz der praktischen Vernunft). Schon innerhalb ihres theoretischen Gebrauches verwickelt die Vernunft sich dort in unausweichliche Widersprüche, wo sie versucht, das Ganze ihres Gegenstandsbereiches zu denken (das Weltganze im Raum oder in der Zeit oder die letzten Elemente, aus denen es besteht; das Ganze der Bedingungsreihen bis zu ihrer obersten, unbedingten und daher notwendig seienden Bedingung; das Ganze einer bestimmten Kausalreihe bis zu demjenigen Ereignis, mit dem sie beginnt, das also nur Ursache und nicht Wirkung, mit anderen Worten freie Tat ist). Und auch hier verlangt der Widerstreit nach Auflösung, wenn nicht die Vernunft (deren Aufgabe es doch ist, die Ordnung der Natur hervorzubringen) sich als in sich ungeordnet erweisen und selber zerstören soll.

Auf welche Weise Kant diese inneren Widersprüche der Vernunft aufzulösen versucht, das darzustellen würde den Rahmen einer Er-

[107] „Die reine Vernunft hat jederzeit ihre Dialektik, man mag sie in ihrem spekulativen oder praktischen Gebrauche betrachten. Denn sie verlangt die absolute Totalität der Bedingungen zu einem gegebenen Bedingten, und diese kann schlechterdings nur in Dingen an sich getroffen werden" (Kritik der praktischen Vernunft A 192).

örterung sprengen, die den Problemen der Geschichtsphilosophie gewidmet ist. Doch liegt Kants folgenreichster Beitrag zur Entwicklung der Geschichtsphilosophie darin, gezeigt zu haben: Die Vernunft wird nicht zufällig und gelegentlich, sondern notwendig und kraft ihrer eigenen Funktionsgesetzlichkeit in Widersprüche mit sich selbst geführt; sowohl in ihrem theoretischen als auch in ihrem praktischen Gebrauche hat sie ihre notwendige „Dialektik".[108] Und wenn auch die Widersprüche, in die sie dabei gerät, immer eine Auflösung gestatten, so geht doch die Vernunft aus der Erfahrung dieser Widersprüche nicht unverändert hervor.

Denn erst die Dialektik der theoretischen Vernunft (die Erfahrung von dem notwendigen Widerstreit mit sich selbst, in den die Vernunft gerät, wenn sie über das Ich, über das Weltganze und über Gott metaphysische Aussagen machen will) begründet das Ende des Dogmatismus und veranlaßt den Übergang zum Skeptizismus und schließlich die Erfahrung davon, daß auch dieser kein endgültig haltbarer Standpunkt sei. Und erst die Dialektik der praktischen Vernunft (die Erfahrung von der doppelten Notwendigkeit, alle Neigungen und Interessen aus den Bestimmungsgründen der sittlichen Handlung zu eliminieren, und dennoch zugleich aus sittlichen Gründen die Glückseligkeit für den moralisch Glückwürdigen zu fordern) gibt der Moralität einen Endzweck (die moralische Weltordnung) und damit zugleich der Geschichte ein Ziel (das moralische gemeine Wesen). Nur weil die Vernunft erst in der Erfahrung des notwendigen Widerspruches mit sich selbst zu ihrem angemessenen Selbstverständnis gelangt, hat sie Geschichte.

Mit Bezug auf die Geschichte der theoretischen Vernunft hat Kant auf diese Weise eine philosophische Rekonstruktion der Philosophiegeschichte unternommen. Er gibt für sie drei Stadien an: Auf einen „Dogmatismus", der die Wahrheit in objektiven Erkenntnissen aussagen zu können meint, folgt ein „Skeptizismus", der nur in einer Subjektivität Gewißheit findet, welche sich gegen alle Objekte zweifelnd abgrenzt, schließlich aber jener „Kritizismus", der in der Ord-

„So entspringt ein unvermeidlicher Schein [...], der aber niemals als trüglich bemerkt werden würde, wenn er sich nicht durch einen Widerstreit der Vernunft mit sich selbst [...] verriete" (A 192/193).

[108] Vgl. Kritik der praktischen Vernunft A 192.

nung der Objektivität die eigene Vernunft als immer schon wirksames, aber spät entdecktes Prinzip wiedererkennt.[109]

Dadurch hat Kant erneut die idealistische Konzeption der Geschichte vorbereitet, die diese als den Weg ansieht, auf dem die Vernunft, zunächst an die Objekte „entfremdet" und sodann auf die eigene „negative Subjektivität" zurückgeworfen, zur transzendentalen Vermittelung von Subjekt und Objekt im Selbstwissen des Geistes geführt wird. Methodisch bleibt freilich zu betonen, daß Kant von drei Einstellungen des Subjektes hat sprechen wollen, das auf allen drei Stufen betrachtend auf Objekte gerichtet ist, nicht von einer Entstehungsgeschichte der Subjektivität überhaupt, und schon gar nicht von einem Prozeß, innerhalb dessen der Gegensatz von Subjekt und Objekt nur eine vorübergehende Phase wäre, die zwischen ursprünglicher Identität und vollendender Vermittlung die Brücke schlägt.

Aber trotz dieses Vorbehaltes bleibt zu sagen: Die Einsicht in die notwendige Dialektik der Vernunft hat eine neue Perspektive aufgetan, in der zweierlei sichtbar wurde: was es heiße, daß die Vernunft eine Geschichte hat, und in welchem Verhältnis die Einsicht in die Geschichte der Vernunft zu einer Vernunfterkenntnis der Geschichte stehe. Denn die Geschichte im allgemeinen wie die Geschichte der philosophischen Erkenntnis-Einstellungen im besonderen schreitet voran im Austrag von Gegensätzen und in deren dialektischer Vermittlung. Es blieb freilich dem Deutschen Idealismus vorbehalten, aus diesem Befund die Folgerung zu ziehen, daß die Vernunft in der Geschichte nicht ein fremdes Objekt erkennt, sondern, die Geschichte verstehend, sich selbst verstehen lernt.

V. Die dialektischen Systeme der Geschichtsphilosophie

1. Der erreichte Problemstand

Beinahe alle bisher geschilderten Stadien in der Geschichte der Geschichtsphilosophie boten Veranlassung, auf das Geschichtsverständnis des Deutschen Idealismus vorauszuweisen. Das gilt ebensosehr für die

[109] Diese Abfolge von Vernunfteinstellungen schildert Kant unter anderem an folgenden Stellen: Kritik der reinen Vernunft A IX—A XIII; A 852 bis 856.

Mannigfaltigkeit der Themen, die im Verlauf der Geschichte der Geschichtsphilosophie entdeckt wurden und vom Idealismus wiederaufgegriffen werden, wie für die wenigen Problemansätze, von denen aus es möglich ist, diese Themenfülle systematisch zu behandeln.

Im Hinblick auf die Fragestellungen der Antike hat sich gezeigt: Das politisch-moralische Problem, auf welche Weise mitten in der Relativität der Polis und mitten in der Abhängigkeit aller eigenen Handlungen von den Bedingungen des Kosmos ein Verhältnis zum Unbedingten und deshalb unbedingt Verpflichtenden zu gewinnen sei, ließ die Frage nach einer „Vergegenwärtigung der Idee in der Erscheinung" entstehen. Unter dem Titel „Entäußerung des Wesens in die Erscheinung" hat dieses Problem die Idealisten beschäftigt.[110]

Die religiöse Aufgabe, auf menschliche Weise vom Göttlichen zu sprechen, ließ in Mythos, Prophetie und Apokalyptik drei Formen der Rede entstehen, die je auf ihre Weise Geschichte auslegen: als Fülle von Abbildereignissen, in denen ein Urbildereignis wiederkehrt (Mythos); als Reihe unvorhersehbar neuer Entscheidungssituationen, die jeweils eine Erneuerung des Bewußtseins zugleich erfordern und ermöglichen (Prophetie); als universalen, zielgerichteten Ereigniszusammenhang, der die menschlichen Handlungen auch dann seinen Zielen unterordnet, wenn die Menschen von diesem objektiven Geschichtszweck nichts wissen oder sogar ihm zuwiderhandeln wollen (Apokalyptik). Unter diesen drei Vorstellungen ist insbesondere die von dem universalen, unbeirrbar zielgerichteten Geschichtsverlauf für den Deutschen Idealismus und den nachfolgenden Marxismus bestimmend geworden.[111]

[110] „Der Schein selbst ist dem Wesen wesentlich, die Wahrheit wäre nicht, wenn sie nicht schiene und erschiene" (Hegel, Ästhetik, Ausgabe Glockner, XII, S. 28).

„Dieses (das Wesen) ist zunächst Totalität des Scheinens in sich, bleibt dann aber nicht bei dieser Innerlichkeit stehen, sondern tritt als Grund heraus in die Existenz, welche, als ihren Grund nicht in sich selbst, sondern in einem Anderen habend, eben nur Erscheinung ist" (Hegel, System der Philosophie, § 131, Ausgabe Glockner, VIII, S. 298).

[111] „Die philosophische Betrachtung hat keine andere Absicht, als das Zufällige zu entfernen [...]. Den Glauben und Gedanken muß man zur Geschichte bringen, daß die Welt des Wollens nicht dem Zufall anheimgegeben ist, daß in den Begebenheiten der Völker ein letzter Zweck das

Platons Reflexion auf die „Zuteilung" der Denkkraft an den Verstand, der Realität und Erkennbarkeit an die Gegenstände, sowie auf die „Zusammenjochung" von Denken und Gegenstand hat den Blick dafür geschärft, daß die Fähigkeit zu den Akten der Subjektivität sowie deren Beziehung auf mögliche Objekte nicht einfach „gegeben" sind, sondern in einem Prozeß erst „gebildet" werden. Diesen Prozeß der sich bildenden Vernünftigkeit der Vernunft zu beschreiben, wird zu einer bevorzugten Aufgabe der Idealisten — und zwar vorzugsweise in derjenigen Form, in der Augustin das Thema behandelt hat: als Verknüpfung der individuellen Bildungsgeschichte der Vernunft mit der überindividuellen Geschichte der Menschheit und ihrer (durch je unterschiedliche Formen des Bewußtseins und seiner Beziehung auf Gegenstände unterschiedenen) „Societates seu civitates".

Dabei kehrt nicht nur die Mannigfaltigkeit derjenigen Themen wieder, die aus der antiken Geschichtsphilosophie bekannt sind. Vielmehr wird auch der einheitliche Ansatz erneuert, von dem aus Platon und Augustin alle diese Fragen einer philosophischen Behandlung zugänglich gemacht haben. Die Reflexion auf die Möglichkeitsbedingungen der Erkenntnis und ihrer Gegenstände wird auch von den Idealisten so verstanden, daß sie zugleich den Hinblick auf die Möglichkeitsbedingungen der Geschichte eröffnet. Die Transzendentalphilosophie erhält historische, die Historie transzendentalphilosophische Bedeutung (vgl. oben S. 102 ff.).[112]

Eben diese Absicht, transzendentalphilosophische und historische Betrachtungsweise zu verbinden, hat jedoch dasjenige Problem ent-

Herrschende ist" (Die philosophische Weltgeschichte, in: G. W. F. Hegel: Die Vernunft in der Geschichte, hrsg. v. J. Hoffmeister, 1955, S. 29).

„[...] daß sie der vernünftige, notwendige Gang des Weltgeistes gewesen, des Geistes, dessen Natur zwar immer eine und dieselbe ist, aber in dem Weltdasein diese seine eine Natur expliziert" (Philosophie der Geschichte, Ausgabe Glockner, XI, S. 36).

[112] Nicht zufällig findet sich Schellings Geschichtsphilosophie eingebettet in einen transzendentalphilosophischen Zusammenhang. Im ›System des transzendentalen Idealismus‹ dienen die Abschnitte ›Der Begriff der Geschichte‹, ›Der Begriff der Philosophie der Geschichte‹, ›Erklärung der Identität von Freiheit und Gesetzmäßigem als Hauptcharakters der Geschichte‹, ›Die drei Perioden der Geschichte‹ dazu, einen neuen Abschnitt vorzubereiten: ›Wie das Ich selbst der ursprünglichen Harmonie zwischen Subjektivem und Objektivem bewußt werden könne‹.

stehen lassen, das die Geschichtsphilosophie der frühen Neuzeit beherrschte: das Problem des Verhältnisses von Vernunft und Geschichte. Im Streit von Rationalisten und Empiristen wurde dieses Verhältnis zunächst als ein Gegensatzverhältnis gedacht: Geschichte ist das Feld der Erfahrung, die das Einzelne und Faktische verzeichnet, Vernunft dagegen denkt in eigener Spontaneität das Allgemeine und Notwendige. Zugleich aber stellte sich das Problem: Wie muß die Vernunft gedacht werden, wenn verständlich werden soll, daß sie einer Geschichte bedarf, um zu ihrem Selbstbewußtsein zu gelangen? Insofern der Vorgang, in welchem die Vernunft zum Bewußtsein ihrer selbst findet, „Aufklärung" heißt, ist das Problem der Historizität der Vernunft das (häufig verborgen bleibende) Leitproblem der Aufklärungsphilosophie. Zum expliziten Thema wird dieses Problem in der Philosophie des Deutschen Idealismus. Er verstand ausdrücklich die Geschichte der Vernunft (und mit ihr die Geschichte im ganzen) als ihren Weg zum Wissen von sich selbst.[113]

Das Problem des Verhältnisses von Vernunft und Geschichte kann, so hat sich gezeigt, als Methodenproblem aufgefaßt werden (wie sind historische Erfahrung und vernünftiges Denken ins rechte Verhältnis zu bringen?) oder als Sachproblem (in welchem Sinne kann Vernunft eine Geschichte haben, ohne daß dabei die Verläßlichkeit ihrer Erkenntnis verloren geht?). Für jede dieser beiden Fragestellungen gibt es verschiedene Modelle, und jedes dieser Modelle hat auf den Deutschen Idealismus Einfluß gehabt. Dabei ergab sich jedes Mal die Notwendigkeit, einen aus einer undifferenzierten Einheit sich entfaltenden Gegensatz in einer höheren Einheit wieder aufzuheben.

In methodischer Hinsicht kann die Antithese aufgestellt werden, die historische Erfahrung erfasse das Einzelne, das Denken das Allgemeine. Dann wird die Geschichte der Vernunft nach dem Vorbild von Vico als der Weg von der sinnlichen Phantasie über die Staatsraison zur wissenschaftlichen Begrifflichkeit gedacht: Die erste stellt

[113] „In der philosophischen Geschichte ist der Inhalt dieser, daß der Begriff des Geistes zugrunde gelegt wird, und nun die Geschichte der Prozeß des Geistes selbst ist, aus seinem ersten ungründlichen, eingehüllten Bewußtsein sich zu entwickeln und zu diesem Standpunkt seines freien Selbstbewußtseins zu gelangen [...]. Diese Notwendigkeit der Idee ist es, die in der Philosophie der Geschichte bestimmter darzulegen ist" (Hegel, Geschichte der Philosophie, Ausgabe Glockner, XIX, S. 103/104).

das Allgemeine in den symbolischen Einzelgestalten der Dichtung und des Mythos vor Augen; die zweite stellt das Allgemeine des Staatsgesetzes dem Interesse der Einzelnen äußerlich gegenüber; die dritte bringt die Mannigfaltigkeit des Einzelnen auf die Einheit des allgemeinen Begriffs.

Nach einem anderen Modell kann die methodische Antithese lauten: Die Erfahrung erfaßt das Faktisch-Zufällige, das Denken dagegen das Notwendige. Dann hat die Vernunft die Aufgabe, auch in dem Zufällig-Faktischen der Geschichte das Gesetzmäßig-Vernünftige zu entdecken (vgl. das Theodizee-Problem bei Leibniz) oder aber die Identität von Freiheit (als Grund der scheinbaren Kontingenz) und Notwendigkeit sowohl in der Natur als auch im Bewußtsein freizulegen (vgl. Spinoza). Ist aber die notwendige Selbstbestimmung das Gesetz alles Wirklichen in Natur und Bewußtsein, dann führt die Geschichte der Vernunft von der naturhaft-unbewußten Selbstgestaltung (worin Selbstbestimmung und Notwendigkeit noch ungeschieden sind) über die Antithese von natürlicher Freiheit und gesellschaftlichem Zwang zur bewußt-politischen Selbstbestimmung der Bürger im Gemeinwesen (vgl. Rousseau).

Schließlich kann nach einem dritten Modell die Vernunft in methodischer Hinsicht als das Vermögen der Prinzipien für die spontane Verstandestätigkeit begriffen werden, der die Rezeptivität der „Sinnesaffektionen“ gegenübersteht. Ein angemessenes Selbstverständnis der Vernunft wird dann dadurch erreicht, daß das Zusammenwirken von Vernunft, Verstand und Sinnlichkeit beim Zustandekommen der Erfahrung beschrieben wird. Eine solche Beschreibung führt zu dem Ergebnis: Es gibt weder eine „reine Erfahrungserkenntnis“ abseits von Verstand und Vernunft noch eine „reine Vernunfterkenntnis“ abseits der Erfahrung, sondern nur eine Erkenntnis durch Erfahrung, welche ihrerseits den sinnlichen „Stoff“ durch die „Formen“ des Verstandes ordnet und erst dadurch den Vorstellungen „objektive Realität“ verleiht (vgl. Kant). Durch diese Einsicht wird sowohl der „Dogmatismus“ überwunden, der die reine Vernunfterkenntnis über die Grenzen möglicher Erfahrung ausdehnen möchte, als auch der „Skeptizismus“, der aus der Einschränkung aller Erkenntnis auf Erfahrung schließt, es könne keine Einsicht in allgemeine und notwendige Gesetze geben. Die Geschichte der Vernunft ist dann der Weg vom Dogmatismus über den Skeptizismus zu jenem Kritizismus, der die gesuchten allgemeinen und notwendigen Gesetze (z. B. das Gesetz der Kausalität) als Bedingungen der Möglichkeit von Erfahrung und deshalb zugleich als Möglichkeitsbedingungen ihrer Gegenstände begreift.

Den drei genannten Modellvorstellungen der Geschichte der Vernunft ist die Einsicht gemeinsam: Die Geschichte der Vernunft ist nicht nur die Entstehungsgeschichte ihres Selbstbewußtseins („Aufklärung"), sondern zugleich der Vorgang, in welchem sie in dem, was ihr scheinbar fremd und entgegengesetzt ist (in der sinnlichen Phantasie wie in der „äußeren" Gesetzlichkeit des Staates; in der Zufälligkeit der Geschichte wie in der Unfreiheit der Natur; schließlich in der Faktizität der erscheinenden Objekte), sich selber wiederzuerkennen lernt.

Die Geschichtsphilosophie des Deutschen Idealismus hat nicht nur die drei genannten Modelle einer Vernunftgeschichte angeeignet (Vicos Vernunftgeschichte im Spiegel der Sprachgeschichte, Rousseaus Entstehungsgeschichte der politischen Vernunft, Kants Überwindung der Antithese von Dogmatismus und Skeptizismus). Sie hat vor allem die zuletzt genannte Einsicht zum Prinzip erhoben, der Weg zum Selbstbewußtsein der Vernunft führe über die Entgegensetzung gegenüber einem „Anderen" dazu, daß die Vernunft sich selbst in diesem Anderen wiedererkennt.[114]

Dieser einheitliche Ansatz gestattet die Vorzeichnung einer gesetzmäßigen Verlaufsgestalt der Geschichte, die, mit gewissen Abwandlungen, von allen Idealisten angenommen wird. Am Anfang steht eine Urzeit fraglosen Einverständnisses zwischen dem Bewußtsein und der Welt der Objekte. Dieser vorgeschichtlichen Phase folgen drei historische Epochen. In einer ersten (objektivistisch-dogmatischen) Phase verstand das Bewußtsein sich als passiven Spiegel einer „ansichseienden" Realität und suchte deshalb auch in der Praxis alles Normative außerhalb seiner selbst in den Gegenständen. In einer zweiten (subjektivistisch-skeptischen) Phase interpretierte es alle Erscheinungen als bloße Vor-Spiegelungen seines eigenen Vorstellens und erkannte auch in der Praxis nichts als maßgeblich an außer sich selbst. In der dritten (kritisch-transzendentalen) Phase ist das Bewußtsein sich der Identität seines eigenen Konstitutionsgesetzes mit dem Gesetz der Weltkonstitution bewußt geworden. Es fordert deshalb auch in der Praxis, den Konflikt zwischen objektiver Notwendigkeit und subjektiver Willkür

[114] „Der Geist [. . .] ist diese Bewegung, sich ein Anderes, d. h. Gegenstand seines Selbst zu werden, und dieses Anderssein aufzuheben" (Hegel, Phänomenologie des Geistes, Ausgabe Glockner, II, S. 36).

zu überwinden durch eine Form der Sittlichkeit und des Rechtes, welche es dem Subjekt gestattet, in der Objektivität der Norm seine eigene Gesetzgebung wiederzuerkennen.

Die Geschichte der Vernunft wird so als ihr Zusichkommen im Gegensatz ihrer selbst verstanden. Deshalb ist zunächst ihre Entäußerung in das Andere erfordert. Die Entgegensetzung aber von spontaner Eigenleistung des Subjekts und Rezeptivität gegenüber den Einflüssen der Objekte, von Denken und Anschauung, von Vorzeichnung allgemeiner Gesetze und Erfahrung individueller Realitäten läßt sich nur deshalb in die höhere Einheit der sich selbst wissenden Vernunft aufheben, weil ein gemeinsames Prinzip sie beide begründet, das ihren Gegensatz notwendig und dadurch ihre Beziehung möglich macht. An dem Verlaufsgesetz der Vernunftgeschichte, das in der geschilderten Weise die Entwicklung derjenigen Formen bestimmt, in welchen Bewußtsein und Gegenstände untereinander vermittelt werden, kann deshalb die Natur dieses Prinzips abgelesen werden. Indem die idealistische Geschichtsphilosophie die Frage nach dem Verhältnis von Vernunft und Geschichte ausdrücklich zum Thema macht, eignet sie sich auf neue Weise auch jene Frage an, die in die platonischen Ursprünge der Geschichtsphilosophie zurückreicht: die Frage nach jenem vermittelnden „Dritten", das den Verstand und seine Gegenstände „zusammenjocht".

Die leitende Frage lautet nun: Wie muß das Prinzip der Vermittlung von Bewußtsein und Gegenständen gedacht werden, um die Geschichte als jenen Vorgang verständlich zu machen, in welchem die Vernunft zunächst sich im scheinbar Fremden vergessen muß, um sodann sich gerade dort wiederzuerkennen und so zu ihrem Selbstbewußtsein zu kommen? Diese Frage ist den Idealisten gemeinsam; in ihrer Beantwortung unterscheiden sie sich; und diese Differenz begründet zugleich den Unterschied ihrer Deutungen der Geschichte.

2. *Die Geschichtsphilosophie Johann Gottlieb Fichtes*

a) „Wissenschaftslehre" und Geschichtsdeduktion

Die Frage nach den Formen der Vermittlung von Vernunft und Gegenstand sowie die Frage nach dem Entwicklungsprozeß dieser Vermittlungsformen ist bei Fichte einbezogen in den Zusammenhang der

Frage nach den Möglichkeitsbedingungen von Wissen überhaupt. Dieses allgemeine Problem bildet das Thema jener „Wissenschaftslehre“, die Fichte in immer neuen Anläufen unternommen hat. Dabei nimmt er seinen Ausgang nicht vom historischen Erfahrungswissen, auch nicht von irgendeinem metaphysischen Vernunftwissen, sondern von einer Art des Wissens, die „von jedermann zugegeben“ wird: von den Einsichten der formalen Logik, wie sie in den Sätzen von der Identität (A = A) und vom Widerspruch (A nicht = non-A) ausgedrückt werden können. Durch Analyse dieser Sätze gewinnt er, wie sogleich zu zeigen sein wird, die Möglichkeit, den Gegensatz von Vernunft und Erfahrung zu überwinden. Damit aber ist auch der Gegensatz von ewigen Vernunftwahrheiten und historischen Tatsachenwahrheiten aufgehoben, und es muß möglich sein, die gleichen Inhalte, die sonst nur durch Erfahrung gewußt werden können, durch Vernunft aus Prinzipien zu deduzieren. Das bedeutet: Es muß eine Deduktion der Geschichte (als des Gesamtzusammenhanges der Erfahrungstatsachen) möglich sein. „Hat der Philosoph die in der Erfahrung möglichen Phänomene aus der Einheit seines vorausgesetzten Begriffes abzuleiten, so ist klar, daß er [...] die gesamte Zeit und alle möglichen Epochen derselben a priori müsse beschreiben können.“ [115]

b) Der Ansatz der „Wissenschaftslehre“

Der Satz der Identität (A = A) besagt in Fichtes Interpretation, daß ein vom Ich „gesetztes“ A mit einem im Ich vorgefundenen verglichen und als identisch beurteilt wird. Diese Aussage ist nur möglich, weil das setzende mit dem vorfindenden Ich identisch ist. Der Satz „A = A“ drückt also zugleich dasjenige aus, worauf seine Möglichkeit beruht: Ich bin Ich.[116]

[115] Die Grundzüge des gegenwärtigen Zeitalters, Ausgabe J. H. Fichte, VII, S. 5.

[116] „Der notwendige Zusammenhang zwischen beiden“ [zwischen A und A] „ist es, der schlechthin und ohne allen Grund gesetzt wird. Ich nenne diesen notwendigen Zusammenhang vorläufig = x“ (Grundlage der gesamten Wissenschaftslehre, 1794, Ausgabe J. H. Fichte, I, S. 93).

„Das schlechthin gesetzte x läßt sich auch so ausdrücken: Ich = Ich; Ich bin Ich“ (ibid. S. 94).

Dieser Satz seinerseits aber ist ein Spezialfall von „A = A“ und besagt deshalb, daß ein „gesetztes“ Ich mit einem vorgefundenen verglichen und als identisch beurteilt wird. Diese Aussage wiederum ist nur möglich, weil das sich setzende Ich zugleich sich vorfindet und für sich vorfindlich ist. Diese Einheit von Sich-Setzen, Sich-Vorfinden und Für-sich-vorfindlich-Sein macht das Wesen des Ich aus.[117]

Der Satz vom Widerspruch (A ungleich non-A) besagt in Fichtes Interpretation, daß ein vom Ich gesetztes A nicht im Ich vorgefunden wird, sofern dieses Ich zuvor ein non-A gesetzt hat. Auch diese Aussage setzt die Identität des Ich voraus, während ihr Inhalt darin besteht, seine beiden Setzungen A und non-A als untereinander nicht identisch zu beurteilen. Daraus folgt zugleich, daß das identische Ich von seinen untereinander nicht identischen Setzungen A und non-A verschieden ist. Alle Entgegensetzung von A und non-A drückt also zugleich dasjenige aus, worauf die Möglichkeit solcher Entgegensetzung beruht: Das Ich ist unterschieden von jedem Nicht-Ich.[118]

Dieser Satz seinerseits aber ist ein Spezialfall von „A ungleich non-A“ und besagt deshalb, daß ein vom Ich gesetztes Ich nicht vorgefunden wird, sofern dieses Ich zuvor ein Nicht-Ich gesetzt hat. Auch diese Aussage ihrerseits setzt die Identität eines Ich voraus, in das die Differenz von Ich und Nicht-Ich fällt und das von beiden unterschieden ist. Fichte bezeichnet dasjenige Ich, in das der Unterschied von Ich und Nicht-Ich fällt, als das „unteilbare“, dasjenige, das dem Nicht-Ich entgegengesetzt ist, als das „teilbare“. „Ich setze im Ich dem teilbaren Ich ein teilbares Nicht-Ich entgegen [. . .]. Über diese Erkenntnis hinaus geht keine Philosophie. Aber bis zu ihr zurück gehen soll jede gründliche Philosophie; und so wie sie es tut, wird sie Wissenschaftslehre.“[119]

[117] „Durch das zweite A wird dasjenige bezeichnet, welches das sich selbst zum Objekt der Reflexion machende Ich als in sich selbst gesetzt vorfindet [. . .]. Das Ist drückt den Übergang des Ich vom Setzen zur Reflexion auf das Gesetzte aus“ (Grundlage der gesamten Wissenschaftslehre, 1794, Ausgabe J. H. Fichte, I, S. 96).

[118] „So gewiß das unbedingte Zugestehen der absoluten Gewißheit des Satzes: — A nicht = A unter den Tatsachen des empirischen Bewußtseins vorkommt, so gewiß wird dem Ich schlechthin entgegengesetzt ein Nicht-Ich“ (Grundlage der gesamten Wissenschaftslehre, 1794, Ausgabe J. H. Fichte, I, S. 104).

[119] Grundlage der gesamten Wissenschaftslehre, 1794, Ausgabe J. H. Fichte, I, S. 110.

c) Die Überwindung des Gegensatzes von Vernunft und Sinnlichkeit

Ich und Nicht-Ich bestimmen sich gegenseitig durch ihren Gegensatz. Sofern das „teilbare" Ich durch diesen Gegensatz bestimmt ist, verhält es sich leidend, und sein Bewußtsein hat den Charakter sinnlicher Erfahrung. Sofern es als durch diesen Gegensatz bestimmt vorfindlich ist, ist es ein Teil der erfahrbaren Natur, deren Einflüssen es unterliegt und auf die es Einflüsse ausübt (empirisches Ich). Sofern aber das Ich diesen Gegensatz selbst gesetzt hat, verhält es sich schlechthin tätig und bildet den Gegensatz von Ich und Nicht-Ich in sich hinein (absolutes Ich).

Das aber bedeutet: Die gleiche Wahrheit, die vom empirischen Ich in sinnlicher Erfahrung unter dem bestimmenden Einfluß eines Nicht-Ich leidend hingenommen wird (vérité de fait), kann philosophisch auf eine Setzung des absoluten Ich zurückgeführt werden und wird dann als Moment des reinen Selbstbewußtseins dieses absoluten Ich (vérité de raison) verstanden. Das Selbstbewußtsein dieses absoluten Ich enthält also in sich alle Zustände des empirischen, die von diesem als Einflüsse des Nicht-Ich erfahren werden. Darum ist es möglich, in philosophischer Reflexion die Erfahrungen und Zustände des empirischen Ich im ganzen aus ihrem Prinzip zu deduzieren. Die Überwindung des Gegensatzes von Vernunft und Sinnlichkeit macht es möglich, auch den Gegensatz von historischer Erfahrung und philosophischer Deduktion zu überwinden.[120]

d) Das Prinzip der Geschichte und die Deduktion ihrer Epochen

Jene Veränderungen der Objektwelt, die wir gewöhnlich „Geschichte" nennen, machen nicht das Zentrum des historischen Prozesses aus. Wenn es sich nur um den wechselnden „Stoff" handeln würde, den der Verstand in seine immer gleichen „Formen" bringt, dann ergäben sich nur Variationen innerhalb einer gleichbleibenden Struktur. Der historische Wandel aber ist deshalb radikal, weil er Objekt und Subjekt, Nicht-Ich und Ich gemeinsam betrifft. Das Prinzip dieses

[120] Aufgabe des Philosophen ist es, „die in der Erfahrung möglichen Phänomene aus der Einheit seines vorausgesetzten Begriffs abzuleiten" (Die Grundzüge des gegenwärtigen Zeitalters, Ausgabe J. H. Fichte, VII, S. 5).

Wandels aber und das Gesetz, das die Abfolge der Formen der Vermittlung von Ich und Nicht-Ich beherrscht, läßt sich an dem Verhältnis zwischen Fichtes Wissenschaftslehre und dem geläufigen Selbstverständnis seiner Epoche ablesen. Denn der Gegensatz zwischen beiden ist einerseits der Gegensatz zwischen Fichtes Selbstbewußtsein (Ich) und fremden Widerständen (Nicht-Ich) und gehört andererseits einer bestimmten Epoche im Gang der Geschichte an, so daß deutlich wird, wie die Geschichte dieses Gegensatzes von Ich und Nicht-Ich epochal bestimmt ist.

Das Zeitalter versteht sich mit Recht als „Epoche der Befreiung"; dennoch wird der Zustand, den es begründet, von Fichte der „Stand der vollendeten Sündhaftigkeit" genannt, weil dieses Zeitalter die Freiheit darin sucht, daß das Individuum seine besonderen Bedürfnisse gegen alles durchsetzt, was ihm als übergeordnetes Gesetz entgegentritt. Die Wissenschaftslehre dagegen leitet das „Zeitalter der Vernunftwissenschaft" ein, das zugleich den „Stand der anhebenden Rechtfertigung" begründet, indem drei Einsichten allgemein verbreitet werden: Alle Differenz zwischen Ich und Nicht-Ich fällt ins absolute Ich. Alle Abhängigkeit von Fremdem und also alle Unfreiheit betrifft das empirische Ich, und auch dieses nur, solange es seiner Beziehung zum absoluten Ich nicht bewußt ist. Freiheit wird vergeblich erstrebt, solange sie als Selbstdurchsetzung des empirischen Ich gegen das Nicht-Ich gesucht wird — noch in diesem Durchsetzungsversuch bleibt das Ich durch seinen Gegensatz zum Nicht-Ich bestimmt und also unfrei. Freiheit wird gefunden als vernünftige Einwilligung in die unbeschränkte Selbstbestimmung des absoluten Ich.

Der Gegensatz zwischen Fichte und seinen Zeitgenossen erweist sich also als ein Gegensatz im Verständnis der Freiheit und zugleich als ein Epochen-Übergang in der Entwicklung des Freiheitsverständnisses. Fällt er, wie jeder Gegensatz zwischen Ich und Nicht-Ich, in das absolute Ich, so zeigt er an, daß das absolute Ich in sich den Gegensatz vom Ich und Nicht-Ich so setzt, daß ein Fortschreiten des Freiheitsbewußtseins dadurch möglich wird. Der Gegensatz verweist also auf ein Ziel der Geschichte, das Fichte in dem Satz ausspricht: „Freiheit soll in dem Gesamtbewußtsein der Gattung erscheinen." [121]

[121] Die Grundzüge des gegenwärtigen Zeitalters, Ausgabe J. H. Fichte, VII, S. 8.

Wenn aber der Gegensatz zwischen der Wissenschaftslehre und dem Selbstverständnis des Zeitalters als ein Gegensatz zweier Epochen auftritt (der zu Ende gehenden Epoche der Revolution und derjenigen Epoche, deren Beginn Fichte vorbereiten will), dann erweist auch Fichtes philosophische Einsicht, obwohl sie eine ewige Wahrheit aussprechen will, ihre Zugehörigkeit zu einem bestimmten Zeitalter. Und auch dieser Epochengegensatz muß auf das soeben entdeckte Prinzip aller Geschichte zurückgeführt werden. Das gelingt durch die Überlegung, daß Freiheit zunächst als „Befreiung“ verwirklicht werden muß, auch wenn diese als Auflehnung gegen jegliches Gesetz den Charakter der „vollendeten Sündhaftigkeit“ trägt. Denn nur so ist Freiheit „wahre wirkliche Tat“, also Leistung, nicht Gabe, Selbstbestimmung, nicht vorfindliche Fremdbestimmtheit.[122]

Weil die Geschichte in den wechselnden Formen der Beziehung von Ich und Nicht-Ich zum Bewußtsein und zur Verwirklichung von Freiheit führen soll (denn nur in diesem Verhältnis von Ich und Nicht-Ich stellt sich die Selbstsetzung des absoluten Ich angemessen dar), darum muß die Unschuld natürlicher Selbstgestaltung (erste Epoche) vergehen, das Vernunftgesetz muß als fremde Autorität äußerlich werden (zweite Epoche) und dadurch den Willen zur Befreiung provozieren (dritte Epoche), ehe die Vernunftwissenschaft den Schein des Gegensatzes von Notwendigkeit und Freiheit aufhebt (vierte Epoche), die Vernunftkunst aber alle Lebensbereiche aus dieser Einsicht gestaltet (fünfte Epoche).[123]

e) Die Eigenart von Fichtes Geschichtsphilosophie

Innerhalb der idealistischen Gesamtkonzeption (die die Geschichte als das entstehende Selbstbewußtsein der Vernunft begreift und dabei den Durchgang durch die Entfremdung von Vernunft und „fremder Wirklichkeit“ als notwendig nachweist) ist Fichtes Geschichtsphilo-

[122] „Diese Freiheit soll in dem Gesamtbewußtsein der Gattung erscheinen, und eintreten als ihre eigene Freiheit, als wahre wirkliche Tat und als Erzeugnis der Gattung in ihrem Leben“ (Die Grundzüge des gegenwärtigen Zeitalters, Ausgabe J. H. Fichte, VII, S. 8).

[123] Vgl. Die Grundzüge des gegenwärtigen Zeitalters, Ausgabe J. H. Fichte, VII, S. 11—12 und S. 17.

sophie dadurch ausgezeichnet, daß sie auf einer Wissenschaftslehre aufgebaut ist, einem Wissen vom Wissen und von den Gründen seiner Möglichkeit. Daraus ergibt sich der Ansatz bei den obersten Sätzen der formalen Logik und damit die Vorrangstellung des Ich, das die Identität (A = A) und Nicht-Identität (A nicht = non-A) nur „finden" kann, indem es in sich selbst seine Identität mit sich und seine Nicht-Identität gegenüber allem Nicht-Ich gesetzt hat. Fichtes Idealismus ist, wie Schelling ihn genannt hat, „subjektiv", weil er wissenschaftstheoretisch ansetzt; und Fichtes Geschichtsphilosophie ist in auffälliger Weise deduktiv, weil sie aus einer Theorie der Subjektivität entwickelt wurde. Das Ich, das sich selber entdeckt, meint damit zugleich das Prinzip für eine Deduktion der Geschichte gefunden zu haben. Und gerade weil es die geschichtlich-epochale Bedingtheit dieser seiner Einsicht erfährt, kann es, sich selbst in den Geschichtsverlauf einordnend, den Gesamtverlauf dieser Geschichte rekonstruieren.

Daß dies auch innerhalb der idealistischen Grundkonzeption nicht die einzig mögliche Weise des Geschichtsverständnisses ist, zeigt die (von Hegel hervorgehobene) „Differenz des Fichteschen und Schellingschen Systems" [124].

3. Die Geschichtsphilosophie Schellings

a) Die Philosophie des Absoluten als Philosophie der Geschichte

Für Fichte, so hat sich gezeigt, ist die Geschichtsphilosophie eine spezielle Anwendung der Einsichten, die er in seinen Bemühungen um eine Wissenschaftslehre gewonnen hat. Bei Schelling wird sie als ein Teil der „Transzendentalphilosophie" (d. h. der Philosophie des Ich) eingeführt, der ihrerseits die „Naturphilosophie" gegenübersteht, welche gemeinsam mit ihr eine (indirekte) philosophische Rede vom Absoluten möglich machen soll.[125] Doch der aus dieser Selbstdarstellung resultierende Eindruck, als sei die Geschichte für Schelling ein Spezial-

[124] G. W. F. Hegel: Differenz des Fichteschen und Schellingschen Systems der Philosophie in Beziehung auf Reinholds Beiträge zur leichtern Übersicht des Zustandes der Philosophie zu Anfang des neunzehnten Jahrhunderts; Jena 1801, Ausgabe Glockner, Bd. 1.

[125] Vgl. S. 150, Anm. 112.

problem unter anderen, trügt. Fichtes Wissenschaftslehre hat ein philosophisches Geschichtsverständnis zur Folge; Schellings Philosophie des Absoluten dagegen ist in ihrem Zentrum Geschichtsphilosophie.

Wie Fichte, so setzt auch Schelling bei der Frage an, wie Wissen (diese „Übereinstimmung eines Objektiven mit einem Subjektiven" [126]) möglich sei. Abweichend von Fichte aber will er den Grund dieser Möglichkeit weder im Subjekt noch im Objekt suchen, sondern beide für gleich ursprünglich halten.[127] Der gemeinsame Grund beider, der zugleich der Grund ihrer Gemeinsamkeit ist, läßt sich in einer ersten Annäherung als „reine Produktivität" bestimmen, denn dieses Merkmal ist es, in welchem Objekte und Subjekt, Natur und Geist einander ähnlich sind.[128] Wahre Philosophie wäre der Bericht von dieser Tätigkeit, nicht die Beschreibung eines Produktes. Ihr Thema ist insofern jeweils das Geschehende, zu Berichtende, die Geschichte.

Das gilt für jede philosophische Bemühung auf dem Felde der Naturphilosophie und der Transzendentalphilosophie. Es gilt in besonderer Weise für jeden Versuch, über das Absolute zu reden.

Wissen besteht darin, daß Natur und Ich miteinander „übereinstimmen". Diese Übereinstimmung kommt nicht durch eine passive Abbildung der Natur im Ich, des Ich in der Natur zustande, sondern durch die Komplementarität zweier Formen der reinen Tätigkeit. Solche Komplementarität wird nur verständlich, wenn die naturhaft-objektive und die ichhaft-subjektive Tätigkeit samt ihrem Gegensatz und ihrer Zuordnung zueinander aus einem gemeinsamen „Indifferenzpunkt" hervorgehen. Mit dieser Vokabel bezeichnet Schelling ein Prinzip, das weder Subjekt noch Objekt ist (sonst wäre die Gleichrangigkeit beider Relata zerstört), sondern die reine Identität beider.[129] Dieses

[126] System des transzendentalen Idealismus, Ausgabe Schröter, 2. Hauptband, S. 339.

[127] „Im Wissen selbst und indem ich weiß, ist Objektives und Subjektives so vereinigt, daß man nicht sagen kann, welchem von beiden die Priorität zukomme. Es ist hier kein Erstes und kein Zweites, beide sind gleichzeitig und eins" (System des transzendentalen Idealismus, Ausgabe Schröter, 2. Hauptband, S. 339).

[128] Was wir „Sein" nennen, kann „nur als eine bestimmte Form oder Einschränkung der ursprünglichen Tätigkeit angesehen werden" (Erster Entwurf eines Systems der Naturphilosophie, Ausgabe Schröter, 2. Hauptband, S. 12).

[129] „Ich habe das, was ich Natur- und Transzendentalphilosophie nannte, immer als entgegengesetzte Pole des Philosophierens vorgestellt. Mit der

Prinzip kann deswegen auch nicht durch Prädikate bestimmt werden (sonst würde es zum Objekt); es ist nur zu beschreiben in dem, was es wirkt: die Entgegensetzung und Zuordnung von Subjekt und Objekten. Sein „Erscheinen für uns" besteht nicht darin, daß ein neues Objekt neben anderen Objekten sichtbar würde, sondern darin, daß überhaupt Subjekt und Objekte einander gegenübertreten können. Es ist jenes „Absolute, das zum Behuf des Bewußtseins" (= mit dem Zweck, Bewußtsein eines Ich von einer Sache möglich zu machen) „also auch nur zum Behuf der Erscheinung in das Bewußte und Bewußtlose [...] sich trennt, selbst aber in dem unzugänglichen Lichte, in welchem es wohnt, die ewige Identität und der ewige Grund der Harmonie zwischen beiden ist".[130]

Platons Sonnengleichnis hat dem vermittelnden Dritten keine Wesensprädikate zugesprochen, sondern nur behauptet, es sei „von Natur aus eben dazu da", Denken und Erkenntnis „zusammenzujochen". In bewußter Anspielung auf diesen Text sagt Schelling: „Dieses ewig Unbewußte, was, gleichsam die ewige Sonne im Reich der Geister, durch sein eigenes ungetrübtes Licht sich verbirgt, [...] ist zugleich [...] das ewig Vermittelnde des sich selbst bestimmenden Subjektiven in uns und des Objektiven."[131] Indem jedoch Schelling diese Vermittlung so beschreibt, daß sie nicht nur je augenblicklich geschieht, sondern eine Abfolge von Zuordnungen zwischen Subjekt und Objekten zustande bringt, kehrt er zu dem seit Augustin bekannten Programm zurück, der transzendentalen Reflexion und ihrer Darstellung in Platons Sonnengleichnis einen historischen Sinn zu geben. Die Philosophie hat das „Sichtrennen" und die in immer neuen Formen sich herstellende „Harmonie" zwischen Subjekt und Objekt („Bewuß-

gegenwärtigen Darstellung befinde ich mich im Indifferenzpunkt, in welchen nur der recht fest und sicher sich stellen kann, der ihn zuvor von ganz entgegengesetzten Richtungen her konstruiert hat" (Vorerinnerung zur Darstellung meines Systems, Ausgabe Schröter, 3. Hauptband, S. 4).

„So kann jenes Höhere selbst weder Subjekt noch Objekt, auch nicht beides zugleich, sondern nur die absolute Identität sein" (System des transzendentalen Idealismus, Ausgabe Schröter, 2. Hauptband, S. 600).

[130] System des transzendentalen Idealismus, Ausgabe Schröter, 2. Hauptband, S. 603.

[131] System des transzendentalen Idealismus, Ausgabe Schröter, 2. Hauptband, S. 600.

tem und Bewußtlosem") zu berichten. Dieser Prozeß aber, der gemeinsame Prozeß der Natur und des Geistes, ist die Geschichte. Und die so verstandene Geschichte ist „eine fortgehende, allmählich sich enthüllende Offenbarung des Absoluten" [132] — nicht um dieses beschreibbar vor Augen zu stellen, sondern um es in seiner Funktion zu begreifen, Subjekt und Objekt zu trennen und zu vermitteln.

b) Die Philosophie der Geschichte als Philosophie der Freiheit

Die transzendentale Reflexion auf die gemeinsamen Bedingungen und auf die Bedingung der Gemeinsamkeit von Bewußtsein und Gegenstand will ein Prinzip entdecken, aus dem verständlich wird, wie die Vermittlung von Subjekt und Objekt und also die Erkenntnis möglich sei. Schelling versteht die Wirksamkeit dieses Prinzips so, daß es Geschichte begründet. Die Begründung von Geschichte aber schließt — neben der Ermöglichung des epochalen Wandels und des Zusammenhangs der Epochen — die Setzung eines Anfangs ein. So hebt Schellings Philosophie des Absoluten jene Unterscheidung zwischen zeitlichem Gründungsgeschehen und zeitlosem Prinzip, durch welche im Beginn des europäischen Philosophierens die Geschichtserzählung sich von der Philosophie unterschied und beide gemeinsam sich vom Mythos trennten, in die höhere Einheit einer philosophisch verstandenen Geschichte wieder auf (vgl. oben S. 94/95).[133] Die Frage, wie das Absolute (als gemeinsames Prinzip alles Subjektiven und Objektiven) gedacht werden könne, verknüpft sich so mit der Frage, wie der Anfang zu denken sei. Nach Schellings Auffassung aber kann dieser Anfang nur dann sachgerecht gedacht werden, wenn er als Akt der Freiheit gedacht wird.

Die Produktivität des Lebens (sei es lebendige Natur, sei es lebendiger Geist) folgt der Notwendigkeit des eigenen Wesens, das sich,

[132] System des transzendentalen Idealismus, Ausgabe Schröter, 2. Hauptband, S. 603.

[133] „Das Gewußte wird erzählt, warum kann nicht auch das Gewußte der höchsten Wissenschaft mit der Geradheit und Einfalt wie jedes andere Gewußte erzählt werden? Was hält sie zurück, die geahndete goldne Zeit, da die Fabel wieder zur Wahrheit und die Wahrheit zur Fabel wird?" (Die Weltalter, Fragmente, Ausgabe Schröter, Nachlaßband, S. 112).

wie Spinozas „natura naturans", in immer neuen Produkten ebenso „ausdrückt" wie in deren immer neuer Auflösung. Eben deshalb aber, weil sich in diesem Prozeß das Notwendige ausdrückt, ist er ohne Anfang und Ende. Und als ewiger Prozeß ist er inneres Wirken, in welchem das Prinzip sich selbst gestaltet, nicht schöpferisches Handeln nach außen, in dem gesetzt wird, was nicht sein müßte und nicht immer gewesen ist. Die Form der Rede vom notwendig-ewigen inneren Prozeß im Absoluten ist der Mythos.

Um dagegen den Anfang zu setzen, der etwas schafft, was vom Prinzip verschieden ist, ist eine doppelte Negation nötig: die erste, in welcher das Prinzip sich von dem unterscheidet, was noch nicht ist und werden soll (das Prinzip setzt in dieser Negation die Welt als nichtseiend, sich selbst als nicht die Welt seiend); und die zweite Negation, in welcher dieses Nichtsein des Anderen negiert, die bloße Selbstunterscheidung des Prinzips von allem Prinzipiierten durch den Gründungsakt überboten wird. Diese doppelte Negation aber ist nicht mehr der notwendig-ewige Prozeß innerhalb der natura naturans, sondern die freie Tat der Schöpfung. Und es ist diese freie Tat, die es gestattet, das ewige Prinzip mit dem Namen „Gott" zu bezeichnen. „Vermöge der bloßen Notwendigkeit Gottes, da sie nur auf sein Dasein [...] geht, wäre keine Kreatur. Also durch die Freiheit überwindet Gott die Notwendigkeit seiner Natur in der Schöpfung."[134] Die Form der Rede von diesem freien Handeln Gottes aber ist die Übermittelung von Offenbarung. „Nach allem diesem ist wohl einleuchtend, daß die Philosophie der Offenbarung nicht, wie die der Mythologie, einen notwendigen Prozeß darstellt, da die Offenbarung vielmehr ein völlig Freigesetztes, nur aus dem Entschluß und der Tat des freiesten Willens zu Begreifendes ist."[135]

Schellings Philosophie des Absoluten wird so zur „Philosophie der Mythologie und der Offenbarung" (vgl. den Titel seiner mehrfach gehaltenen Vorlesung): zur Philosophie der Mythologie, sofern von der Notwendigkeit des innergöttlichen Prozesses zu reden ist; zur Philosophie der Offenbarung, sofern von der freien Tat gesprochen werden muß, die Geschichte begründet. „Im Prozeß ist bloße Notwendigkeit, in der Geschichte ist Freiheit."[136] Aber dabei handelt es

[134] Die Weltalter, Ausgabe Schröter, 4. Hauptband, S. 586.

[135] Philosophie der Offenbarung, Ausgabe Schröter, 6. Hauptband, S. 403.

[136] Philosophie der Offenbarung, Ausgabe Schröter, 6. Hauptband, S. 395.

sich nicht um zwei gleichgewichtige Teile von Schellings Spätwerk. Von den notwendigen Prozessen innerhalb der Gottheit läßt sich nur „mythisch" reden, sofern sie als „Potenzen" in der Konstitution des Geistes und seiner Beziehung auf Objekte wirksam werden. Der schöpferische Anfang, aus dem Geist und Natur hervorgehen, ist deshalb das Thema auch dort, wo vom inneren Leben der Gottheit gehandelt wird. Der Gedankengang im ganzen zielt auf die Philosophie der Offenbarung und also der Freiheit, um zu zeigen, wie „die innere Notwendigkeit des Prozesses selbst [...] auf einen Punkt" führt, „wo alles auf eine freie Tat gestellt erscheint".[137] Und daß diese freie Schöpfungstat zugleich eine Freiheit stiftende Tat ist, wird in einer besonderen Schrift ›Philosophische Untersuchungen über das Wesen der menschlichen Freiheit und die damit zusammenhängenden Gegenstände‹ deutlich gemacht.[138]

c) Die Eigenart von Schellings Geschichtsphilosophie

Die idealistische Gesamtkonzeption, so wurde gezeigt, versteht die Geschichte als den Vorgang, in welchem die Vernunft zu einem angemessenen Wissen ihrer selbst gelangt, indem sie sich zunächst dem Fremden, dem von ihr unterschiedenen Objekt, gegenüber findet, sodann aber in einer Reflexion auf ihre Selbsttätigkeit ihren Eigenstand gegenüber der Übermacht der Objekte zurückgewinnt und schließlich in dem bestehenden Gesetz der Objektwelt ihr eigenes Wesen wiedererkennt. Diese Gesamtkonzeption bleibt bei Schelling insofern gewahrt, als die verschiedenen Formen der „Trennung" und der „Harmonie" zwischen Subjekt und Objekt erst in der letzten Phase ihrer Geschichte und im höchsten Grade der Trennung den „Indifferenzpunkt" erkennen lassen, aus dem sie alle hervorgegangen sind. Was Schelling vom Prozeß der sich gestaltenden Natur sagt, gilt auch vom Prozeß des Geistes in seinem Verhältnis zu ihr: daß erst „in der höchsten Scheidung der Kräfte das allerinnerste Zentrum aufgeht"[139].

[137] Philosophie der Offenbarung, Ausgabe Schröter, 6. Hauptband, S. 399.

[138] Erstausgabe: Philosophische Schriften, 1. Band, Landshut 1809, Ausgabe Schröter, 4. Hauptband, S. 223 ff.

[139] Über das Wesen der menschlichen Freiheit, Ausgabe Schröter, 4. Hauptband, S. 254.

Aber Schelling unterscheidet sich von den übrigen Idealisten dadurch, daß er das Absolute weder als „Ich" noch als „Geist" bestimmt und deshalb auch das Ziel der Geschichte, die vollendete Offenbarung dieses Absoluten, nicht mit dem Selbstwissen des Subjekts identifizieren kann. Die Gleichwertigkeit von Subjekt und Objekt in allem Wissen verbietet es, denjenigen Vorgang, der den Möglichkeitsgrund ihrer Vermittlung offenbar machen soll, einseitig als das Zu-sich-Kommen des Subjekts zu beschreiben. Da jedoch das Absolute ebensowenig als Objekt dargestellt werden kann, bleibt es notwendig namenlos — weshalb auch das Ziel der Geschichte, seine vollendete Offenbarung, nicht begrifflich antizipiert werden kann. Hegel hat eine solche Rede vom Absoluten, die diesem keine Prädikate zusprechen kann und darum nichts zu sagen vermag, durch die bekannte Formel von der „Nacht, in der alle Kühe schwarz sind", verspottet.[140] Aber nur um den Preis eines solchen Verzichtes auf Prädikationen konnte Schellings Philosophie des Absoluten (und damit seine Philosophie der Geschichte) eine Philosophie der Freiheit bleiben. Denn zwar läßt sich sagen, der Prozeß des Zu-sich-Kommens expliziere das Wesen des Subjektes, der Prozeß des Sich-Gestaltens expliziere das Wesen der Natur. Aber die Abfolge von Vermittlungen zwischen Subjekt und Objekten expliziert nicht das Wesen des Absoluten, sondern seine freie Stiftung. Seine Freiheit (als diejenige Bedingung, die die „doppelte Negation" der freien Schöpfung ermöglicht), nicht sein Wesen kann deshalb an der Geschichte abgelesen werden. Soll die Geschichte nicht als Naturprozeß, die Offenbarung nicht als Mythos mißverstanden werden, dann muß der Hiatus der Freiheit erhalten bleiben, der das „Wesen" des Schöpfers von seiner Tat trennt. Dann aber läßt sich die freie (und Freiheit stiftende) Tat nicht spekulativ deduzieren; wohl aber läßt sich zeigen: Das Absolute ist so, daß es zu dieser freien Tat gelangt; Natur und Geschichte sind so, daß sie in dieser göttlichen Freiheit gründen. „Hier hört alles Wissen a priori wieder auf." [141]

Die philosophische Reflexion gelangt also bei ihrer Suche nach dem „Prinzip" nicht über das Historische hinaus zu einem ewigen Wesen; wohl aber kommt sie zu der Einsicht in die Wesentlichkeit des Historischen. Nicht nur von der Interpretation des Christentums gilt, was Schelling von dieser sagt: Es gehe um die Einsicht in die „Identität

[140] Phänomenologie des Geistes, Ausgabe Glockner, II, S. 22.

[141] Philosophie der Offenbarung, Ausgabe Schröter, 6. Hauptband, S. 400.

des Doktrinellen und Geschichtlichen".[142] Überall geht es um die Aufhebung des Gegensatzes von ewigen Vernunftwahrheiten und historischen Tatsachenwahrheiten.[143] Und die letzte Einsicht, die sich auf diesem Wege gewinnen läßt, besagt, daß diejenige Freiheit, die den Prozeß der Natur und den des Ich hervorgebracht hat, wiederum Freiheit begründet. Deshalb wird die bestimmende Kraft des Absoluten, die zunächst als blindes Schicksal erschien, sodann als erkennbares Naturgesetz offenbar wird, sich am Ende der Geschichte als „Vorsehung" offenbaren, die die freien Handlungen der Menschen in ihrer Freiheit wahrt und dennoch zum Ganzen des Weltlaufes fügt. Schellings Geschichtsphilosophie will den Anbruch dieser bevorstehenden dritten Periode der „Offenbarung des Absoluten" vorbereiten. „Die dritte Periode der Geschichte wird die sein, wo das, was in den früheren als Schicksal und als Natur erschien, sich als Vorsehung entwickeln und offenbar werden wird." [144]

Schellings Philosophie ist im ganzen Philosophie der Geschichte, weil sie eine Philosophie des Absoluten ist, von dem nicht Wesensprädikate beschrieben, sondern nur ein Wirken erzählt werden kann. Schellings Philosophie bleibt Philosophie des Absoluten, indem sie eine Philosophie der Freiheit bleibt und also nur zeigen kann, wie der notwendige Prozeß auf den „Punkt" der freien Tat führt, nicht aber dieser Freiheit (der Schöpfung und der Geschichte) durch Deduktionen begrifflich vorgreifen darf.

[142] Philosophie der Offenbarung, Ausgabe Schröter, 6. Ergänzungsband, S. 196. Vgl. dazu: „Der wahre Inhalt des Christentums ist eine Geschichte [...]. Das wäre also eine schlechte, das Eigenthümliche desselben völlig aufhebende Erklärung, welche etwa das Doktrinelle und das Geschichtliche unterscheiden und bloß jenes als das Wesentliche, als den eigentlichen Inhalt, das Geschichtliche aber als bloße Form und Einkleidung betrachten wollte. Das Geschichtliche ist nicht etwas der Lehre Zufälliges, sondern die Lehre selbst" (ibid. S. 195).

[143] „Also erzählt wird seiner Natur nach alles Gewußte; aber das Gewußte ist hier kein von Anbeginn fertig Daliegendes und Vorhandenes, sondern ein aus dem Innern durch einen ganz eigenthümlichen Prozeß immer erst Entstehendes" (Die Weltalter, Ausgabe Schröter, 4. Hauptband, S. 577).

[144] System des transzendentalen Idealismus, Ausgabe Schröter, 2. Hauptband, S. 604.

4. Die Geschichtsphilosophie Hegels

a) Die Philosophie als „Schattenriß der Geschichte der Welt"

Die Frage nach der Möglichkeit des Wissens verbindet Hegel mit Fichte und Schelling. Daß zur Beantwortung dieser Frage das Pochen auf den „Reichtum des Materials"[145] der empirischen Kenntnisse nicht ausreicht, ist deutlich geworden, seit Kant die Möglichkeit der Erfahrung zum Problem gemacht und nach den Bedingungen dieser Möglichkeit gefragt hat. Aber auch ein „einfärbiger Formalismus"[146] reicht dazu nicht aus. Denn er muß entweder den „Stoff" völlig formlos denken (und reproduziert dann auch hinsichtlich dieses amorphen Materials seine „Einfarbigkeit", d. h. kann die Differenzen der Gegenstände nicht erklären); oder er denkt diesen Stoff schon als gestaltet (und kann dann nicht erklären, wie er sich der ewig gleichen Form der Erkenntnis einpassen soll). Um die Möglichkeit des Wissens zu klären, ist statt dessen eine „Form" der Erkenntnis gefordert, aus der die Fülle des unterschiedlichen „Stoffes" sich deduzieren läßt.[147]

Ist aber die Mannigfaltigkeit der Inhalte das Ergebnis einer solchen Selbstunterscheidung der Form, dann ist „das Wahre", das es zu erkennen gilt, „das durch seine Entwicklung sich vollendende Wesen".[148] Die Erkenntnis dieses Wahren ist folglich die Nachzeichnung einer Entwicklung, aus der alles hervorgeht, was dann als Fülle der möglichen Erkenntnisinhalte die „Welt" ausmacht. Erkenntnis ist „die wie im Schattenrisse nachgezeichnete Geschichte der Bildung der Welt".[149]

Wie für Schelling, so ist also auch für Hegel die Geschichte kein Sonderthema der Philosophie, auf das sie ihre anderweitig erworbenen Einsichten anwenden könnte; die Philosophie ist vielmehr im ganzen Geschichtsphilosophie, weil ihr Gegenstand kein ruhendes Sein ist, sondern ein Prozeß: jenes „Absolute", das „wesentlich Resultat" und deswegen „erst am Ende das ist, was es in Wahrheit ist".[150] Aber wie

[145] Phänomenologie des Geistes, Ausgabe Glockner, II, S. 20.

[146] Phänomenologie des Geistes, Ausgabe Glockner, II, S. 21.

[147] Thema der philosophischen Darstellung ist „der aus sich entspringende Reichtum und sich selbst bestimmende Unterschied der Gestalten" (Phänomenologie des Geistes, Ausgabe Glockner, II, S. 21).

[148] Phänomenologie des Geistes, Ausgabe Glockner, II, S. 24.

[149] Phänomenologie des Geistes, Ausgabe Glockner, II, S. 31.

[150] Phänomenologie des Geistes, Ausgabe Glockner, II, S. 24.

Fichte, so will auch Hegel nicht darauf verzichten, dieses Absolute begrifflich zu fassen. Der Versuch, diesem Streben nach einer „unterscheidenden und erfüllten oder Erfüllung fordernden Erkenntnis" das Wissen davon entgegenzusetzen, „daß im Absoluten alles gleich ist",[151] gilt Hegel als Ausflucht vor der Aufgabe des Erkennens.[152] Und ebenso wie Fichte meint er den Begriff des Absoluten dadurch zu gewinnen, daß er dieses als Subjekt begreift. Denn nur dadurch wird verständlich, daß das Absolute nur „ist", indem es sich durch Setzung von Unterschieden selbst bestimmt.[153]

Jene „Geschichte der Bildung der Welt", deren „Schattenriß" nachzuzeichnen die Aufgabe der Wissenschaft ist, erweist sich so als Geschichte des Geistes, der „die Form seines Wissens von sich hervorzutreiben hat".[154] Das philosophische Denken, das diese Geschichte nachzeichnet, bewegt sich dabei auf „Stufen eines Weges, der ausgearbeitet und geebnet ist",[155] weil der Weltgeist diesen Weg schon durchlaufen hat.[156] Die Weltgeschichte auf diese Abbreviatur einfacher Gedankenbestimmungen zu bringen, ist deswegen möglich, weil sie der Gang des Geistes ist, der zu sich selber kommt.

b) Die Geschichtsphilosophie als dialektisches System

Hegel hat im Gegensatz zu Schelling versucht, die Natur des Absoluten zu fassen, indem er das Absolute als Geist begriff. Er konnte das, weil er aus der Verlaufsform der Geschichte, der Setzung des

[151] Phänomenologie des Geistes, Ausgabe Glockner, II, S. 22.

[152] „Sein Absolutes für die Nacht auszugeben, worin, wie man zu sagen pflegt, alle Kühe schwarz sind, ist die Naivität der Leere an Erkenntnis" (Phänomenologie des Geistes, Ausgabe Glockner, II, S. 22).

[153] „Das Geistige allein ist das [...] Anderssein und Fürsichsein und in dieser Bestimmtheit oder seinem Außersichsein in sich selbst Bleibende" (Phänomenologie des Geistes, Ausgabe Glockner, II, S. 27/28).

„Der Geist ist Verdoppelung, Entfremdung, aber um zu sich selber finden zu können, um zu sich selbst kommen zu können" (Geschichte der Philosophie, Ausgabe Glockner, XVII, S. 52).

[154] Phänomenologie des Geistes, Ausgabe Glockner, II, S. 614.

[155] Phänomenologie des Geistes, Ausgabe Glockner, II, S. 31.

[156] Der Geist hat „die Geduld gehabt [...], die ungeheure Arbeit der Weltgeschichte [...] zu übernehmen". Der philosophische Gedanke dagegen

Gegensatzes von Bewußtsein und Gegenstand und der Aufhebung dieses Gegensatzes, der „Entfremdung“ und der „Versöhnung“, das Gesetz der Selbstverwirklichung des Geistes abzulesen meinte. Das Zu-sich-Kommen im Anderen, die Selbstvermittlung im Durchgang durch die Entfremdung ist die spezifische Form, wie der Geist zum Selbstbewußtsein kommt und damit erst wirklicher Geist wird. Wenn aber die „Geschichte der Bildung der Welt“ in ihrem Kern die Geschichte des sich selbst verwirklichenden Geistes ist, dann ist sie ein aufgrund der Natur des Absoluten notwendiger Prozeß. Schellings Unterscheidung zwischen Prozeß und Geschichte (Notwendigkeit und Freiheit, Mythos und Offenbarung) muß unter dieser Voraussetzung aufgegeben werden.

Ist aber die Geschichte ein notwendiger Prozeß, und ist das Prinzip ihrer Notwendigkeit (die Geistnatur des Absoluten) bekannt, dann muß es möglich sein, den Geschichtsprozeß aus seinem Prinzip zu deduzieren. Die Sätze: „das Absolute ist Geist“ und: „die Substanz ist wesentlich Subjekt“ schließen daher die weitere Aussage ein: „das Wahre ist nur als System wirklich“.[157] Dieses System besteht nicht, wie bei Schelling, in der Komplementarität zweier Betrachtungen (der naturphilosophischen und der transzendentalphilosophischen) oder in der Betrachtung einer Komplementarität (von Natur und Geist), sondern darin, aus der Einheit des Begriffs die Mannigfaltigkeit der Geschichte abzuleiten. Die Differenz zwischen deduzierbaren Vernunftwahrheiten und nichtdeduzierbaren historischen Tatsachenwahrheiten wird nicht, wie bei Schelling, dadurch aufgehoben, daß jene Notwendigkeit deduziert wird, die auf den „Punkt“ führt, wo „alles auf eine freie Tat gestellt erscheint“,[158] sondern dadurch, daß sich die Abfolge freier Handlungen als die Erscheinung einer Notwendigkeit erweist, als der „vernünftige notwendige Gang des Weltgeistes [...], dessen Natur zwar immer eine und dieselbe ist, aber in dem Weltdasein diese seine eine Natur expliziert“.[159]

findet „die Gestaltung bereits auf ihre Abbreviatur, auf die einfache Gedankenbestimmung herabgebracht“ (Phänomenologie des Geistes, Ausgabe Glockner, II, S. 32).

[157] Phänomenologie des Geistes, Ausgabe Glockner, II, S. 27).

[158] Philosophie der Offenbarung, Ausgabe Schröter, 6. Hauptband, S. 399.

[159] Philosophie der Geschichte, Ausgabe Glockner, XI, S. 36.

Um aber aus einem Begriff den geschichtlichen Prozeß ableiten zu können, muß Hegel zuvor die Natur des Begriffs als eines solchen auf eine neue Weise bestimmen. Der Begriff, wie Hegel ihn versteht, ist nicht die abstrakte Allgemeinvorstellung, unter die ein mit einem Namen bezeichnetes Einzelding subsumiert wird.[160] Vielmehr wird der Inhalt des Begriffs durch die Definition angegeben, welche durch die Kopula „ist" ein Individuelles und ein Allgemeines verknüpft. So drückt die Definition des Begriffes die je besondere Identität eines Individuellen und eines Allgemeinen aus. Diese Identität des Verschiedenen aber läßt sich nur „genetisch" begreifen, als ein „Leben des Begriffs", der sich selbst entwickelt, „indem das Unterschiedene unmittelbar als das Identische gesetzt [...] ist".[161] Die Wissenschaft der Logik aber, deren Aufgabe es ist, zu beschreiben, wie der Begriff durch das (Definitions-)Urteil bestimmt wird, und wie der Syllogismus die Verknüpfung von Subjekt und Prädikat im Urteil zustande bringt, zeichnet so „die Dialektik" nach, die der Inhalt „an ihm selbst hat, welche ihn fortbewegt".[162] In solcher Beschreibung der vorantreibenden Dialektik der Sache selbst geht aber die Logik über in die Deduktion des Prozesses, in welchem das Wesen sich realisiert, und damit in die Philosophie der Geschichte.

Die Möglichkeit des dialektischen Systems beruht jedoch nicht nur auf einer solchen Überführung der Logik in Geschichtsphilosophie, sondern ebensosehr auf der Aufhebung der Geschichte in Logik. Die Geschichte soll als Explikation der Natur des Geistes verstanden werden,[163] der durch solche Entäußerung „sich zum Bewußtsein und Selbst-

[160] „Was man gewöhnlich Begriffe nennt [...], sind Abstraktionen, die vom Begriff nur das Moment der Allgemeinheit nehmen und die Besonderheit und Einzelheit weglassen, ebendarum gerade vom Begriff abstrahieren" (Heidelberger Enzyklopädie § 113, Ausgabe Glockner, VI, S. 99).

„Der Begriff ist vielmehr nur das Allgemeine, welches sich bestimmt und dadurch besonderes ist, diese seine Besonderheit als Bestimmung aber ebenso unmittelbar aufhebt, darin in sich zurückkehrt und dadurch Einzelnes und Allgemeines in einer Identität ist. Die immanente Unterscheidung und Reflexion des Begriffs selbst ist im Urteil gesetzt" (Heidelberger Enzyklopädie § 114, Ausgabe Glockner, VI, S. 100/101).

[161] Heidelberger Enzyklopädie § 110, Ausgabe Glockner, VI, S. 96.

[162] Wissenschaft der Logik, Ausgabe Glockner, IV, S. 52.

[163] Philosophie der Geschichte, Ausgabe Glockner, XI, S. 36.

bewußtsein [...] bringt".[164] Indem die Einheit des Geistes sich auf solche Weise zur Welt entfaltet, wird der Geist „zum äußerlich Allgemeinen, zum Weltgeist".[165] Jede Phase dieser Entwicklung fordert deswegen eine je besondere Art der Versöhnung zwischen dem Individuellen (in welchem der Geist als subjektives Bewußtsein wirksam ist) und dem Allgemeinen (worin der gleiche Geist sich als objektives Gesetz äußert). Die Versöhnung des Individuellen und des Allgemeinen hat sich in der Logik als die besondere Funktion des Begriffes erwiesen. Die gleiche Versöhnung des Individuellen und des Allgemeinen (hier in den Gestalten des subjektiven Bewußtseins und des objektiven Gesetzes) ist in der Geschichte die besondere Funktion des Staates. Die logische Funktion des Begriffs und die geschichtliche Funktion des Staates erweisen sich so als strukturgleich. Hegel nennt darum den Staat „die Freiwerdung der Momente des Begriffs".[166] Von „Selbstbestimmung des Begriffs in sich" war in der Logik die Rede.[167] Diese an der Logik ablesbare Notwendigkeit der Selbstbestimmung des Begriffs (seine Vermittlung von Individuellem und Allgemeinem) ist zugleich der Zweck des Staates. „Nur die Selbstbestimmung des Begriffs in sich, nicht irgend andere Zwecke und Nützlichkeiten, ist es [...], um derentwillen allein die Staatsorganisation als das in sich Vernünftige und das Abbild der ewigen Vernunft ist." [168] Indem aber die Logik nicht nur die Notwendigkeit, sondern auch die „notwendige Reihe" der Vermittlungsformen von Individuellem und Allgemeinem in der Selbstbestimmung des Begriffs darstellt, gibt sie nicht nur den Staatszweck im allgemeinen, sondern auch die „notwendige Reihe" von Staatsformen zu erkennen. Die Geschichte wird ablesbar an der logischen Struktur und Entwicklung des Begriffs.

[164] System der Philosophie § 549, Ausgabe Glockner, X, S. 427.

[165] ibid.

[166] Philosophie der Geschichte, Ausgabe Glockner, XI, S. 80.

[167] „Die logische und noch mehr die dialektische Natur des Begriffs überhaupt, daß er sich selbst bestimmt, Bestimmungen in sich setzt und dieselben wieder aufhebt, und durch dieses Aufheben selbst eine affirmative, und zwar reichere, konkretere Bestimmung gewinnt — diese Notwendigkeit und die notwendige Reihe der reinen und abstrakten Begriffsbestimmungen wird in der Logik erkannt" (Philosophie der Geschichte, Ausgabe Glockner, XI, S. 101).

[168] Philosophie des Rechts, Ausgabe Glockner, VII, S. 369.

Der Gedankengang läßt sich in folgender Weise zusammenfassen: Geschichte hat das Selbstbewußtsein des Geistes zu ihrem Ziel; seine Selbstexplikation zur Welt ist der Weg, der dorthin führt; die je neue Versöhnung zwischen dem Individuellen und dem Allgemeinen ist die auf jeder Stufe dieses Weges neu gestellte Aufgabe. Darum sind die Staaten, die diese Versöhnung auf je besondere Weise leisten, das „Material" der Weltgeschichte.[169] Das konstitutive Gesetz des Staates überhaupt und die Abfolge der Staaten und ihrer Rechtsformen in der Geschichte sind an der Selbstbestimmung des Begriffs ablesbar, wie sie in der Logik beschrieben wird.

Die Überführung der Logik in Geschichtsphilosophie (als Nachzeichnung des Prozesses des sich selbst realisierenden Wesens) und die Aufhebung der Geschichte in Logik (als Lehre vom sich selbst bestimmenden Begriff) machen es möglich, in der philosophischen Interpretation einerseits die Geschichte auf ihren Begriff, andererseits den Begriff zu seiner Geschichte zu bringen.

c) Die Deduktion des Geschichtsverlaufs

Ziel der Geschichte ist das Selbstwissen des Geistes, der in allem scheinbar Fremden zuletzt sich selbst wiederentdeckt. Damit aber hat der Geist zugleich allen Anschein der Fremdbestimmung und Unfreiheit überwunden und ist zum Bewußtsein seiner reinen Selbstbestimmung gekommen.[170] Das Mittel zur Erreichung dieses Zieles sind die subjektiven Leidenschaften der Handelnden.[171] Aber die Subjektivität der Leidenschaften dient in ihrem Ergebnis gegen ihren Willen der Objektivität des Gesetzes.[172] Der Gang der Geschichte läßt so die

[169] „In der Weltgeschichte kann nur von Völkern die Rede sein, welche einen Staat bilden" (Philosophie der Geschichte, Ausgabe Glockner, XI, S. 71. Vgl. auch System der Philosophie § 549, Ausgabe Glockner, X, S. 429).

[170] „Denn wenn ich abhängig bin, so beziehe ich mich auf ein Anderes, das ich nicht bin" [...]. „Frei bin ich, wenn ich bei mir selbst bin. Dieses Beisichselbstsein des Geistes ist Selbstbewußtsein" (Philosophie der Geschichte, Ausgabe Glockner, XI, S. 44).

[171] „Der subjektive Wille, die Leidenschaft, ist das Betätigende, Verwirklichende" (Philosophie der Geschichte, Ausgabe Glockner, XI, S. 70).

[172] „Die Leidenschaften führen sich selbst und ihre Zwecke aus nach ihrer Naturbestimmung und bringen die Gebäude der menschlichen Gesellschaft

Handelnden und ihre subjektiven Zwecke, deren er sich bedient hat, hinter sich. „Ist der Zweck erreicht, so fallen sie, die leeren Hülsen des Kerns, ab. Sie sterben früh, wie Alexander, sie werden wie Cäsar ermordet, wie Napoleon nach Sankt Helena transportiert." [173]

Die einzelnen Hervorbringungen des Geistes bei diesem Gang durch die Zeit sind die Staaten und ihre Rechtsordnungen, deren jede von einem Volk getragen wird. Sofern jeweils ein Volk in einer bestimmten Staatsordnung (einer bestimmten Weise der Versöhnung von individuellem Streben und allgemeinem Gesetz) seine ihm gemäße historische Gestalt findet, erweist es sich beseelt vom Geist (der allein diese Versöhnung bewirken kann), aber in der konkreten Gestalt eines Volksgeistes.[174]

Der Stufengang der Selbstverwirklichung des Geistes, der als Abfolge staatlicher Rechtsordnungen in die Erscheinung tritt, ist darum zugleich die Abfolge der geschichtsbestimmenden Wirksamkeit verschiedener Völker und folglich eine Abfolge von Imperien, weil jeweils dasjenige Volk, das kraft seiner spezifischen Rechtsordnung „Träger der gegenwärtigen Entwicklungsstufe des Weltgeistes" ist, allen anderen Völkern die Gesetze vorschreibt.[175] Die Abfolge dieser Imperien aber (von den orientalischen Reichen über das Alexanderreich, das Römische Imperium und die germanisch-christlichen Reiche)

hervor, worin sie dem Recht, der Ordnung die Gewalt gegen sich verschafft haben" (Philosophie der Geschichte, Ausgabe Glockner, XI, S. 56).

[173] Philosophie der Geschichte, Ausgabe Glockner, XI, S. 61.

[174] „Indem diese Entwicklung in der Zeit und im Dasein und somit als Geschichte ist, sind deren einzelne Momente und Stufen die Völkergeister; jeder als Einzelner und Natürlicher in einer qualitativen Bestimmtheit ist nur Eine Stufe auszufüllen und nur Ein Geschäft der ganzen Tat zu vollbringen bestimmt" (System der Philosophie § 549, Ausgabe Glockner, X, S. 427).

[175] „Dem Volke, dem solches Moment als natürliches Prinzip zukommt, ist die Vollstreckung desselben in dem Fortgange des sich entwickelnden Selbstbewußtseins des Weltgeistes übertragen. Dieses Volk ist in der Weltgeschichte für diese Epoche — und es kann in ihr nur Einmal Epoche machen — das Herrschende. Gegen dieses sein absolutes Recht, Träger der gegenwärtigen Entwicklungsstufe des Weltgeistes zu sein, sind die Geister der anderen Völker rechtlos, und sie, wie die, deren Epoche vorbei ist, zählen nicht mehr in der Weltgeschichte" (Philosophie des Rechts, Ausgabe Glockner, VII, S. 449).

zielt auf diejenige Rechtsordnung ab, in der die Freiheit aller Einzelnen mit der allgemeinen Herrschaft des Gesetzes vollkommen versöhnt ist. Dieses Rechtsideal sieht Hegel im neuzeitlich-bürgerlichen Rechtsstaat wirksam, wie er durch die Französische Revolution, durch Napoleons Code Civil und die nachrevolutionären Verfassungen errichtet worden ist.

In diese Vollform seiner Verwirklichung hat der Geist alle seine früheren Realisationsformen aufgenommen.[176] Eben deshalb ist auch der philosophische Gedanke fähig, trotz der Differenz der Epochen das Vergangene gegenwärtig zu verstehen. Der Philosophie ist „alles [...] in der Vergangenheit unverloren“. Indem sie sich an den vom Geist durchlaufenen Weg erinnert, hat sie es „mit ewig Gegenwärtigem zu tun“.[177]

d) Die Eigenart von Hegels Geschichtsphilosophie

Den idealistischen Grundgedanken, die Geschichte als ein Zu-sich-Kommen im Durchgang durch die Entfremdung zu verstehen, hat Fichte in die besondere Form gefaßt, daß er die Geschichte als den Weg von der naturhaft-instinktiven Selbstbestimmung über die gesellschaftliche Fremdbestimmung zur politischen Freiheit beschrieb. Schelling sah in dem immer radikaleren Auseinandertreten von Subjekt und Objekt, Geist und Natur die Bedingung für das Aufleuchten ihres verborgen-einheitlichen „Indifferenzpunktes“. Hegel aber interpretiert diesen Weg als den Prozeß des Geistes, der nur dadurch zu sich selber kommen kann, daß er sich dem „Anderen seiner selbst“ gegenüber findet. So ist Hegels Geschichtsphilosophie innerhalb der idealistischen Gesamtkonzeption dadurch ausgezeichnet, daß sie den Grund für die Struktur des Geschichtsverlaufes in der Natur des Geistes findet. Daraus aber folgt, daß die Gesetzmäßigkeit des Geschichtsprozesses im eigensten Element des Geistes, in dem inneren „Leben des Begriffs“, vorgezeichnet ist, welches darin besteht, auf je neue Weise Individuelles und Allgemeines zu versöhnen. Die Darstellung dieser Versöhnung in

[176] „Die Momente, die der Geist hinter sich zu haben scheint, hat er auch in seiner gegenwärtigen Tiefe“ (Philosophie der Geschichte, Ausgabe Glockner, XI, S. 120).

[177] ibid.

der Geschichte ist der Staat. So ist Hegels Geschichtsphilosophie ihrer Struktur nach dialektische Logik, weil sie das Absolute als Geist bestimmt; und sie ist ihrem Inhalte nach Philosophie des Staates und des Rechts, weil sie ihrer Form nach dialektische Logik ist.

5. *Zur Kritik der idealistischen Geschichtsphilosophie*

a) Ihre Fragestellung

Die idealistische Geschichtsphilosophie hat, aufgrund von Ansätzen, die sie aus der Philosophie der Aufklärungszeit übernehmen konnte, die Geschichte zum ausdrücklichen Thema ihrer Erörterungen gemacht und (wenigstens in zweien ihrer Vertreter) dieses Thema ins Zentrum ihrer Gesamtbemühung gerückt. Aber sie hat die Frage nach Möglichkeitsgrund und Verlaufsstruktur der Geschichte nicht willkürlich gewählt, sondern als notwendig vorgefunden. Das zeigt sich unter anderem darin, daß diejenigen Fragestellungen in die idealistische Geschichtsphilosophie eingegangen sind, die längst vor dem Entstehen einer geschichtsphilosophischen Sonderthematik die Philosophen immer wieder genötigt haben, nach der Geschichte zu fragen: das moralisch-politische Problem der sich bildenden und umbildenden Rechtsordnungen und ihrer durch diesen historischen Wandel nicht aufgehobenen Verbindlichkeit für die jeweilige Epoche (vgl. S. 91 ff.); das religiöse Problem der Erscheinung des Absoluten in der Zeit und der dadurch erforderten, zugleich aber auch ermöglichten Veränderung des Bewußtseins (vgl. S. 94 ff.); das epistemologische Problem eines „Erkenntnis-Aufstiegs", d. h. einer Verwandlung des Bewußtseins in der Begegnung mit den Erscheinungen, welche zugleich dieses Bewußtsein fähig macht, nicht bei der bloßen Perzeption von Erscheinungen stehenzubleiben, sondern in einer veränderten Form des Erkennens neuartige Inhalte zu erfassen (vgl. S. 102 ff.); schließlich das im engeren Sinne historische Problem, wie der individuelle „Erkenntnis-Aufstieg der Seele" sich zu dem überindividuellen Prozeß einer „Aufhellung der Vernunft" und zu den diesen Prozeß vorantreibenden „Societates seu civitates" verhalte (vgl. S. 104 ff.). Die Fragestellung der idealistischen Geschichtsphilosophie bewährt sich also dadurch, daß die „Wahl" ihres Themas derjenigen Notwendigkeit entspricht, die sich bei solchen Autoren zeigt, die keine Geschichtsphilosophie „beabsichtigt" haben, aber im Zusammenhang anderer Probleme genötigt wurden, auf die Geschichte zu reflektieren.

b) Ihre Methode

Es gelingt der idealistischen Geschichtsphilosophie, die auf solche Weise legitimierte Frage systematisch zu bearbeiten, weil sie eine seit Augustin bewährte Methode rechtfertigen und in radikalisierter Form aneignen kann: die Verknüpfung der transzendentalen Frage (nach der Ermöglichung des Denkens, seiner Gegenstände und ihrer gegenseitigen Beziehung) mit der historischen Erfahrung. Die Idealisten können diese Verknüpfung des scheinbar Disparaten rechtfertigen, weil sie — belehrt durch die Auseinandersetzungen der Aufklärungszeit — die Historizität der Vernunft entdeckt haben. Es handelt sich also darum, zwei Erfahrungen miteinander zu verbinden und in ein Verhältnis gegenseitiger Auslegung zu bringen: die Erfahrung, die die Vernunft mit sich selber macht (daß sie erst durch eine stufenweise „Erhellung" [éclaicissement] zu ihrer gegenwärtigen Vernünftigkeit gebracht worden ist), und die Erfahrung, die ihr historisch überliefert ist (daß der Wandel der objektiven Verhältnisse mit einem Wandel der subjektiven Verstehensformen so verknüpft ist, daß beide sich gegenseitig bestimmen). Damit aber wird Augustins Methode zugleich radikalisiert. Statt eine (platonisch gedachte) Bildungsgeschichte des Erkenntnisvermögens auf die Weltgeschichte zu projizieren, findet hier eine gegenseitige Auslegung von Vernunftgeschichte und Weltgeschichte statt. Die Erfahrung von der Historizität der Vernunft (der Notwendigkeit ihres Bildungsprozesses) erlaubt es, der Transzendentalphilosophie eine historische Bedeutung zu geben. Die Erfahrung aber, daß die Historie der objektiven Verhältnisse zugleich einen Wandel der subjektiven Verstehensformen einschließt, macht es ebensosehr möglich, der Geschichtsbetrachtung eine transzendentalphilosophische Bedeutung abzugewinnen. Die Verknüpfung beider Betrachtungsweisen, der transzendentalphilosophischen und der historischen, die bei Augustin erstmalig versucht worden war, wurde durch die Idealisten auf diese Weise nicht nur gerechtfertigt, sondern auch in ihrer konkreten Anwendung kontrollierbar gemacht.

c) Die Eigenart des Ergebnisses

Es ist, so hat sich gezeigt, der Hinblick auf die Geschichte der Vernunft, der für die Idealisten eine philosophische Vernunftwissenschaft von der Geschichte möglich macht. Weil die „Form" des Denkens und seiner Beziehung auf mögliche Gegenstände in einem historischen Prozeß „gebildet" wird, darum läßt sich auch der Geschichtsprozeß transzendentalphilosophisch betrachten, d. h. unter dem Gesichtspunkt der Frage, auf welche Weise neue Inhalte und neue Formen der Erkenntnis sich wechselseitig hervortreiben und ermöglichen. Die Entwicklung der Relationen zwischen Subjekt und Objekt aus ihrem gemeinsamen Prinzip (dem Ich, dem Absoluten oder dem Geist) wird so zum Zentrum des Geschichtsprozesses erklärt. Deshalb erscheint als Ziel der Geschichte die vollendete Enthüllung dieses Vermittlungsprinzips (die „Offenbarung des Absoluten"). Die Philosophie aber, die in ihrer transzendentalen Reflexion eben dieses Prinzip offenbar machen will, erscheint so als die Vorbotin der Vollendung der Geschichte.

Die idealistische Geschichtsphilosophie ist also nicht nur in dem Sinne „apokalyptisch", daß sie beansprucht, den verborgenen Plan zu kennen, nach welchem die Universalgeschichte verläuft und dem die Menschen, unerachtet ihrer subjektiven Unwissenheit oder sogar Bosheit, durch ihre freien Handlungen notwendig dienen. Sie ist der Apokalyptik auch darin verwandt, daß das Auftreten dessen, der den Gesamtplan der Geschichte kennt, selber zu den Zeichen der bevorstehenden Vollendung gerechnet wird.

d) Zweifel am Ergebnis und Veränderung der Fragestellung

Wenn die idealistische Philosophie die Geschichte so versteht, daß das Ziel der Geschichte (die Offenbarung des Prinzips, das Subjekt und Objekte vermittelt) und die Aufgabe der Philosophie (die Erkenntnis des gemeinsamen Möglichkeitsgrundes von Bewußtsein und Gegenständen) zusammenfallen, so entsteht ein Verdacht: Es scheint, hier werde die Geschichte im allgemeinen vorschnell nach dem Modell der Philosophiegeschichte im besonderen entworfen. Die nachidealistische Geschichtsphilosophie beurteilt es als Naivität oder als Anmaßung, wenn die Philosophie auf solche Weise ihre eigene Geschichte zum Zentralprozeß der Weltgeschichte erklären will. Statt dessen soll der philosophische Gedanke (und das Denken überhaupt) als ein Moment unter anderen in die historische Gesamtbewegung eingeordnet werden. Diese Interpretationsaufgabe erfordert zwei Fragen: Welches sind die treibenden Kräfte des historischen Gesamtprozesses? Und welche beschränkte Funktion innerhalb des „realen Lebens“ kommt dem Bewußtsein, seiner „Bildung“ und den dabei entstehenden Weisen seines Geschichtsverständnisses zu? Die zweite Frage kann auch die Gestalt annehmen: Inwiefern ist das Bewußtsein einer unter vielen geschichtsbildenden Faktoren? Inwiefern hat gerade das Bewußtsein von der Geschichte an seinem Teil dazu mitgewirkt, Geschichte zu machen?

e) Behandlungsarten der neugestellten Frage

Die neue Fragestellung gestattet eine Reihe von Antworttypen und Behandlungsmethoden. Dafür sollen hier einige Beispiele angedeutet werden:

α) Die „Lebensphilosophie“, die in ihren Wurzeln auf Spinozas Lehre von der natura naturans zurückreicht, zu Ende des achtzehnten Jahrhunderts durch Friedrich Heinrich Jacobi ausdrücklich begründet wurde und im Übergang vom neunzehnten zum zwanzigsten Jahrhundert zu besonderer Blüte kam, versteht den historischen Gesamtvorgang als einen Teil im Prozeß des sich selber gestaltenden und in seinen Produkten sich ausdrückenden Lebens. Die Bedeutung des Gedankens innerhalb der Geschichte ist daher im Umkreis der für das Leben erforderlichen Ausdrucksfunktionen zu suchen.

β) Marx und die Marxisten verstehen den historischen Gesamtprozeß als die dialektische Entwicklung von Produktivkräften und gesellschaftlichen Produktionsverhältnissen. Dabei hat das Denken die Funktion, diesen Prozeß zu „spiegeln“ und eben dadurch (als reaktionäre oder revolutionäre Ideologie) auf ihn zurückzuwirken.

γ) Sartres „Existentialismus“ versteht den historischen Prozeß als eine Abfolge gesellschaftlich wirksamer Selbstdefinitionen des Menschen. Dabei hat der philosophische Gedanke die Aufgabe, an die Subjektivität dieser Entwürfe zu erinnern, um dadurch die Verantwortung des Menschen für seine Entwürfe und ihre gesellschaftlichen Folgen bewußtzuhalten und die Ausflucht in vermeintlich objektive Rechtfertigungen (« mauvaise foi ») zu verhindern.

δ) Heidegger begreift die Geschichte als die Abfolge von Veränderungen desjenigen Horizontes der Wahrheit, innerhalb dessen sich Seiendes dem Menschen zeigt und von ihm (in einem Sinne, der aller Unterscheidung von „Theorie" und „Praxis" vorausliegt) „entborgen" werden kann. Der philosophische Gedanke hat innerhalb dieser Abfolge von Epochen die Aufgabe, die Verfallenheit an das Seiende, das sich solchermaßen zeigt, und die damit verbundene „Vergessenheit des Seins", das dieses Sich-Zeigen von Seiendem allererst je geschichtlich ermöglicht, zu überwinden.

6. Die Deutung der Geschichte durch Marx und die Marxisten

a) Der verwandelte Sinn der Dialektik

Unter den nachidealistischen Geschichtsphilosophien hat die marxisch-marxistische die Besonderheit, daß sie einerseits die idealistische Geistmetaphysik ablehnt, andererseits aber daran festhält, Geschichtsphilosophie als dialektisches System zu begreifen. Das erscheint zunächst wie ein Widerspruch. Denn Hegels Geschichtsphilosophie wurde nur deshalb zum dialektisch-logischen System, weil Hegel das Absolute als Geist bestimmt hatte und deshalb im Realprozeß der Geschichte die Struktur des sich realisierenden Begriffs wiedererkennen konnte. Die dialektische Struktur von Prozessen kommt nur dort zustande, wo ein Prinzip am Werke ist, zu dessen Natur es gehört, nur im Durchgang durch Entäußerung, Entfremdung und Überwindung der Entfremdung sich selbst realisieren zu können. Ein solches Prinzip ist der Geist. Deshalb scheint dem dialektischen System der Boden entzogen zu werden, wenn die Geistmetaphysik preisgegeben wird.

Marx hat jedoch ein anderes Prinzip gefunden, auf das die soeben skizzierte Beschreibung zutrifft: den „wirklichen Menschen".[178] Dieser produziert sich selbst, d. h. er ist Mensch nicht aufgrund einer natür-

[178] „Diese Betrachtungsweise ist nicht voraussetzungslos. Sie geht von den wirklichen Voraussetzungen aus, sie verläßt sie keinen Augenblick. Ihre Voraussetzungen sind die Menschen nicht in irgendeiner phantastischen Abgeschlossenheit und Fixierung, sondern in ihrem wirklichen, empirisch anschaulichen Entwicklungsprozeß unter bestimmten Bedingungen. [. . .] Da, wo die Spekulation aufhört, beim wirklichen Leben, beginnt also die wirkliche positive Wissenschaft" (Deutsche Ideologie, MEW, III, S. 27).

lichen Ausstattung mit ewigen Eigenschaften, sondern aufgrund seiner Arbeit. Aber er kann sich selbst nur dadurch produzieren, daß er Güter produziert, die auf dem Markt getauscht werden (Entäußerung). Dabei führt die Entwicklung des Arbeits- und Gütermarktes notwendig zu Produktionsverhältnissen solcher Art, daß der arbeitende Mensch die Gesetze dieses Marktes als äußerliche Mächte erfährt, die ihn knechten (Entfremdung). Erst durch die revolutionäre Umgestaltung dieser Produktionsverhältnisse wird ein Zustand erreicht, in welchem der arbeitende Mensch nicht fremden Reichtum und fremde Macht produziert, sondern sein eigenes, durch ihn selbst bestimmtes Leben (Überwindung der Entfremdung).

Der Gang der Selbsthervorbringung von der naturhaften Unmittelbarkeit über die Entäußerung und Entfremdung zu deren Überwindung ist also keineswegs ein Spezifikum des Geistes, sondern ebensosehr ein Merkmal des arbeitenden Menschen und derjenigen sozialen und ökonomischen Verhältnisse, die die Menschen notwendig eingehen müssen, um die Produktivität ihrer Arbeit zu steigern. Von hier aus gelangt Marx zu der weitergehenden Behauptung, alle geistige Entäußerung, Entfremdung und Versöhnung sei nur die „Spiegelung“ dieser dialektischen Entwicklung der Produktionsverhältnisse. Selbst Hegei habe die dialektische Struktur der geistigen Prozesse nur deshalb erkennen können, weil er zuvor den sich selbst hervorbringenden Geist „als Arbeit gefaßt“ habe.[179]

b) Prinzip und Ablaufgesetz der Geschichte

Prinzip der so verstandenen Geschichte ist die doppelte Notwendigkeit, zur Erfüllung der natürlichen Bedürfnisse Güter zu produzieren und zur Steigerung der Produktivkräfte soziale Verhältnisse einzugehen, die auf Arbeitsteilung und Gütertausch beruhen. Sobald Arbeits-

[179] „Das Große an der Hegelschen Phänomenologie und ihrem Endresultat — der Dialektik der Negativität als dem bewegenden und erzeugenden Prinzip — ist also einmal, daß Hegel die Selbsterzeugung des Menschen als einen Prozeß faßt, die Vergegenständlichung als Entgegenständlichung, als Entäußerung und als Aufhebung dieser Entäußerung, daß er also das Wesen der Arbeit faßt und den gegenständlichen Menschen, wahren, weil wirklichen Menschen, als Resultat seiner eigenen Arbeit begreift“ (Ökonomisch-philosophische Manuskripte, 1844, MEGA III 1, S. 156).

teilung und Gütertausch so weit entwickelt sind, daß nicht nur Verbrauchsgüter, sondern auch Produktionsmittel (Menschenkraft, Ackerland und Arbeitsgerät) auf dem Markt getauscht werden, nehmen die sozialen Verhältnisse den Charakter des Klassengegensatzes an, der in den aufeinanderfolgenden Formen von Sklavenhaltergesellschaft, Feudalismus und Kapitalismus die uns bekannten Phasen der Geschichte ausfüllt. Ihnen voraus ist ein vorgeschichtlicher Urkommunismus zu denken, nach ihnen, vorbereitet durch den Sozialismus, ein endzeitlicher Kommunismus zu erstreben.[180]

Der Geschichtsprozeß wird zwischen jenem Anfang und diesem Ende durch den Antagonismus der Klassen vorangetrieben. Dieser Antagonismus wird geschichtsmächtig, sobald er sich zum revolutionären Konflikt verschärft. Das geschieht, sobald das Mißverhältnis zwischen Produktionsverhältnissen und Produktivkräften zur Verelendung der Proletarier führt und dadurch deren Entfremdung eklatant macht. Aus dem revolutionären Konflikt gehen jeweils neue Produktionsverhältnisse hervor, bis schließlich, nach Aufhebung des Gegensatzes von Kapital und Arbeit durch den Sozialismus, in der klassenlosen Gesellschaft des Kommunismus alle schöpferischen Kräfte des Menschen freigesetzt werden und ihm selbst zugute kommen.

c) Die Funktion des Bewußtseins im Geschichtsprozeß

Das Bewußtsein spielt in dem marxistisch verstandenen Geschichtsprozeß zunächst die Rolle einer Produktivkraft. Die Wahl und die Weiterentwicklung der Produktionsmittel, die Arbeitsteilung und ihre Organisation, der Gütertausch und seine Institutionalisierung als Markt verlangen ein Wissen von dem, was ist, was sein soll und was sich zur Erreichung dieses Zieles als zweckmäßig erweist (vom Wirklichen, vom Geforderten und vom Brauchbaren). Doch zeigt sich, daß über die Kriterien des Wirklichen und über die Beurteilung des Möglichen

[180] Die Aufzählung der sechs Hauptepochen der Geschichte (Urgesellschaft, Sklavenhaltergesellschaft, Feudalismus, Kapitalismus, Sozialismus und Kommunismus) ist in der marxistischen Literatur üblich geworden. Sie findet sich in dieser Form in den klassischen Texten von Marx und Engels nicht, läßt sich aber aus dem ›Manifest der kommunistischen Partei‹, der ›Deutschen Ideologie‹ und anderen Schriften von Marx zusammenstellen.

Uneinigkeit bestehen kann. Eine zweite Funktion des Bewußtseins wird sichtbar, wenn nach dem Entstehungsgrund und nach den Folgen dieser Uneinigkeit gefragt wird.

Ob die Idee oder der Stoff das „wahrhaft Wirkliche" sei; ob das Ziel des Handelns in der Befriedigung der natürlichen Bedürfnisse liegen soll, oder in der Erreichung einer Bedürfnislosigkeit, oder schließlich in einer Verlagerung des Begehrens von den materiellen Gütern auf diejenigen, „die kein Rost und keine Motten verderben", darüber wird gestritten. Die Geschichte der Religionen und der Philosophien ist voll von Auseinandersetzungen um das Kriterium des Wahren und Wirklichen, des Guten und Zweckmäßigen. Und weil der Unterschied dieser Überzeugungen von großem Einfluß auf die Praxis ist, darum gehören diese religiösen und philosophischen Ansichten selber zu den wirksamen Faktoren der Geschichte. Die Philosophen, die nach dem bekannten Wort von Marx „die Welt nur je verschieden interpretiert" haben, haben damit zugleich Art und Grad der praktischen Weltgestaltungen beeinflußt. Die historische Erfahrung von der Geschichtsmächtigkeit des Gedankens wird innerhalb der marxistischen Geschichtsphilosophie durch die Lehre von den konservierenden und revolutionierenden Ideologien gedeutet.[181]

Denn die Erfahrung, daß Gedanken geschichtsmächtige Kräfte seien, ist innerhalb der marxistischen Geschichtsphilosophie erklärungsbedürftig. Würde das Bewußtsein nur die jeweiligen Bedürfnisse und Interessen spiegeln, so wäre es ohne eigenen Einfluß auf den Geschichtsprozeß. Dieser Einfluß beruht darauf, daß das Denken nicht nur durch Bedürfnisse, das Wollen nicht nur durch Interessen motiviert wird, sondern ebensosehr durch (begründete oder unbegründete) Wahrheitsansprüche. Diese können die Menschen dazu veranlassen, ihre Bedürfnisse und Interessen und im Grenzfall ihr Leben für eine als „gut" erkannte Sache zu opfern. Von dieser Möglichkeit machen konservierende Ideologien Gebrauch, um z. B. die Armen zur Einwilligung in ihre Not zu bewegen; die gleiche Möglichkeit wird von revolutio-

[181] „Jede neue Klasse nämlich, die sich an die Stelle einer vor ihr herrschenden setzt, ist genötigt, schon um ihren Zweck durchzuführen, ihr Interesse als das gemeinschaftliche Interesse aller Mitglieder der Gesellschaft darzustellen, d. h. ideell ausgedrückt: ihren Gedanken die Form der Allgemeinheit zu geben, sie als die einzig vernünftigen, allgemein gültigen darzustellen" (Deutsche Ideologie, MEW, III, S. 47).

nären Ideologien genutzt, um revolutionäre Eliten aufzufordern, ihr persönliches Glück gering zu achten gegenüber ihrem historischen Auftrag. In beiden Fällen aber gilt: Was als wahr und wirklich, als maßgebend und verpflichtend gilt, das entscheidet jeweils darüber, ob die Befriedigung der eigenen Bedürfnisse und Interessen als „kleinlicher Egoismus" verurteilt oder als „Durchsetzung eines bisher vorenthaltenen Rechtes" gerechtfertigt wird. Im Antagonismus der Klassen aber bedeutet es eine Stärkung der eigenen Position, wenn es gelingt, das eigene Interesse zugleich als objektives Recht, das konkurrierende fremde Interesse dagegen als bloß subjektives Bedürfnis darzustellen.

Ideologien sind geschichtswirksam, weil es einen Konkurrenznutzen stiftet, sich selbst ins Recht, den Gegner ins Unrecht zu setzen. Denn dadurch wird es möglich, auch im „Klassenfeind" ein Bewußtsein zu erzeugen, welches die Kriterien des Wahren und Verpflichtenden so setzt, daß es sich selber ins Unrecht versetzt fühlt und dadurch geschwächt wird. Gemessen an seinem Interesse, hat der Mensch, der so denkt, ein „falsches Bewußtsein" (so z. B. der Kleinbürger, der gegen sein Interesse die Ideologie der Besitzenden übernimmt, aber auch der intellektuelle „Salonsozialist", der gegen sein bürgerliches Klasseninteresse vom Unrecht bürgerlichen Profitstrebens überzeugt ist).[182] Diese Möglichkeit beruht darauf, daß die Ideologie nicht immer das Interesse dessen spiegelt, der sie für wahr hält, sondern weit häufiger das Interesse der herrschenden Klasse oder derjenigen, die daran ist, die Herrschaft zu übernehmen. Die jeweils herrschende Ideologie ist die Ideologie der Herrschenden;[183] das Auftreten revolutionärer Ideologien ist ein Symptom für die bevorstehende Herrschaft einer revolutionären Klasse.[184]

Daß die Ideologie nicht notwendig das Klasseninteresse derer spiegelt, die sie für wahr halten, scheint die Unabhängigkeit des Geistes

[182] „Die eigentlichen Triebkräfte, die ihn" (den „sogenannten Denker") „bewegen, bleiben ihm unbekannt" (Engels an Franz Mehring, Brief vom 14. Juli 1893, MEW, XXXIX, S. 97).

[183] „Die Gedanken der herrschenden Klasse sind in jeder Epoche die herrschenden Gedanken, d. h. die Klasse, welche die herrschende materielle Macht der Gesellschaft ist, ist zugleich ihre geistige Macht" (Deutsche Ideologie, MEW, III, S. 46).

[184] „Die Existenz revolutionärer Gedanken in einer bestimmten Epoche setzt bereits die Existenz einer revolutionären Klasse voraus" (Deutsche Ideologie, MEW, III, S. 47).

von den ökonomischen Bedürfnissen der Menschen zu beweisen. Daß die Ideologie jedoch gerade in dieser Form das Klasseninteresse der Herrschenden (bzw. derer, die sich zur Übernahme der Herrschaft anschicken) spiegelt, ist der Kern der marxistischen Interpretation, durch welche auch in diesem Falle die Abhängigkeit des Bewußtseins von den ökonomischen Verhältnissen erwiesen werden soll. Gerade dort, wo das Bewußtsein sich unabhängig glaubt, ist es nur von dem eigenen, nicht von fremdem Interesse „unabhängig" und stabilisiert gerade dadurch die soziale Abhängigkeit. Diesen Zusammenhang zu durchschauen, ist der erste Akt der philosophischen Ideologiekritik. Diese ihrerseits wird in ihrem zweiten Akt geschichtsmächtig. Denn die Beschämung, sich gerade dort als unfrei zu erfahren, wo das Bewußtsein bisher seine Freiheit zu bewähren meinte, geht über in die Forderung, diejenigen Verhältnisse zu ändern, in denen das Denken auf solche Weise sich selbst entfremdet ist. Der bloße Protest der „Lumpenproletarier" gegen den Hunger läßt sich durch „milde Gaben" befriedigen; das ideologiekritische Bewußtsein von der Entfremdung des Denkens verlangt die Änderung der Verhältnisse, die diese Entfremdung stets nur reproduzieren. Die Kritik an der ideologischen Entfremdung wird so zum Impuls zur Herstellung einer neuen Welt.

d) Die Eigenart der marxistischen Geschichtsphilosophie

Die Grundkonzeption der Idealisten, die Geschichte als den Weg zu beschreiben, auf dem das Absolute (das Ich, der Geist) im Durchgang durch Entäußerung und Entfremdung zu seiner Selbstverwirklichung gelangt, ist ihrer Form nach auch bei Marx erhalten geblieben. Auch bei ihm ist deshalb die Geschichte dialektischer Prozeß. Aber das Prinzip dieses Prozesses ist nicht das Ich, der Indifferenzpunkt von Subjekt und Objekt, oder der Geist, sondern der produzierende Mensch. Der Grund für die Entäußerung ist nicht mehr die Notwendigkeit, „zum Behuf des Bewußtseins" ein Subjektives und ein Objektives auseinandertreten zu lassen, sondern die Notwendigkeit, zur Erhaltung des eigenen Lebens zunächst fremde Güter zu produzieren. Die Entfremdung und ihre Überwindung sind dementsprechend nicht Stadien in der Entwicklung des Bewußtseins, das in den von ihm erkannten Objekten sich selber wiederzuerkennen lernt, sondern Entwicklungsstadien der Produktionsverhältnisse. So ist die marxistische

Geschichtsphilosophie innerhalb der dialektischen Systeme dadurch charakterisiert, daß sie den Grund für die dialektische Bewegung in der Natur des Produktionsprozesses findet. Die dialektische Struktur der Bewegung des Bewußtseins aber wird von ihr teils als Spiegelung, teils als Teilfunktion innerhalb der Entwicklung der Produktionsverhältnisse gedeutet.

7. *Kritik an den dialektischen Systemen der Geschichtsphilosophie*

Die weitere Entwicklung der Geschichtsphilosophie war bestimmt durch die Kritik an denjenigen Voraussetzungen, die dem Idealismus und dem Marxismus gemeinsam sind. Idealisten und Marxisten wollen die Welt nicht als „totes" Nebeneinander von Formen des Bewußtseins und der Gegenstände, der Produktionsverhältnisse und der Produktivkräfte verstehen, sondern als den „lebendigen" Prozeß ihrer Entwicklung. Alles Objektive und Subjektive, alles Reale und Ideale wird als Moment in diesem Prozeß verstanden. Aber beide Philosophengruppen wollen diesen Prozeß auf ein Prinzip zurückführen, das seinerseits nicht dem Wandel unterliegt, sondern der unwandelbare Grund für die Notwendigkeit des Wandels ist. Die Idealisten führen die Notwendigkeit der Prozesse auf die dialektische Natur des Geistes zurück, der nur im Durchgang durch die Verlorenheit an seine Objekte zu sich selber kommt. Die Marxisten aber erklären die Notwendigkeit der Realprozesse wie der Bewußtseinsprozesse aus dem dialektischen Gesetz der Gesellschaft, die nur auf dem Wege über Arbeitsteilung und Klassengegensatz diejenigen Produktivkräfte entwickelt, die schließlich zur Überwindung aller Klassengegensätze drängen. In beiden Fällen ist die Entdeckung desjenigen Prinzips, das die Geschichte im ganzen begründet, die Einsicht in eine notwendig-ewige Wahrheit; und durch diese Einsicht soll die Philosophie die Vorläufigkeit eines „Strebens nach Weisheit" überwinden und die Endgültigkeit einer „Wissenschaft" erreichen.[185]

[185] „Daran mitzuarbeiten, daß die Philosophie der Form der Wissenschaft näherkomme, — dem Ziele, ihren Namen der Liebe zum Wissen ablegen zu können und wirkliches Wissen zu sein, — ist es, was ich mir vorgesetzt" (Phänomenologie des Geistes, Ausgabe Glockner, II, S. 14).

Für die Idealisten und Marxisten entsteht auf diese Weise ein gemeinsames Problem. Beide behaupten die universale Historizität aller Realverhältnisse und Bewußtseinsformen, die keinen Standpunkt außerhalb der Geschichte gestattet. Und beide beanspruchen dennoch für sich selbst, das ewige Gesetz der Geschichte auf sein notwendiges Prinzip zurückgeführt zu haben. Beide müssen deshalb versuchen, jene Behauptung und diesen Anspruch in ein widerspruchsfreies Verhältnis zu setzen. Das gelingt ihnen nur dadurch, daß sie das Faktum ihrer eigenen Einsicht als Anzeichen für die nahe bevorstehende Vollendung der Geschichte verstehen. So bereitet die „Vernunftwissenschaft" der Philosophen jene „Vernunftkunst" in der allgemeinen Praxis des gesellschaftlichen Lebens vor, in welcher das Ziel der Geschichte nach Fichte erreicht sein wird. Ähnlich bedeutet die Geschichtsphilosophie der Marxisten zugleich jenes „Signal zum letzten Gefecht", welches die „Verdammten dieser Erde" dazu aufruft, nicht nur die Herrschaft einer bestimmten Klasse zu brechen, sondern die Klassenherrschaft als solche zu beseitigen und dadurch die Endzeit der klassenlosen Gesellschaft heraufzuführen. Auf die idealistische wie die marxistische Art ist also der Anspruch, das universale Gesetz der Geschichte erkannt zu haben, notwendig mit dem zweiten Anspruch verbunden, Vorbote des nahen Endes der Geschichte zu sein. (Ähnlich gehört in manchen Religionen das Auftreten des Apokalyptikers, der den geheimen Geschichtsplan der Gottheit kennt und kundmacht, selber zu den Zeichen jener Endzeit, die er ansagt.)

Dieser doppelte Anspruch der beiden dialektischen Systeme forderte alsbald den Widerspruch der empirischen Geschichtswissenschaften heraus, die zuvor gerade von diesen Philosophien wirkungsvolle Impulse erfahren hatten. Die historische Forschung wies einerseits gegen Hegel nach, daß die Geschichte, soweit sie aus den Quellen rekonstruierbar ist, nicht denjenigen Verlauf genommen hat, der postuliert werden müßte, wenn die Geschichte im ganzen durch das Gesetz des zusichselberkommenden Geistes bestimmt wäre. Sie wies andererseits gegen Marx nach, daß die von ihm dargestellte Dialektik von Produktionsverhältnissen und Produktivkräften nur auf jene besonderen Formen des wirtschaftlichen und gesellschaftlichen Lebens zutrifft, die im modernen Europa beobachtet werden können. (So kann etwa die Viehzucht in unserem Kulturkreis angemessen interpretiert werden, wenn sie als ein Zweig der Nahrungsmittelproduktion verstanden wird. Diese Interpretation ist jedoch unanwendbar auf solche Kulturen, in welchen die rituelle Schlachtung von Tieren wichtiger ist als das Essen des dabei anfallenden Fleisches. Ähnlich ist der Straßenbau zwar bei uns als ein Mittel zur Erleichterung des Warenverkehrs und damit zur Steigerung der Arbeitsproduktivität zu verstehen. Aber diese Interpretation versagt dort, wo nicht Handelsrouten, sondern nur Wallfahrtswege als Kunststraßen ausgebaut werden.)

Um jene ahistorischen Gewaltsamkeiten zu vermeiden, die sich stets dort ergeben, wo die Geschichte aus einem Prinzip abgeleitet werden soll, formulierte der *Positivismus* sein „Verbot" aller „metaphysischen Spekulation" und seine Forderung, nur die „Tatsachen" sprechen zu lassen. Gerade der Begriff der „historischen Tatsache" aber war es, der die nachdialektische Geschichtsphilosophie beschäftigen mußte.

VI. Die „historische Tatsache" als Problem der nachdialektischen Geschichtsphilosophie

1. Historischer Positivismus und positivistische Geschichtstheorie

In der Philosophie der Aufklärungszeit hatte der Gegensatz von Vernunftwahrheiten und Tatsachenwahrheiten ein zentrales Problem der Geschichtsphilosophie dargestellt. Die Einsicht in ein dialektisches Gesetz des Geschichtsprozesses hatte die Unentbehrlichkeit des einzelnen Ereignisses in der zielgerichteten Ordnung des Gesamtprozesses deutlich gemacht und damit die objektive Vernünftigkeit der Geschichte und zugleich die Historizität der subjektiven Vernunft zutage gebracht. Als jedoch die empirische Geschichtsforschung immer deutlicher nachwies, daß die Tatsachen sich nicht in ein auf solche Weise konzipiertes Vernunftgesetz der Geschichte einfügen, zerbrach das Zutrauen in die Vernünftigkeit der Historie. Aber die Einsicht in die Historizität der Vernunft wurde dadurch nicht rückgängig gemacht. Vielmehr wurde immer anschaulicher vor Augen gestellt, daß nicht nur die Inhalte, sondern auch die Formen des Denkens sich im Laufe der Geschichte verändert haben. Freilich konnte diese Geschichte der Vernunft nun nicht mehr als ihr Weg zum vollendeten Wissen ihrer selbst verstanden werden. Ganz im Gegenteil wurde das Ziel dieser Geschichte nun darin gesucht, daß die Vernunft ihre eigene Neigung zur reinen Selbstreflexion und zu der daraus resultierenden Spekulation überwinde und statt dessen zu kritisch-wissenschaftlicher Sicherung der Tatsachenerkenntnis fähig werde. Den Weg, der zu diesem Ziele führt, beschrieb *Auguste Comte* durch sein „Gesetz der drei Stadien". Die „intellektuelle Entwicklung" der Menschheit führt nach dieser Auffassung von einer religiösen über eine metaphysische Stufe zum Endzustand der positiven Wissenschaft, in welchem nur gesicherte Tatsachen, nicht phantastische Vorstellungen oder konstruierte Hypothesen zur Erklärung der beobachteten Phänomene herangezogen werden.[186]

Der Versuch von Comte zeigt besonders deutlich die Spannung von Programm und Ergebnis, die für die positivistische Geschichtsauffassung charakteristisch ist. Ihrem Programm nach will sie die Tatsachen, und sie allein, als Erkenntnisgegenstände und als Erklärungsgründe gelten lassen. Ihrem Ergebnis nach enthält sie die Einsicht, daß eben diese Bevorzugung der Tatsachen (im Gegensatz zu allen religiösen oder metaphysischen Erklärungsversuchen) nur eine unter mehreren Formen des Erkenntnisstrebens ist, die sich in der Geschichte abgelöst haben. Andere Zeiten haben die Frage nach der Wahrheit nicht als die Frage nach den „reinen Fakten" verstanden. Es sind also nicht die Ergebnisse der positiven Wissenschaften, die den Ergebnissen früherer Erkenntnisbemühungen entgegenstehen, sondern es ist das positivistische Programm selbst, welches frühere Erkenntnisprogramme verwirft.

Da nun dieser Befund das Programm der reinen Tatsachenerkenntnis und der reinen Tatsachenerklärung historisch relativiert, kann der höhere Rang der positivistischen Erkenntniseinstellung nur dadurch erwiesen werden, daß diese sich als das notwendige Ergebnis der Geschichte des menschlichen Bewußtseins begreift. Der « esprit positif » ist das Endstadium der « évolution intellectuelle », die dem von Comte formulierten „Dreistadiengesetz" folgt. Eben dieses Gesetz jedoch, das nach positivistischer Auffassung die Geschichte des Bewußtseins und damit zugleich die Geschichte der zwischenmenschlichen Praxis bestimmt, gehört nicht zu den beobachtbaren Tatsachen. Es stellt vielmehr eine philosophische Hypothese dar, die den Wandel der

[186] Vgl. die Überschrift des 1. Kap. im ›Discours sur l'esprit positif‹: ›Gesetz der intellektuellen Entwicklung der Menschheit oder Drei-Stadien-Gesetz‹. Unter dieser Überschrift finden sich die drei Abschnitte: das theologische oder fiktive Stadium, das metaphysische oder abstrakte Stadium, das positive oder reale Stadium.

Bewußtseinsformen erklären und die gegenwärtig erreichte Erkenntniseinstellung als die überlegene rechtfertigen soll. Diese Hypothese wird nötig, wenn der Positivismus sein Ergebnis (die historische Relativität des eigenen Erkenntnisideals) und sein Programm (kein anderes Erkenntnisideal als berechtigt anzuerkennen) in einen Zusammenhang bringen will. Aber diese notwendige Hypothese selbst, die den Fakten ein verborgenes, auch ohne das Wissen der Beteiligten deren Bewußtsein bestimmendes Gesetz zugrunde legt, steht im Gegensatz zu dem Programm, das sie begründen und rechtfertigen will. Um sich selbst zu begründen, wird der Positivismus, entgegen seinem eigenen Programm, zu einer auf überempirische Hypothesen gegründeten Philosophie.

Wird jedoch das überempirische Element der positivistischen Geschichtsauffassung preisgegeben, so bleibt nichts anderes erhalten als die Aufforderung, durch Kritik aller überlieferten Deutungen die „reinen Tatsachen" freizulegen. Dabei zeigt sich, daß auch die Kriterien dafür, was als „Tatsache" gelten solle, einem historischen Wandel unterliegen. Für ein religiöses Bewußtsein sind Erscheinungen der Götter nicht weniger „tatsächlich", als es für die Wissenschaft die aufgrund von Erscheinungen errechneten Bewegungen der Gestirne sind. Sogar „Protokollsätze", die reine Beobachtungen beschreiben, sind relativ auf die Bewußtseinsstruktur des Beobachters und auf die Eigenart des Bewußtseins derer, denen er seine Mitteilungen macht. Ohne eine (zumeist unausdrückliche) philosophische Theorie gibt es keine legitimierbare Unterscheidung zwischen subjektivem Eindruck und objektivem Sachverhalt.

Das bedeutet bezüglich der Historie: Wenn der Positivismus mit seinem Verbot aller Metaphysik konsequent verfährt, vernichtet er nicht nur jede (auch seine eigene) Theorie von einem „Gesetz" der Geschichte, sondern auch die Möglichkeit, objektive Geschichtstatsachen von subjektiven Geschichtsperspektiven zu unterscheiden. Geschichtstheorien wie Tatsachenkriterien erscheinen nun als relativ auf das Bewußtsein, für das sie gelten und das seinerseits nicht nur individuell (durch Veranlagung und Lebenslauf), sondern vor allem gesellschaftlich-historisch bedingt wird. Das Bewußtsein von dieser Relativität wird deshalb, nach dem Scheitern der positivistischen Geschichtsphilosophie, zum zentralen Problem.

2. *Die neue Leitfrage der Geschichtsphilosophie: Universale Relativität und historisches Bewußtsein*

Wenn jede menschliche Aussage, sogar Protokollsätze, eine besondere Bewußtseinsstruktur voraussetzt, welche ihrerseits durch gesellschaftliche und historische Bedingungen bestimmt ist, dann entsteht für die Auslegung und Kritik aller dieser Aussagen eine Aufgabe von charakteristisch zirkulärer Struktur. Um nämlich Bewußtseinsformen aus ihren historischen Bedingungen zu erklären, ist es nötig, diese Bedingungen zu beschreiben, also Meinungen über historische Tatsachen und Zusammenhänge aufzustellen. Aber auch diese Meinungen spiegeln die besondere Bewußtseinsstruktur ihres Autors, welche ihrerseits aus ihren historischen Bedingungen interpretiert werden muß. Kurz: Wer irgendwelche Aussagen historisch interpretiert, legt dabei stets eine Ansicht von der Historie zugrunde, die ihrerseits eine historisch bedingte Ansicht ist und also einer historischen Interpretation bedarf.

Das Durchlaufen dieses Zirkels mag theoretisch ergebnislos sein: für die Gestalt des Bewußtseins jedoch ist es gewiß nicht folgenlos. Alles Reale und Ideale historisch zu begreifen und dabei auch den eigenen Blick auf die Historie als einen historisch-perspektivischen Hinblick zu beurteilen, dieses Programm entzieht dem Bewußtsein die Hoffnung auf eine abschließend-endgültige Erkenntnis der Wahrheit. Die Einübung in dieses Programm aber verändert die Erkenntniserwartung, die Erkenntnisbemühung und das Selbstverständnis des Subjekts. Im Durchlaufen des soeben skizzierten Zirkels formt sich eine neue Gestalt des Bewußtseins aus. Die Reflexion auf die historische Relativität auch der eigenen Auffassung von der Historie wird zum Bildungsprozeß des „historischen Bewußtseins“. Dieses wurde zunächst (im ausgehenden 19. Jahrhundert) als Bildungsideal empfunden und als Bedingung dafür gewertet, auch fremden Zeitaltern und Kulturen verständnisvoll gerecht zu werden. Alsbald jedoch erschien diese Gestalt des Bewußtseins als ein Hindernis für die lebensnotwendige Entschiedenheit des Urteilens und des Handelns.

In diesem Sinne sprach *Friedrich Nietzsche* von einem „historischen Fieber“, das das Bewußtsein der Europäer befallen habe und ihre Lebensfähigkeit bedrohe.[187] Die Inhalte des historischen Wissens und

[187] „Unzeitgemäß ist auch diese Betrachtung, weil ich etwas, worauf die Zeit mit Recht stolz ist, ihre historische Bildung, hier einmal als Schaden,

die Formen des historischen Bewußtseins auf ihre Lebensfunktion hin zu prüfen, ist die Absicht seiner vierten ›Unzeitgemäßen Betrachtung‹ unter dem Titel ›Vom Nutzen und Nachteil der Historie für das Leben‹. Die zentrale These dieser Schrift besagt, daß drei Arten von Geschichtsschreibung dem Leben dienlich sein können: die „archivalische“, sofern sie eine Identifikation der heute Lebenden mit der historisch gewachsenen Gemeinschaft, deren Glieder sie sind, ermöglicht; die „monumentalische“, sofern sie den Heutigen beweist, daß große Taten einmal wirklich waren und also auch heute möglich sind; die „kritische“, weil sie die gegenwärtige Generation von der Übermacht überlieferter Vorbilder und Normen befreit.[188]

Lebensfeindlich, ja tödlich aber ist jener Wunsch nach universaler Gerechtigkeit der Betrachtung, welche die gegenwärtige Perspektive, sofern sie sich aus den Bedingungen und Bedürfnissen unserer Lebenssituation ergibt, nur als eine unter vielen gleichberechtigten Perspektiven beurteilt und deshalb entweder (relativistisch) auf eine Entscheidung zwischen mehreren Weisen des Geschichtsverständnisses verzichtet oder (objektivistisch) jenseits der Perspektiven-Differenz eine neutrale Sicht der reinen Tatsachen erstrebt. Insbesondere die Objektivität der Erkenntnis (als Neutralität gegenüber den Lebensbedürfnissen des Erkennenden) scheint ihm unmöglich, der Wille zu solcher Objektivität lebensfeindlich.[189] Indessen kann die Behauptung, Ob-

Gebreste und Mangel der Zeit zu verstehen versuche, weil ich sogar glaube, daß wir alle an einem verzehrenden historischen Fieber leiden und mindestens erkennen sollten, daß wir daran leiden“ (Vom Nutzen und Nachteil der Historie für das Leben, Ausgabe Kröner, II, S. 98).

[188] „In dreierlei Hinsicht gehört die Historie dem Lebendigen: sie gehört ihm als dem Tätigen und Strebenden, ihm als dem Bewahrenden und Verehrenden, ihm als dem Leidenden und der Befreiung Bedürftigen. Dieser Dreiheit von Beziehungen entspricht eine Dreiheit von Arten der Historie, sofern es erlaubt ist, eine monumentalische, eine antiquarische und eine kritische Art der Historie zu unterscheiden“ (Vom Nutzen und Nachteil der Historie für das Leben, Ausgabe Kröner, II, S. 111/112).

„Dies sind die Dienste, welche die Historie dem Leben zu leisten vermag. Jeder Mensch und jedes Volk braucht je nach seinen Zielen, Kräften und Nöten eine gewisse Kenntnis der Vergangenheit, bald als monumentalische, bald als antiquarische, bald als kritische Historie“ (ibid. S. 126).

[189] „Sind die Persönlichkeiten erst in der geschilderten Weise zu ewiger Subjektlosigkeit oder, wie man sagt, Objektivität ausgeblasen: so vermag

jektivität der Erkenntnis erreicht zu haben, obgleich sie stets Fiktion bleibt, zuweilen dem Leben dienen, sofern die Überzeugung vom eigenen Recht die Chance der Durchsetzung im Lebenskampf steigert.

Nietzsche verheimlicht sich nicht, daß auf diese Weise auch der Anspruch moralischer Normen auf Allgemeingültigkeit und der Anspruch der Religion auf Absolutheit als eine Selbsttäuschung ihrer Anhänger beurteilt werden muß, wenn auch von Fall zu Fall zu prüfen bleibt, was diese Selbsttäuschung im Dienst des Lebens leistet.

Die Gefahr für die Moralität und die Religion, die aus der historischen Relativierung aller Überzeugungen entspringt, veranlaßte andere Philosophen, mit *Ernst Troeltsch* die oberste Aufgabe der Geschichtsphilosophie in der „Überwindung des Relativismus" zu sehen.[190]

Es zeigte sich jedoch bald, daß diese im Dienst der sittlich-religiösen Praxis entstehende Aufgabe nur durch eine Leistung auf dem Gebiet der theoretischen Philosophie erfüllbar sei. Nur durch die Verwandlung subjektiver Geschichtsauffassungen in objektives Geschichtswissen kann Art, Grad und Grenze der „historischen Relativität" von Moral und Religion festgestellt werden: sei es, um das „zeitlose Allgemeine" von dem „historisch Besonderen" zu scheiden, sei es, um dasjenige sichtbar zu machen, was „je zu seiner Zeit" unbedingt gefordert ist. Die Geschichtsphilosophie wird so zu dem Versuch, durch *Grundlegung der Geschichtswissenschaft* eine objektive Erkenntnis des Historischen möglich zu machen (im englischen Sprachgebrauch bedeutet "philosophy of history" heute noch vorwiegend die Methodenlehre der Geschichtsdarstellung).[191]

nichts mehr auf sie zu wirken" (Vom Nutzen und Nachteil der Historie für das Leben, Ausgabe Kröner, II, S. 140).

„Man versteht dann mit diesem Worte" (dem Worte Objektivität) „einen Zustand im Historiker, in dem er ein Ereignis in allen seinen Motiven und Folgen so rein anschaut, daß es auf sein Subjekt gar keine Wirkung tut" (ibid. S. 146).

„Ja, man geht so weit, anzunehmen, daß der, den ein Moment der Vergangenheit gar nichts angehe, berufen sei, ihn darzustellen. So verhalten sich häufig Philologen und Griechen zueinander: sie gehen sich gar nichts an — das nennt man dann wohl auch ‚Objektivität'!" (ibid. S. 150).

190 Vgl. Anm. 17.

191 Vergleiche dazu R. G. Collingwood ›The philosophy of history‹, London 1930, sowie seine Aufsatzsammlung ›Essays in the philosophy of history‹, Austin 1965.

3. Geschichtsphilosophie als Grundlegung der Geschichtswissenschaft

In den Naturwissenschaften wird durch die zwingende Kraft der Argumente der Konsens der Fachgenossen erzielt; Geschichtsauffassungen dagegen bleiben häufig auch unter Sachkennern kontrovers. Diese Beobachtung läßt nur zwei Deutungen zu: Entweder ist die Möglichkeit objektiv-wissenschaftlicher Erkenntnis prinzipiell auf den Bereich der Natur beschränkt (etwa deshalb, weil Naturphänomene nur nach Erklärung, historische Phänomene aber zugleich nach wertender Stellungnahme verlangen); oder die besondere Methodik, die zur Objektivierung historischer Erkenntnisse führen könnte, ist nur noch nicht entdeckt (etwa deshalb, weil die Faszination durch die Erfolge der Naturwissenschaften dazu geführt hat, daß Wissenschaftsbegriff und Erkenntnisverfahren sich einseitig an der Naturerkenntnis orientierten und dadurch die Anwendbarkeit auf historische Phänomene verloren). Daß eine objektiv-wissenschaftliche Geschichtserkenntnis möglich sei, läßt sich also nur dann behaupten, wenn es gelingt, der im 18. und frühen 19. Jahrhundert entwickelten Wissenschaftsgrundlegung zweierlei nachzuweisen: daß ihr Begriff von objektiver Erkenntnis zu eng sei und daß ihre (nur auf Naturphänomene anwendbaren) Objektivierungsregeln durch andere ersetzt werden können.

In dieser Absicht unterschied *Heinrich Rickert* zwischen „generalisierenden Naturwissenschaften“ und „individuierenden Kulturwissenschaften“, weil es in der Geschichte nicht auf die Erkenntnis allgemeiner Gesetze ankomme, sondern auf das Erfassen der unverwechselbaren Individualität eines Menschen, einer Gesellschaft, einer Epoche usw.[192] *Wilhelm Dilthey* stellte dem naturwissenschaftlichen „Erklären“ das „Verstehen“ gegenüber, dessen Objektivation das Ziel der „Geisteswissenschaften“ sei.[193] Nicht Phänomene aus Ursachen abzuleiten, sondern aus Zeugnissen den dort hinterlegten Sinn zu erheben, sei

[192] „Die Wirklichkeit wird Natur, wenn wir sie betrachten mit Rücksicht auf das Allgemeine, sie wird Geschichte, wenn wir sie betrachten müssen mit Rücksicht auf das Besondere und Individuelle, und ich will dementsprechend dem generalisierenden Verfahren der Naturwissenschaft das individualisierende Verfahren der Geschichte gegenüberstellen“ (Kulturwissenschaft und Naturwissenschaft, 5. Aufl., 1921, S. 62/63).

[193] „Nur soweit Verstehen reicht, gibt es dieses Verhältnis von Außen und Innen, wie nur, soweit Naturerkennen reicht, das Verhältnis von Phänomenen zu dem, wodurch sie konstruiert werden, existiert“ (Der Aufbau der

ihre Aufgabe; eine „Kunstlehre der Auslegungskunst“, d. h. eine „Hermeneutik“ ist das dazu erforderliche Mittel. Die philosophische Hermeneutik ist daher das Fundament für den „Aufbau der geschichtlichen Welt in den Geisteswissenschaften“.[194]

Die besondere Form, durch welche die „Kulturwissenschaften“ sich von den Naturwissenschaften unterscheiden, ermöglicht bei Rickert einen für diese Wissenschaften spezifischen Begriff von Objektivität. Nicht die Wiederholbarkeit der Beobachtung oder die Austauschbarkeit von Fällen unter gleichen Regeln, sondern die Unverwechselbarkeit der Beziehung eines individuellen historischen Phänomens auf einen allgemeinen Wert konstituiert den Gegenstand der Kulturwissenschaft. Dieser Einsicht entsprechen besondere, nicht wertende, aber Wertbeziehungen aufdeckende Verfahrensweisen, durch welche die Objektivität der kulturwissenschaftlichen Erkenntnis gesichert wird. Ähnlich folgen bei Dilthey aus dem Unterschied des „Verstehens“ gegenüber dem „Erklären“ eigene Regeln für diejenige „Horizonterweiterung“, die es gestatten soll, die Beschränktheit der eigenen Perspektive zu überwinden und die fremde Sicht der Wirklichkeit „aus sich selbst heraus“ nachzuerleben. Auf unterschiedlichen Wegen erstreben so Rickert und Dilthey das gleiche. Beide wollen im Bewußtsein von der historischen Perspektivität des Verstehens dennoch Objektivität der Geschichtserkenntnis gewinnen und sichern.

4. Universalhistorische Schemata

Wenn gesicherte Ergebnisse der Geschichtswissenschaft vorliegen, dann kann versucht werden, die Mannigfaltigkeit des gewußten Einzelnen zu einem hypothetisch entworfenen Ganzen zu verbinden. Universalhistorische Schemata nehmen dann den Platz früherer metaphysischer Geschichts-Deduktionen ein. Dabei entstehen Unsicherheiten durch die notwendigen Interpolationen (Schließung von Lücken zwischen gesicherten Tatsachen) und Extrapolationen (Versuchen, festgestellte

geschichtlichen Welt in den Geisteswissenschaften, Gesammelte Schriften, VII, S. 83/84). „Die Geisteswissenschaften sind so fundiert in diesem Zusammenhang von Leben, Ausdruck und Verstehen“ (ibid. S. 87).

[194] Vgl. den entsprechenden Buchtitel, Gesammelte Schriften, Bd. VII.

„Entwicklungslinien“ in eine unbekannte Vorgeschichte oder in die noch ausstehende Zukunft hinein zu „verlängern“, weil beide mit zur Universalgeschichte gehören). Diese Unsicherheiten können verringert werden, wenn sich zeigen läßt, daß mehrere nichtgleichzeitige Kulturen sich über ähnliche Phasen entwickelt haben (z. B. vom Nomadentum über die bäuerliche Seßhaftigkeit zur Stadtkultur). Gelingt diese Phasen-Zuordnung bis in die Details, so fühlen manche Geschichtstheoretiker sich ermutigt, historische Kenntnisse aus der einen Kultur hypothetisch auf eine andere zu übertragen (z. B. den „Untergang des Abendlandes“ vorherzusagen aufgrund einer „Phasengleichheit“ der europäischen Geschichte von heute mit der römischen Geschichte zur späten Kaiserzeit). „Kulturenzyklentheorien“ und „vergleichende Kulturmorphologien“, erstmals im 18. Jahrhundert von Vico versucht, werden in solcher Weise von *Oswald Spengler* und *Arnold Toynbee* dazu verwendet, universalhistorische Schemata zu entwerfen.[195]

5. *Offene Fragen*

Die Versuche, durch eine philosophisch begründete Methode die Objektivität der historischen Erkenntnis zu sichern, können jedoch das Problem der historischen Relativität nicht endgültig lösen. Denn zu den Ergebnissen der Geschichtswissenschaft gehört die Einsicht, daß nicht nur die Methoden zur Objektivation der Erkenntnis eine historische Entwicklung durchgemacht haben, sondern daß schon das Ideal der Objektivität selbst ein innerhistorisches Spezifikum darstellt. Es ist ein Unterscheidungsmerkmal des neuzeitlichen Bewußtseins, nur das als maßgeblich gelten zu lassen, was durch zwingende Argumente jedermann einsichtig gemacht werden kann. Im Gegensatz dazu galt es weder der Antike noch dem Mittelalter als ein Argument gegen den „Weisen“, daß er die große Menge nicht durch Argumente zur Zustimmung nötigen konnte, sondern den meisten unverständlich blieb. Ebenso gilt nur dem neuzeitlichen Bewußtsein die Unabhängigkeit von der Eigenart des Subjektes als Bedingung für die Wahrheit einer Erkenntnis. Wenn, um ein Gegenbeispiel zu nennen, Platon die

[195] Oswald Spengler, Der Untergang des Abendlandes, München, 1917; A. J. Toynbee, The study of history, London, 1934; Vgl. dazu Joseph Vogt, Wege zum historischen Universum. Von Ranke bis Toynbee, Stuttgart, 1961.

„Umwendung der ganzen Seele“ als den Anfang des Erkenntnisaufstiegs beschrieb, so war damit nicht nur eine „Reflexion“ von den Erscheinungen auf die Möglichkeitsgründe ihres Erscheinens gemeint, sondern zugleich eine sittliche „Bekehrung“, weil die Wahrheit nicht jedem „Subjekt“, sondern nur der „gereinigten Seele“ zugänglich sei.

Wenn nun die Wissenschaft nicht nur nach ihrer Durchführung, sondern schon nach ihrem Erkenntnisideal ein neuzeitliches Spezifikum darstellt, dann bringt auch die Wissenschaft von der Geschichte das Ganze des historischen Geschehens nur unter einer spezifisch neuzeitlichen Perspektive in den Blick. Das gilt auch von der Wissenschaftsgrundlegung der Geschichtswissenschaft, sofern sie das Objektivitätsideal schon voraussetzt; es gilt noch mehr von den universal-historischen Schemata, die die Ergebnisse der Geschichtswissenschaft als Elemente verwenden. Ist aber das „wissenschaftliche Geschichtsbild“, auch seinem Ideal nach betrachtet, nur eine unter mehreren möglichen Geschichtsperspektiven, und ist die Bevorzugung dieser Perspektive vor anderen nur eine Funktion des „neuzeitlichen Bewußtseins“, so erscheint auch die „objektive Erkenntnis“ als historisch relativ.

Folglich ist der historische Relativismus nicht durch die Wissenschaft zu überwinden (weil diese nur ihre historisch spezifische Perspektive zur universalen Norm erklärt und damit ihre eigene Historizität zum Vergessen bringt), sondern allein durch die Reflexion auf die Gründe für die Heraufkunft der „neuzeitlichen Subjektivität“ und des ihr zugehörigen Objektivitätsideals.

Schon die Notwendigkeit dieser Frage aber zeigt: Die Beziehung des neuzeitlichen Subjekts auf seine Objekte ist nur eine historisch spezifische Form der Vermittlung zwischen Erkennendem und Erkanntem. Deshalb kann die Geschichte nicht angemessen ausgelegt werden ohne ein Verständnis dafür, daß sie weder allein die „Objekte“ noch allein die „Bewußtseinsformen“, sondern vor allem die Weisen ihrer Vermittlung betrifft. Geschichtsphilosophie wird so erneut zur Rückfrage in die Bedingungen der (historisch variablen) „Zusammenjochung“ beider. Gerade im Hinblick auf das spezifisch neuzeitliche „wissenschaftliche Geschichtsbild“ sieht sich die Geschichtsphilosophie auf das transzendentale Problem zurückverwiesen.

Freilich kann dabei nicht mehr, wie noch im Idealismus und im Marxismus, ein übergeschichtliches Prinzip angenommen werden (etwa der „Geist“ oder die „Produktion“), aus dem ein universales Gesetz der Geschichte deduziert werden könnte. Einen Neuansatz der transzendentalen Geschichtsphilosophie, der diese Gewaltsamkeiten der dialektischen Systeme vermeiden will, hat *Martin Heidegger* versucht.

VII. Die Erneuerung der transzendentalphilosophischen Fragestellung durch Martin Heidegger

1. Die „Horizonte" und ihre „Epochalität"

Unerachtet aller Differenzen zwischen seiner frühen und seiner späten Phase bleibt Heideggers Denken stets transzendentalphilosophisch. Seine Absicht ist nicht, ein „höchstes Seiendes" zu erkennen, von dem aus sich das Ganze dessen, was ist, als gestufte Ordnung überblicken läßt. Vielmehr will er auf diejenige Bedingung reflektieren, die es möglich macht, daß Seiendes als solches ist und sich dem Menschen zeigt (oder auch verbirgt, um als Verborgenes vermißt und gesucht werden zu können).

Dabei teilt Heidegger mit der überlieferten Transzendentalphilosophie die Überzeugung, daß die Möglichkeit des Denkens und die Möglichkeit dessen, was sich diesem Denken zeigt, auf einer gemeinsamen Bedingung beruht, welche die beiden untereinander vermittelt. Seine Kritik an der überlieferten Transzendentalphilosophie aber beruht stets auf einer Folgerung, die er aus dieser alten Einsicht zieht. Wenn das Prinzip der Vermittlung zugleich der Möglichkeitsgrund sowohl für das Denken als auch für dasjenige ist, was diesem Denken begegnet, dann wird das Denken nicht „zunächst" als ein „weltloses Subjekt" konstituiert, um „sodann" in eine Beziehung zu einer Welt zu treten. Vielmehr ist es immer schon in der Welt.[196] Freilich darf dabei unter „Welt" nicht das Ganze des Seienden verstanden werden, sondern der „Horizont", innerhalb dessen Seiendes begegnet. Ebenso-

[196] „Der Mensch ‚ist' nicht und hat überdies noch ein Seinsverhältnis zur ‚Welt', die er sich gelegentlich zulegt. Dasein ist nie ‚zunächst' ein gleichsam inseinsfreies Seiendes, das zuweilen die Laune hat, eine ‚Beziehung' zur Welt aufzunehmen" (Sein und Zeit, S. 57). Statt dessen müssen die „Seinsbestimmungen des Daseins [. . .] a priori auf dem Grund der Seinsverfassung gesehen und verstanden werden, die wir das ‚In-der-Welt-Sein' nennen" (ibid. S. 53).

Vgl. dazu die Kapitelüberschrift ›Das In-der-Welt-Sein überhaupt als Grundverfassung des Daseins‹ (Sein und Zeit, S. 52).

wenig wie ein weltloses Subjekt gibt es ein beziehungsloses Datum des Erkennens. Vielmehr steht alles, was sich zeigt, immer schon in einem Gefüge von Beziehungen und Verweisungen, welches seine Struktur daher hat, daß es den Menschen umgreift und allem Gegebenen und Gesuchten eine Funktion in der Welt des Menschen zuteilt.[197] Der Mensch kann nur deshalb Seiendes als Verborgenes erfragen und suchen, als Gegebenes entdecken, als Bedeutsames verstehen, weil er durch die Weise, wie er ist, immer schon „in ein Offenes gestellt" ist, welches keine gestaltlose Leere, sondern ein strukturierter Horizont ist.

Diese transzendentalphilosophische These Heideggers verdankt ihre Bedeutung für die Geschichtsphilosophie der Beobachtung, daß die Struktur des Horizontes je für ein Zeitalter spezifisch ist, so daß das Seiende sich je innerhalb eines solchen Horizontes und deshalb in je einem Zeitalter auf eine je spezifische Weise zeigt. So ist z. B. der Horizont des neuzeitlichen Menschen strukturiert durch die „Sorge", in der es ihm um sein eigenes Seinkönnen geht, so daß ihm die Möglichkeit seines eigenen Seins das „Worumwillen" vorzeichnet, worauf er alles bezieht, was er tut und was ihm begegnet. In diesem Horizont zeigt sich ihm das Seiende als „dienliches Zeug", d. h. als Rohstoff, als Produkt oder als Material der Arbeit.[198]

Insofern kann Heidegger dem Marxismus bestätigen, er habe die neuzeitliche Weise des „In-der-Welt-Seins" durchaus angemessen bestimmt, sofern er alles Wirkliche als Material für Arbeit bzw. als Produkt von Arbeit begreift. Aber der Marxismus hat vergessen, daß dieser Horizont schon gestiftet sein muß, ehe menschliche Leistung

[197] „Bewandtnis ist das Sein des innerweltlichen Seienden [...]. Mit ihm als Seiendem hat es je eine Bewandtnis. Dieses, daß es eine Bewandtnis hat, ist die ontologische Bestimmung des Seins dieses Seienden, nicht eine ontische Aussage über das Seiende [...]. Welche Bewandtnis es mit einem Zuhandenen hat, das ist je aus der Bewandtnisganzheit vorgezeichnet" (Sein und Zeit, S. 84).

„Bewandtnis selbst als das Sein des Zuhandenen ist je nur entdeckt auf dem Grunde der Vorentdecktheit einer Bewandtnisganzheit" (ibid. S. 85).

[198] In ›Sein und Zeit‹ kann Heidegger noch allgemein formulieren: „Der Wald ist Forst, der Berg Steinbruch, der Fluß Wasserkraft, der Wind ist Wind ‚in den Segeln'" (Sein und Zeit, S. 70). Später wird diese Weise der Entborgenheit von Seiendem als Spezifikum der Neuzeit erkannt. „Das Erdreich entbirgt sich jetzt als Kohlenrevier, der Boden als Erzlagerstätte" (Die Frage nach der Technik, in: Vorträge und Aufsätze, 1954, S. 22).

(Produktion) das Seiende als Rohstoff, Produktionsmittel oder Konsumgut entdecken kann[199] und daß diese Weise, wie der Horizont heute geöffnet ist, nur eine unter mehreren historisch bekannten Strukturen des In-der-Welt-Seins darstellt.

Andere Zeitalter waren durch andere Weisen des In-der-Welt-Seins bestimmt, so daß sich das Seiende den Menschen in einem anders strukturierten Horizont zeigen konnte. Die Welt der Griechen und Römer und die Welt des mittelalterlichen Menschen war nicht die Welt der neuzeitlichen Technik und Wissenschaft, und mit der Änderung der Welt änderte sich der „Sinn von Sein", d. h. die Weise, wie der Mensch sein eigenes Seinkönnen verstand und wie sich ihm fremdes Seiendes als solches zeigte.[200]

Insofern bestätigt Heidegger die Auffassung des Idealismus, daß innerhalb der Geschichte sehr verschiedene Formen der Zuordnung von Denken und Seiendem sich abgelöst haben. Aber indem der Idealismus alle diese Formen als Stufen der Annäherung an ein „absolutes Wissen" verstand, hat er ein theoretisches Verhältnis von Subjekt und Objekt zur fundierenden Beziehung zwischen dem Denken und dem Seienden gemacht. Dieses Verhältnis aber ist ebenso wie das des Produzenten zu seinem Material und Produkt ein spezifisch neuzeitliches Verhältnis; es erweist sich sogar im Zeitalter der neuzeitlichen Wissenschaft als „abkünftig", d. h. als fundiert in einem „technischen" Verhältnis zu „Gegenständen", deren Objektivität den Erscheinungen erst durch eine eigene Art des „Nachstellens" und „Feststellens" abgerungen wird.[201]

[199] „Der Mensch kann zwar dieses und jenes so oder so vorstellen, gestalten und betreiben. Allein über die Unverborgenheit, worin sich jeweils das Wirkliche zeigt oder entzieht, verfügt der Mensch nicht" (Die Frage nach der Technik, in: Vorträge und Aufsätze, S. 25).

[200] „Aus der Weise, wie das ursprüngliche Wesen der Wahrheit west, entspringen die seltenen und einfachen Entscheidungen der Geschichte" (Vom Wesen der Wahrheit, 4. Aufl., 1961, S. 17).

[201] „Die mathematische Naturwissenschaft ist [...] um fast zwei Jahrhunderte vor der modernen Technik entstanden" (Die Frage nach der Technik, in: Vorträge und Aufsätze, S. 29).

„Allein das für die historische Feststellung Spätere, die moderne Technik, ist hinsichtlich des in ihm waltenden Wesens das geschichtlich Frühere" (ibid. S. 30).

Heidegger gibt der Transzendentalphilosophie gerade dadurch eine geschichtliche, der Geschichte eine transzendentalphilosophische Bedeutung, daß er die verschiedenen Horizonte, welche je eine Weise des Denkens, des „Entgegenstehens von Seiendem“ und der Vermittlung zwischen beiden möglich machen, verschiedenen Epochen der Geschichte zuordnet. Das zentrale Problem liegt dann darin, die Übergänge zwischen den Epochen zu begreifen. Die Schwierigkeit dieses Problems ergibt sich daraus, daß die verschiedenen Horizonte nicht noch einmal in einem umfassenden Gesamthorizont zum Gegenstand einer Untersuchung gemacht werden können. Die Unvermeidlichkeit des Problems aber zeigt sich darin an, daß die jeweilige Gegenwart denjenigen Horizont, innerhalb dessen sie sich und das Seiende versteht, nur dann richtig begreift, wenn sie sich an seine epochale Besonderheit erinnert.

2. *Die Geschichte als „Schickung“ und „Geschick“*

Die „seltenen Entscheidungen der Geschichte“ fallen nach dem geschilderten Verständnis von „Welt“ und „Sein“ dort, wo neue Horizonte sich auftun, alte sich verschließen und deshalb alles Vermissen, Suchen und Finden, alles Nichtwissen, Fragen und Antworten sich auf einen neuen Weg gebracht („geschickt“) findet. Denn einerseits kann der Mensch sich nicht beliebig aus einem Horizont in den anderen versetzen (auch der Romantiker kann sich nach der „Welt des Mittelalters“ nur zurücksehnen, nicht in sie zurückkehren). Andererseits sind Horizonte keine ansichseienden Dingstrukturen, sondern öffnen sich nur und bleiben nur geöffnet, sofern der Mensch sich in ihnen „einrichtet“ und sie „bewohnt“, ja sofern er die je besondere Weise der „Wahrheit“, die für eine je besondere „Welt“ spezifisch ist, eigens „ins Werk“ setzt (hierher gehört vor allem die geschichtliche Bedeutung des Kunst-Werkes).[202]

Die Primärfrage der Geschichtsphilosophie ist deshalb die Frage nach dem Verhältnis zwischen dem „Geschick“, das den Menschen auf

[202] „Wahrheit geschieht nur so, daß sie in dem durch sie selbst eröffneten Streit und Spielraum sich einrichtet“ (Vom Wesen des Kunstwerks, Holzwege, 4. Aufl., 1963, S. 49).
„Das Werk hält das Offene der Welt offen“ (ibid. S. 34).

eine je spezifische Weise des Entbergens verweist, und dem, was der Mensch dabei zu leisten bekommt, die Frage nach der Weise, wie das „Geschick", das den Menschen auf seinen Weg „schickt", dabei den Menschen „braucht" (nötig hat, in seinen Dienst nimmt und zugleich in seinen Eigenstand „aushändigt").[203] Heidegger hat dieses Verhältnis nicht definiert. Er hat insofern die Primärfrage, die sich aus seinem Geschichtsverständnis ergibt, nicht beantwortet, sondern sich darauf beschränkt, an sie zu „erinnern". Aber auch diese Beschränkung ergibt sich aus seinem Verständnis von Wahrheit und Geschichte. Denn der Möglichkeitsgrund des Denkens ist kein feststellbarer Gegenstand für ein Vorstellen, sondern die Herkunft eines nicht vorhersehbaren Anspruchs. Das „Ausstehen der Frage", nicht die sich abschließende Theorie, ist daher das angemessene Verhältnis zu diesem Grunde, weil das Denken sich nur so für kommende Schickungen offenhält und im Bedenken der Geschichte selber geschichtlich bleibt.[204]

3. Die Kritik an Heidegger und die gegenwärtige Situation der Geschichtsphilosophie

Die Unmöglichkeit, dasjenige ausweisbar auszusprechen, was die so erinnerte Frage intendiert, und besonders die Zweideutigkeit der Rede vom „Geschick", die die Gefahr einer „Divinisierung der Geschichte" entstehen läßt, haben Anlaß zu begründeter und grundsätzlicher Kritik an Heideggers Geschichtskonzeption geboten. Andererseits hat das vergangene Jahrzehnt zwar die Restauration des Neopositivismus, des Neomarxismus und der neuen Hermeneutik hervorgebracht, aber keine Überbietung dieser Geschichtskonzeption angeboten. Ansätze zu einer Neufassung der Geschichtsphilosophie scheinen sich dort zu zeigen, wo Überlegungen der Sprachphilosophie auf die Problematik der Geschichte angewendet werden. Denn kraft ihrer Struktur zeichnet die Sprache dasjenige Gefüge vor, innerhalb dessen

[203] „Jedes Geschick eines Entbergens ereignet sich aus dem Gewähren und als ein solches. Denn dieses trägt dem Menschen erst jenen Anteil am Entbergen zu, den das Ereignis der Wahrheit braucht. Als der so Gebrauchte ist der Mensch dem Ereignis der Wahrheit vereignet" (Die Frage nach der Technik, in: Vorträge und Aufsätze, S. 40).

[204] „Denn Fragen ist die Frömmigkeit des Denkens" (Die Frage nach der Technik, in: Vorträge und Aufsätze, S. 44).

Begegnendes als Träger von Bedeutungsfunktionen verstanden werden kann. In Sprachdokumenten hinterlegt, gestattet die Sprache eine historische Erforschung von Wandel und Entwicklung dieser Strukturen. Auf diese Weise wird der Wandel der Verstehenshorizonte einer empirischen Erforschung zugänglich. Transzendentalphilosophische Frage (nach der Struktur, innerhalb derer Seiendes als solches begegnet und verstanden werden kann) und historisch-empirische Forschung (am Material der Sprachdokumente) verbinden sich dabei auf eine Weise, die die Hoffnung erweckt, die Frage nach der Epochalität der Strukturen und nach den Übergängen zwischen den Epochen werde auf diese Weise methodisch kontrollierbar werden, während die gleiche Frage bei Heidegger ins Unausweisliche zu entgleiten drohte. Doch fehlt bisher der systematische Gesamtentwurf einer sprachphilosophisch begründeten Geschichtsphilosophie.

Ein Rückblick auf die Geschichte der Geschichtsphilosophie, soweit sie hier in vereinfachender Raffung referiert werden konnte, scheint für eine weitere philosophische Behandlung des Geschichtsproblems folgenden Hinweis zu rechtfertigen: Die philosophische Bemühung um die Geschichte ist in verschiedenen Epochen jeweils dann zu grundsätzlichen Aspekten ihres Themas vorgedrungen, wenn es ihr gelang, der transzendentalen Reflexion eine historische Bedeutung abzugewinnen und damit auch umgekehrt die historische Reflexion transzendental zu begründen. Es mag daher nicht unbegründet erscheinen, in einer abschließenden Problemskizze den Zusammenhang von „Transzendentalphilosophie und Geschichte“ zum Ausgangspunkt der Darstellung zu machen.

Ausblick

TRANSZENDENTALPHILOSOPHIE UND GESCHICHTE

Die Aufgabe einer ›Einführung in die Geschichtsphilosophie‹, so wurde schon einleitend bemerkt, besteht nicht so sehr darin, die Zahl der geschichtsphilosophischen Theorien durch einen weiteren Lösungsvorschlag zu vermehren, als vielmehr darin, die Eigenart und den Zusammenhang geschichtsphilosophischer Fragestellungen deutlich zu machen. Dies wurde zunächst durch eine „Topographie der Probleme" versucht, d. h. durch die Nachzeichnung derjenigen Problemverweisungen, durch welche der geschichtsphilosophische Gedankengang von je einem Teilproblem zum andern weitergetrieben wird. Dieser synchronen und systematischen wurde eine diachrone und historische Darstellung der geschichtsphilosophischen Probleme gegenübergestellt, welche die Genese und den Wandel des philosophischen Geschichtsproblems vor Augen stellen sollte.

Diese vorrangige Behandlung der Fragestellungen, nicht der Antworten, trug der Einsicht Rechnung, daß philosophische Aussagen nur verstanden werden können durch den Hinblick auf diejenigen Fragen, die sie beantworten wollen. Aber eine komplementäre Einsicht hat gleiche Gültigkeit. Eine Frage verstehen heißt, sie mitfragen und also nach ihrer Beantwortung suchen. Darum werden Fragen unverständlich, wo der Wille zur Antwort erlischt. Fragen angemessen darstellen heißt darum zugleich, jene Dringlichkeit deutlich machen, die jedes unbeteiligte Zuschauen verbietet. Eine ›Einführung in die Geschichtsphilosophie‹ würde deshalb ihre Aufgabe verfehlen, wenn sie nur Fragen explizieren und historisch überlieferte Theorien bekanntmachen wollte, ohne auch nur ansatzweise einen Versuch zur Lösung der Aufgaben und zur Stellungnahme im Streit der Theorien zu wagen.

Ein solcher Ansatz wird durch die Ergebnisse der Problemtopographie und der Problemgeschichte nahegelegt. Beide gemeinsam nämlich scheinen darauf hinzuweisen, daß die Mannigfaltigkeit geschichtsphilosophischer Fragen immer wieder auf einen speziellen Problemkomplex verweist, der mit der Formel „Transzendentalphilosophie und Geschichte" bezeichnet werden kann. Im Folgenden soll daher zunächst erläutert werden, was mit dieser Problemformel gemeint ist, sodann aber versucht werden, die Umrißzeichnung einer vorgeschlagenen Lösung zu geben.

I. Zur Kennzeichnung der Fragestellung

1. Der Sinn der Problemformel

Die Vokabel „Transzendentalphilosophie“ wird häufig im Sinne einer bestimmten philosophischen Lehre verwendet, die auf Kant zurückgeht. Ihre zentrale These besagt, daß die Strukturen der subjektiven Akte (die Anschauungs- und Denkformen) zugleich die Möglichkeitsbedingungen für alle Objekte darstellen und insofern „der Natur die Gesetze vorschreiben“. In solchem Sinne verwendet, bezeichnet das Wort „Transzendentalphilosophie“ eine „idealistische“ im Gegensatz zu einer „realistischen“ Position.

Abweichend von diesem Sprachgebrauch soll hier das Wort „Transzendentalphilosophie“ nicht eine Position bezeichnen, sondern ein Problem. Auch Kants Philosophie gewann den Namen „transzendental“ nur deshalb, weil sie eine (keineswegs die einzig mögliche) Antwort auf die Frage gab, von welchen Bedingungen es abhänge, ob und wie das Bewußtsein für die Erfassung von Wirklichkeit offen, ob und wie Wirkliches für ein Bewußtsein zugänglich ist.

Freilich sind die soeben gewählten Ausdrücke „offen“ und „zugänglich“ mit Vorsicht zu gebrauchen. Denn das Bewußtsein ist kein bereitstehendes Gefäß, das in geeigneter Weise geöffnet werden könnte, um sodann gewisse Wirklichkeits-Inhalte aufzunehmen. Vielmehr ist Bewußtsein stets „Bewußtsein von etwas“, und der Bezug zum Wirklichen gehört wesentlich zu ihm. Wo also die „Öffnung“ des Bewußtseins erörtert und auf ihre Bedingungen zurückgeführt wird, da steht seine Konstitution als Bewußtsein zur Debatte. Aber auch das Wirkliche ist keine abgeschlossen bereitliegende Größe, zu der hin ein Bewußtsein sich sodann einen „Zugang“ bahnen könnte. Vielmehr gehört es zur Wirklichkeit, daß sie maßgeblich ist für das Denken und Handeln der Menschen. Auch noch die Aussage, die Realität bestehe „unabhängig vom Bewußtsein“, dient dazu, eben diese Maßgeblichkeit zu sichern. Und sogar noch das „Unerkennbare“ ist in dem Sinne „für uns“ unerkennbar, daß es kraft seiner Maßgeblichkeit dem Bewußtsein eine Anweisung zu kritischer Selbstbeschränkung gibt. Wenn aber zur Wirklichkeit wesentlich ihre Maßgeblichkeit für das Bewußtsein gehört, dann steht dort, wo seine „Zugänglichkeit" erörtert und auf ihre Bedingungen zurückgeführt wird, zugleich seine Konstitution als maßgebliche Realität zur Debatte. Gerade dieser Befund eröffnet die Aussicht, daß das transzendentale Problem lösbar sei. Käme nämlich die „Offenheit" für irgendwelche Gegenstände sekundär zur Konstitution des Bewußtseins hinzu, und wäre die „Zugänglichkeit" für irgendein Bewußtsein nur eine zufällige Zugabe zum Sein der Wirklichkeit, dann bliebe es ungewiß, ob sich eine Regel dafür finden lasse, ob, wie und wieweit das Bewußtsein und die Wirklichkeit untereinander in Beziehung treten können. Ist aber, wie sich soeben anzudeuten schien, die Relatio konstitutiv für die Relata, dann sieht die weitere Untersuchung sich auf einen Weg gewiesen. Aus der Analyse der Relation von Bewußtsein und Sein wird sich Auskunft darüber gewinnen lassen, was „Subjektivität" und „Realität" als solche sind; und aus der Analyse dessen, was sie „sind", wird sich verständlich machen lassen, wie sie sich „aufeinander beziehen". In platonischen Vokabeln gesprochen: Jene „dritte Größe", welche das Bewußtsein und die Seienden „zusammenjocht", ist zugleich der Grund, der das Bewußtsein als Bewußtsein, die Realität als Realität zustande bringt („dem Geist die Denkkraft, dem Erkennen das Sein und die Wahrheit zuteilt").

Die transzendentale Frage ist insofern die Frage nach dem Vermittlungsgrund von Bewußtsein und Sein, welcher zugleich als der Konstitutionsgrund beider gesucht wird.

Die Problemformel „Transzendentalphilosophie und Geschichte" soll freilich darauf hinweisen, daß hier eine Antwort gesucht wird, die sich von traditionellen Ausformungen der Transzendentalphilosophie unterscheidet. Denn die klassischen Lösungen der transzendentalen Frage haben gemeinsam, daß sie nicht nur auf ein übergeschichtliches Prinzip zurückgreifen, sondern auch die Vermittlung zwischen Subjekt und Objekt, die durch dieses Prinzip zustande gebracht werden soll, nach übergeschichtlichen Regeln geordnet denken.

Die platonische Lösung, die den gemeinsamen Grund für die Denkkraft des Geistes und für das Sein und die Wahrheit der Wesenheiten (Ideen) in der Idee des Guten sucht, denkt jeden Wandel des Bewußtseins und der Gegenstände als bloße Mangelerscheinung, wenn auch als eine solche, die in diesem Leben und in dieser Weltzeit unüberwindlich ist. Beide streben nach ewiger Unwandelbarkeit, das Denken in der „Liebe zur Weisheit", die Erscheinungen im „Streben nach der Idee".

Die Kantische Lösung dagegen rechnet überhaupt nicht mit einem Wandel der Bewußtseinsformen und der Strukturen der Objektvermittlung, sondern nur mit einem Wechsel des „Materials" sinnlicher Wahrnehmung. Dieses wird nach denjenigen ewigen Regeln verknüpft, die die Logik formuliert. Die formale Logik, näherhin die Funktionsbeschreibung möglicher Urteile, hat zugleich transzendentale Relevanz, weil es die Urteilsfunktionen sind, durch welche das Bewußtsein sich auf Gegenstände bezieht. Die Kategorien, d. h. jene Begriffe, die nichts anderes beschreiben als logische Funktionen zu möglichen Urteilen, enthalten deshalb zugleich die ewigen Gesetze für alles, was für uns Gegenstand werden kann.

Demgegenüber enthalten die dialektischen Lösungen des transzendentalen Problems ausdrücklich die Behauptung, daß die Strukturen des Bewußtseins und die Formen seines Gegenstandsbezuges einem historischen Wandel unterliegen. Aber auch diese Lösungen deduzieren die historischen Veränderungen dieser Strukturen aus einem ewigen Prinzip (der Natur des Geistes oder des Produktionsprozesses) und unterstellen sie einem ewigen Gesetz (dem Gesetz des Weges von der Unmittelbarkeit über die Entäußerung und Entfremdung zum vermittelten Selbstwissen des Geistes bzw. zur gesellschaftlich vermittelten Selbstproduktion des Menschen). Die dialektischen Theorien der Vermittlung von Subjekt und Objekt enthalten also zugleich eine dialektische Theorie der Geschichte. Aber diese Theorie verwandelt den Geschichtsprozeß in ein logisch deduzierbares System und verfehlt gerade dadurch, wie sich an früheren Stellen gezeigt hat, seinen spezifisch historischen Charakter.

Abweichend von diesen Lösungskonzepten soll die Problemformel „Transzendentalphilosophie und Geschichte" den Zweifel an der überlieferten Vormeinung ausdrücken, als könne man in die Möglichkeitsbedingungen der Vermittlung von Subjekt und Objekt nur dadurch hineinfragen, daß man die Geschichte im ganzen in Gedanken überschreitet. Es wird ebensosehr mit der Möglichkeit gerechnet, daß nicht die Geschichte von einem transzendentalen Systemansatz her deduzierbar, sondern jeder Systemansatz auf eine historisch spezifische transzendentale Struktur reduzierbar sei. Es könnte immerhin sein, daß nicht die historisch sich ablösenden Bewußtseinsformen und Wahrheitshorizonte ihren festen Platz in einem übergreifenden ewigen System finden, sondern daß umgekehrt jene leitenden Perspektiven, die jeweils eine Systembildung ermöglichen, sich nur innerhalb je einer bestimmten historischen Weise der Subjekt-Objekt-Vermittlung ergeben. Ja, es ist nicht ausgeschlossen, daß die Meinung, die Wahrheit lasse sich nur in der Form des Systems angemessen begreifen, selber einem historisch spezifischen Wahrheitshorizont zugehört.

Die Formel „Transzendentalphilosophie und Geschichte" meint also eine offene Frage, weil sie gerade dies zum Thema der Untersuchung machen will, ob die angemessene Lösung des transzendentalen Problems auch die Geschichte ins System oder jedes System in die Geschichte einordnen müsse, ob die Geschichte sich aus ewigen transzendentalen Bedingungen ergibt oder ob die transzendentalen Formen der Subjekt-Objekt-Vermittlung sich in der Geschichte und aus ihr ergeben.

2. *Kriterien für die Wahl dieses Problem-Ansatzes*

Der Versuch, die Bearbeitung der mannigfachen geschichtsphilosophischen Aufgaben gerade bei dem Problem von „Transzendentalphilosophie und Geschichte" anzusetzen, könnte einigermaßen sachfremd und willkürlich erscheinen. Er erscheint willkürlich, weil die historischen Phänomene auf den ersten Blick keinen spezifischen Anlaß bieten, nach der Vermittlung von Subjekt und Objekt zu fragen. Und er erscheint sachfremd, weil das Problem der Geschichte auf solche Weise aus einem konkreten und praktischen in ein theoretisches und abstraktes verwandelt zu werden scheint. Transzendentalphilosophie gilt als Theorie der Theorie (Theorie der Bedingungen, unter denen Theorie möglich ist), Geschichtsphilosophie aber soll dazu anleiten, sich im konkreten und praktischen Zusammenhang der Geschichte angemessen zu verstehen. So scheinen Transzendentalphilosophie und Geschichtsphilosophie sich gegenseitig auszuschließen. Und der Mißerfolg der dialektischen Versuche, die Geschichte auf ein transzendentales System zu bringen, bestätigt diesen Eindruck und scheint überdies darauf hinzuweisen, daß es wenig erfolgversprechend ist, den Ansatz der Geschichtsphilosophie beim transzendentalen Problem zu suchen.

Daß dieser Versuch hier dennoch unternommen wird, beruht zunächst auf den Ergebnissen der beiden Teile dieser ›Einführung‹. Eine

Frage, die sich aufgrund sachlicher Problemverweise immer wieder im Zusammenhang geschichtsphilosophischer Teilprobleme aufdrängte, kann nicht als sachfremd gelten, auch wenn der Sachzusammenhang bisher nicht zulänglich freigelegt sein sollte. Und wenn die gleiche Frage im Verlauf der Philosophiegeschichte immer wieder besonders fruchtbare Konzeptionen der Geschichtsdeutung veranlaßt hat, so kann die Wahl dieses Problem-Ansatzes nicht auf bloßer Willkür beruhen, auch wenn die Notwendigkeit, mit der die unterschiedlichsten Geschichtsdenker auf das transzendentale Problem verwiesen worden sind, noch nicht aus ihren Gründen verständlich gemacht worden ist. Was aber den möglichen Erfolg einer so angesetzten Geschichtsphilosophie betrifft, so sprechen folgende Hinweise dafür, diesen Ansatz wenigstens zu erproben.

Eine geläufige, wenn auch an engeren, spezifisch erkenntnistheoretischen Vorentscheidungen orientierte Formulierung des transzendentalen Problems lautet: Welches sind die Möglichkeitsbedingungen der Erfahrung und infolgedessen auch ihrer Gegenstände? Dabei wird vorausgesetzt, die Vermittlung von Subjekt und Objekt geschehe in der Weise, daß dadurch Erfahrung möglich wird. Deshalb habe nur derjenige diese Vermittlung sachgerecht ausgelegt, der die Möglichkeit von Erfahrung verständlich machen könne.

Folgt man diesem Hinweis, so zeigt sich eine Sachverwandtschaft zwischen der transzendentalen Frage und dem Problem der Geschichte. Denn es läßt sich sagen: Die Möglichkeit der Geschichte beruht auf der Fähigkeit zur Erfahrung.

Diese Behauptung läßt sich zunächst durch zwei Gegenproben plausibel machen. Wenn 1. gegen frühere Konzeptionen der Geschichtsphilosophie (vor allem gegen die dialektischen Systeme) vorgebracht wird, daß sie den spezifisch historischen Charakter der Geschichte durch Systematisierung auflösen, so kann völlig gleichbedeutend gesagt werden: Sie machen die Funktion und Eigenart der Erfahrung unverständlich, indem sie ihr jeweils durch systematische Deduktion vorgreifen. Eine Theorie, die die Eigenart und Eigenfunktion der Erfahrung verkennt, erweist sich zugleich als ungeeignet, die Möglichkeit von Geschichte angemessen zu deuten.

Und wenn 2. unserer Gegenwart vorgeworfen wird, sie habe die Fähigkeit verloren, Geschichte zu verstehen und sich selbst historisch zu begreifen, so kann völlig gleichbedeutend gesagt werden: Dieser unserer Gegenwart droht die Unfähigkeit, Erfahrungen zu machen.

Wenn ahistorische Rückprojektionen und utopische Vorausprojektionen einer teils idealisierten, teils verteufelten Gegenwart das historische Verhältnis zu Vergangenheit und Zukunft ersetzen, so liegt dies daran, daß eine fixierte Bewußtseinsform sich durch jeden Inhalt, von dem sie Kenntnis erlangt, immer nur bestätigt findet. Ein solches Bewußtsein bedarf der Erfahrung nicht, weil es je zuvor schon weiß, was ihm auch durch alle Tatsachenkenntnis nicht zweifelhaft werden kann. Die Fähigkeit zur Erfahrung und die Fähigkeit zur Geschichte werden gemeinsam verloren, und es scheint, sie können auch nur gemeinsam wiedergewonnen werden.

Der Zusammenhang zwischen der Möglichkeit der Geschichte und der Fähigkeit zur Erfahrung zeigt sich also zunächst als ein Zusammenhang der Ausfallserscheinungen. Eine Theorie, die die Erfahrung verkennt, wird auch die Geschichte mißverstehen. Und ein Zeitalter, das zur Erfahrung unfähig wird, verliert im gleichen Maße die Fähigkeit zur Historizität des Lebens. Doch läßt sich der gleiche Zusammenhang auch positiv beschreiben. Es sind nicht die abstrakten Gedanken, aber auch nicht die individuellen Gefühle, sondern die gemeinsamen Erfahrungen, durch die jeweils konkrete gesellschaftlich-historische Formen der Intersubjektivität begründet werden.

Die Schwierigkeit der Verständigung zwischen Generationen, zwischen Völkern und zwischen Teilgruppen innerhalb der gleichen Gesellschaft beruht darauf, daß auch identische Gegebenheiten verschieden aufgefaßt und durch unterschiedliche Weisen des Verhaltens praktisch beantwortet werden. Diese Differenzen nach außen bei relativer Gleichartigkeit der Bewußtseinsstruktur und der Verhaltensmuster im Inneren einer Generation oder einer Gruppe läßt sich aus der Besonderheit ihrer gemeinsamen Erfahrungen verständlich machen. Das setzt freilich voraus, daß Erfahrung nicht darin besteht, neues Material in die alte und unverändert bleibende Form des Bewußtseins aufzunehmen, sondern darin, die Form des theoretischen und praktischen Bewußtseins an konkreten Inhalten neu zu entwickeln, so daß nunmehr auch alles andere, sogar das längst Bekannte, in einem veränderten Lichte erscheint.

Wird die Erfahrung so verstanden, dann kann die Frage nach ihrer Möglichkeit in folgender Weise formuliert werden: Wie ist es möglich, daß einem Bewußtsein gewisse Inhalte in der Weise gegeben werden, daß das Bewußtsein dadurch der Unzulänglichkeit seiner je gegenwärtigen Funktionsformen überführt und zu deren Umgestaltung veranlaßt wird? Wie kann ihm dasjenige zum „Inhalt" werden, das gerade nicht in seine „Formen" paßt? Wie gewinnt das Subjekt ein Verhältnis zu dem, was ihm in seiner jetzigen Funktionsgestalt „unfaßlich" erscheint? Und was macht das Objekt fähig, sich dem Bewußtsein so zu zeigen, daß es sich einerseits gerade nicht von dessen Auffassungsformen die Gesetze seines Erscheinens vorschreiben läßt, andererseits aber auch nicht, weil es den Gesetzen des Verstehens widerspricht, als Trugbild beiseite gesetzt oder als bloßes Kuriosum aus dem Zusammenhang der Weltorientierung ausgeklammert, sondern als belangvolle Wirklichkeit gewertet wird, die eine Veränderung der subjektiven Funktionsformen verlangt?

Hier zeigt sich, daß die Frage nach den Möglichkeitsbedingungen der Erfahrung nicht nur ein psychologisches, sondern vor allem ein transzendentales Problem ist. Denn die soeben formulierten Fragen lassen sich in der einen zusammenfassen: Wie müssen Subjekt und Objekte untereinander vermittelt werden, wenn die Weise dieser Vermittlung es möglich machen soll, daß die Auffassungsformen des Subjekts und die Gegebenheitsweisen der Objekte sich aneinander entwickeln?

Wird die Frage so verstanden, dann zeigt sich zugleich: Eine Theorie der Erfahrung, die nicht nur von den Bedingungen dafür spricht, mannigfache Stoffe unter eine bleibende Form zu bringen, sondern die Bedingungen einer gegenseitigen Entwicklung von Form und Inhalten sichtbar macht, ist zugleich geeignet, einen Zugang zu den wichtigsten Teilbereichen des geschichtsphilosophischen Problemfeldes zu erschließen. Diese sind im ersten Teil dieser ›Einführung‹ unter den Titeln ›Sozialphilosophische Problem-Implikationen‹, ›Wahrheit, Geschichte und Kritik‹, ›Geschichte und Bewußtsein‹, ›Natur und Geschichte‹ beschrieben worden.

Denn sofern 1. die Gemeinsamkeit der Erfahrung es ist, aus welcher die Ähnlichkeit von Bewußtseinsformen und die Vergleichbarkeit der Vermittlungen von Subjekt und Objekten hervorgeht, wird durch sie jene „Ebene des Speziellen" konstituiert, auf der sich, im Gegensatz zum Individuellen und zum Allgemeinen, die historischen und sozialen Prozesse abspielen. Eine Theorie der Erfahrung wäre also zugleich eine Theorie der Konstitution des für „Geschichte und Gesellschaft" charakteristischen Phänomenbereiches.

Sofern 2. die Gemeinsamkeit der Erfahrungen und die dadurch begründete Ähnlichkeit von Bewußtseinsformen und Verstehenshorizonten je spezielle Möglichkeiten der theoretischen und praktischen Intersubjektivität eröffnet, macht sie zugleich verständlich, wie es je zu speziellen Kriterien für die Geltung von Aussagen und für die Unterscheidung zwischen Trugbild und Realität kommen kann. Eine Theorie der Erfahrung würde also zugleich die Gründe dafür freilegen, daß die Wahrheit (als Realitätskriterium, als Geltungsgrund und als Bedingung von Intersubjektivität) ihre Geschichte hat.

Da nun 3. Erfahrung einerseits eine Leistung des Bewußtseins ist, andererseits aber auf dieses Bewußtsein gestaltverändernd wirkt, kann an ihr ein sonst schwerverständlicher Sachverhalt exemplarisch studiert werden. Das Bewußtsein ist zugleich Subjekt und Objekt von Veränderungen, und zwar Objekt nur in dem Maße und nur in der Weise, wie es dabei zugleich als tätiges Bewußtsein aktiv am Werke ist. Gerade diese Doppelfunktion des Bewußtseins aber war ein zentrales Problem für die Verhältnisbestimmung von „Bewußtsein und Geschichte".

Wenn schließlich 4. gesagt wurde, Erfahrung sei der Vorgang, in welchem Formen des Auffassens und Inhalte des Gegebenen sich aneinander entwickeln, so scheint eine Theorie der Erfahrung die Aufgabe einzuschließen, den Begriff einer „Entwicklung des Bewußtseins" zu klären. Dieser Begriff seinerseits aber stand im Zentrum derjenigen Überlegungen, die die Ähnlichkeit, aber auch die Differenz der Geschichte gegenüber dem Naturprozeß betrafen.

Kurz: Eine Transzendentalphilosophie, die sich als Theorie der Erfahrung versteht, scheint einen erfolgversprechenden Ansatz zu bieten für eine Philosophie der Geschichte. Denn sie eröffnet einen eigenen Zugang zu all denjenigen Teilgebieten des geschichtsphilosophischen Problemfeldes, die in der einleitenden „Topographie" beschrieben worden sind.

II. Ausblick auf einen Lösungsversuch

Wenn eine ›Einführung in die Geschichtsphilosophie‹ einerseits keine ausgeführte Theorie der Geschichte bieten kann, andererseits aber eine Stellungnahme im Streit der Geschichtsdeutungen nicht verweigern darf, so wird sie einen Ausblick auf diejenige Lösungskonzeption bieten müssen, die durch die Topographie und Geschichte des Problems nahegelegt wird. Dieser Ausblick kann nur zweierlei sichtbar machen:

gewisse Umrißlinien derjenigen Theorie, von der aus das Geschichtsproblem behandelt werden soll, also einer Theorie der Erfahrung, und gewisse Elemente, an denen sich die Eigenart der in Aussicht genommenen Geschichtsphilosophie erkennen läßt.

1. *Umrißlinien einer Theorie der Erfahrung*

Der durchlaufene Gedankengang enthält eine Begründung dafür, warum der Hinblick auf das Phänomen- und Problemfeld der Geschichte durch eine Theorie der Erfahrung gewonnen werden soll. Eine solche Theorie der Erfahrung kann hier nur in Umrißlinien angedeutet werden. Dabei ist das Wort „Umriß" auch in dem Sinne zu verstehen, daß die gesuchte Theorie sich aus gewissen Abgrenzungen ergibt, die sich bei der kritischen Würdigung anderer in der Geschichte der Philosophie entwickelter Deutungen der Erfahrung ergeben haben. Was sich auf solche Weise sagen läßt, soll hier in thesenartiger Kürze vorgetragen werden.

a) *Im absoluten Chaos gäbe es keine aufschlußreichen, Zusammenhänge erhellenden Phänomene und deshalb auch keine Erfahrung.* Das bedeutet: Die erhellende Kraft der Erfahrung beruht nicht, wie ein naiver Empirismus meint, auf der bloßen Fülle des Stoffes, sondern, wie Kant gezeigt hat, auf dessen synthetischer Ordnung. Erst diese ist es, die allem Einzelnen, was sich zeigt, Relevanz verleiht.

b) *In der totalen Selbstvergessenheit wie in der unangefochtenen Selbstgewißheit des Subjektes bleibt die Erfahrung aus.* Das bedeutet: Diejenige Ordnung der Phänomene, die dem Einzelnen durch Zusammenhänge Relevanz verleiht, schließt zwar die Beziehung auf das Subjekt ein. Wo diese Beziehung nicht miterfahren wird, weiß das Subjekt sich von dem, was sich zeigt, nicht betroffen. Aber diese Ordnung wird nicht, wie Kant meinte, durch das Subjekt allein nach den unwandelbaren Formen seiner eigenen Akte hervorgebracht. Die Relevanz des Erfahrenen besteht gerade darin, daß es die Form der subjektiven Funktionen verändert. Die Ordnung der Phänomene ist also, wie Hegel gezeigt hat, die je besondere und sich entwickelnde Form, wie das Subjekt sein Wissen vom Objekt mit seinem Selbstwissen verbindet (bzw. nach der materialistischen Dialektik die je besondere und sich entwickelnde Form, wie die Selbstproduktion des Menschen an seine Güterproduktion gebunden ist).

c) *Das Erfahrene geht uns gerade dadurch an, daß es uns als das unvorhersehbar Fremde überrascht und zum Umdenken zwingt.* Das bedeutet: Diejenige Verknüpfung von Bei-sich-Sein und Beim-Anderen-Sein (von Selbstbewußtsein und Gegenstandsbewußtsein, Selbstproduktion und Güterproduktion), welche Erfahrung möglich macht, beruht nicht darauf, daß das Subjekt in allem Durchgang durch Entäußerung und Entfremdung zuletzt nur zu sich selber kommen könnte. Erfahrung ist deshalb nicht, wie die dialektischen Systeme meinen, ein Moment im Selbstverhältnis des erkennenden bzw. produzierenden Subjektes. Sie ist vielmehr der Vorgang, der das Subjekt aus dem Zwang befreit, in Theorie und Praxis immer nur „zu sich selbst zu kommen", und es fähig macht, zur fremden Realität Zugang zu gewinnen. Der Erfahrende darf gewiß nicht einfach außer sich geraten, wenn er durch Erfahrung Einsicht gewinnen will. Aber er bleibt nicht dadurch bei sich selbst, daß er das erscheinende Fremde in ein Moment seines Zu-sich-Kommens verwandelt, sondern dadurch, daß er sich durch das Wirkliche in seiner stets überraschenden Fremdheit betroffen sieht.

d) *Nur das ausgelegte Faktum gibt zu denken, aber in der Weise, daß es seine Auslegung überholt.* Was uns zum Umdenken veranlassen soll, muß als der „Fall" fungieren, an dem die Regeln unseres Verstehens überprüft und als unzulänglich erwiesen werden. Das bedeutet: Nur dasjenige Faktum, dem innerhalb bestimmter Auslegungsstrukturen Relevanz zugesprochen wird, kann Inhalt einer Erfahrung sein. Aber was uns durch Erfahrung zu denken geben soll, muß uns etwas sagen, was wir uns nicht je zuvor schon selbst gesagt haben. Möglichkeitsbedingung der Erfahrung ist also ein auslegendes Verstehen, das zwar je zuvor (a priori) dem Wahrgenommenen Bedeutung gibt, ihm aber nicht durch Einordnung in fixierte Horizonte vorschreibt, was es sagen kann. Der Verstehenshorizont muß, wenn er Erfahrung möglich machen soll, so strukturiert sein, daß er sich selbst in der Anwendung auf den jeweils erscheinenden Fall auf die Probe stellt.

e) *Sofern zu den Bedingungen der Erfahrung auch überzeitliche Strukturen gehören, ist deren Funktion dennoch historisch und gesellschaftlich variabel.* Man mag dabei an die für Kant so wichtigen Strukturen der Urteils-Synthesis denken, wird aber sogleich bemerken, daß ein Urteil von der Form „subjectum est praedicatum" (z. B. „Athen ist ein Staatswesen") außerordentlich verschiedene Funktionen erfüllen kann. Es kann die mythologische Aussage enthalten, das Phänomen S sei diejenige Gestalt, in welcher das göttlich-vorzeitige Ereignis P wirksame Gegenwart gewinnt. Es kann die metaphysische Behauptung ausdrücken, die widerspruchsvolle Erscheinung S sei nur dadurch existenzfähig, daß sie an der reinen Wesenheit P teilhabe. Es kann die ontologische Auskunft vermitteln, eine Substanz S sei der Träger eines Komplexes von Eigenschaften P. Es kann auch den Befund ausdrücken, eine Analyse des Phänomenkomplexes S bringe ein Teilbündel von Merkmalen zutage, das aus anderen Beobachtungen bekannt ist und, weil sein Auftreten jeweils bestimmte Funktionserwartungen rechtfertigt, unter einen eigenen Namen P zusammengefaßt zu werden pflegt. Schließlich kann der gleiche Satz besagen, die Mannigfaltigkeit des Phänomenkomplexes S finde ihre Erklärung in dem Ursachenkomplex P. Die Reihe der Beispiele ließe sich verlängern. Aus ihnen ist zu lernen: Durch die Angabe der Urteilsstruktur ist die Urteilsfunktion keineswegs eindeutig bestimmt.

f) Worauf es jedoch im Zusammenhang einer Theorie der Erfahrung ankommt, sind die beiden sich daran anschließenden Feststellungen:

α) *Jede dieser verschiedenen Funktionen der gleichen Urteilsstruktur drückt einen Verstehenshorizont aus, innerhalb dessen ein je besonderer Typus von Erfahrung möglich wird.* (Z. B. die durch ein mythologisches Verstehen ermöglichte Erfahrung von Theophanien; oder die durch ein metaphysisches Verstehen ermöglichte Erfahrung, daß „Abbilder" die „Macht der Ideen" vermitteln, indem sie im Bewußtsein die Bewegung der „Anamnesis" auslösen; oder die durch ein wissenschaftliches Verstehen ermöglichte Empirie als Falsifikationsprobe von Hypothesen usw.)

β) *Die Prävalenz des einen oder anderen Verstehenshorizontes und damit der einen oder anderen Urteilsfunktion und des einen oder anderen Erfahrungstyps ist ein Unterscheidungsmerkmal historischer Epochen* (z. B. des wissenschaftlichen Zeitalters im Gegensatz zum mythologischen) *und sozialer Gruppen* (z. B. einer Religionsgemeinschaft im Gegensatz zu einem Forscherteam).

g) Für den Zusammenhang von Erfahrungstheorie und Geschichtsphilosophie folgt daraus: *Die Möglichkeitsbedingungen der Erfahrung sind historische Bedingungen und Bedingungen der Historie zugleich.*

α) Der Übergang von einem Verstehenshorizont in den anderen betrifft nicht nur die Weltorientierung der Individuen, sondern auch die Formen der Intersubjektivität. (Beim Übergang vom mythischen zum metaphysischen Verständnis der Erscheinungen änderten die

Fragen „Was ist das?" und „Warum geschieht jenes?" ihren Sinn. Damit änderte sich zugleich die Relevanz derjenigen Erscheinungsinhalte, von denen die Entscheidung theoretischer und praktischer Alternativen abhing. Wo aber der Sinn von Fragen und Antworten und die Relevanz von Erfahrungsinhalten sich ändert, da wandeln sich die Bedingungen intersubjektiver Kommunikation und Kooperation.)

β) Die entscheidenden Strukturveränderungen der Vermittlung zwischen Subjekt und Objekt sind verknüpft mit ebenso entscheidenden Strukturveränderungen der Gesellschaft. (So erfordert die mythische Weltauslegung eine soziale Sondergruppe derer, die das überlieferte Wissen von Urzeit-Ereignissen verwalten und deshalb fähig sind, die je neuen Erfahrungsinhalte als Abbild-Ereignisse begreiflich zu machen und das so gestiftete Verstehen an jedermann zu vermitteln. Die metaphysische Weltauslegung dagegen führt die Erscheinungen nicht auf kontingente und daher nur durch Überlieferung wißbare Ereignisse, sondern auf notwendige Wesenheiten zurück. Sie kennt deshalb keine berufenen Vertreter eines Sondergutes von Einsichten. Ihrer Intention nach ist sie auf jeden bezogen, der ihren Argumentationen folgen kann, gerade deshalb aber der Realität nach auf den Kreis derjenigen beschränkt, deren Kenntnisstand und Bewußtseinsformung es erlaubt, an metaphysischen Argumentationsgängen teilzunehmen. Deshalb gehört zur mythischen Gesellschaft die Zuordnung von ratspendenden Weisen und ratsuchenden Laien; diejenige Gesellschaft aber, innerhalb derer Metaphysik getrieben wird, kennt statt dessen die sich gegeneinander abschließenden Teilgruppen der Fachleute und der Nichtfachleute.)

γ) Zwischen dem Wandel der Verstehenshorizonte und den Strukturveränderungen der Gesellschaft besteht kein einseitiges Fundationsverhältnis, als ob entweder ein neues Verstehen eine veränderte Gesellschaft begründete oder eine neue Gesellschaft einen veränderten Verstehenshorizont eröffnete. Vielmehr ist das Begründungsverhältnis gegenseitig. Einerseits entstehen nur unter angebbaren historischen Bedingungen diejenigen Teilgruppen innerhalb der Gesamtgesellschaft, für die die gegebenen Erscheinungen neuartige Fragen aufwerfen und damit ein verwandeltes Verstehen verlangen. (So läßt sich angeben, unter welchen historischen Bedingungen neben den Königen und Kriegern, den Bauern und Handwerkern, den Priestern und Weisen jene Sondergruppe von „Spezialisten des Begriffs" entstehen konnte, die sich von überlieferten Formen der Alltagspraxis ebenso distanzierte wie von den mythischen Weltdeutungen und den vor Augen liegenden Welterscheinungen; indem dieser besondere Personenkreis all dies unter den Verdacht des Truges stellte, ließ er kein anderes Wahrheitskriterium zu als die Erprobung des Gedankens im Dialog.)

Andererseits müssen die Erscheinungen schon in einen veränderten Erfahrungskontext aufgenommen werden, um jene veränderten Aufgaben intersubjektiver Kommunikation und Kooperation entstehen zu lassen, welche ihrerseits erst die Entstehung von Sondergruppen mit gesellschaftlichen Sonderrollen hervorrufen. (Der Erfahrungshorizont muß sich schon verändert haben, wenn überlieferte Mythen nicht mehr als zureichende Deutungen der Erfahrungsinhalte erscheinen, so daß nun vorausgesetzt wird, die Welt sei erst dann „begriffen", wenn sie auf den „Begriff" gebracht ist, d. h. wenn die Erscheinungen aus einem Prinzip gedeutet werden, das widerspruchsfrei in den Gedanken eingeht. Und erst wenn diese Aufgabe gestellt ist, finden die „Spezialisten des Begriffs" eine Gesellschaft vor, in der sie ihre besondere Rolle übernehmen können.)

δ) Die Gegenseitigkeit dieses Fundationsverhältnisses beweist, daß die Geschichte der Wahrheit (d. h. der Möglichkeit von Intersubjektivität, der Kriterien für berechtigte Geltungsansprüche und für die Unterscheidung zwischen Realität und Trug) nicht aus der Geschichte der Gesellschaft abzuleiten ist, aber auch nicht umgekehrt die Geschichte der Gesellschaft sich aus der Geschichte der Wahrheit ergibt. Wohl aber muß das transzendentale Problem so lange als ungelöst gelten, bis auch das Prinzip gesellschaftlich-historischer Prozesse freigelegt ist; und das Problem der Historizität der Gesellschaft kann so lange nicht als beantwortet gelten, bis die Prinzipien der Veränderung von Wahrheitshorizonten geklärt sind.

2. Bausteine zu einer Philosophie der Geschichte

Der soeben mehr angedeutete als ausgeführte Gedankengang hat wenigstens so viel erwiesen: Eine Beziehung zwischen dem transzendentalen Problem und einer philosophischen Deutung der Geschichte braucht nicht vermutet zu werden; sie läßt sich nachweisen. Die Frage nach dem Grund der je historisch-konkreten Verknüpfung von Subjekt und Objekt und die Frage nach der Eigenart der historisch-gesellschaftlichen Prozesse beleuchten sich gegenseitig. Der Versuch, eine historisch verstandene Transzendentalphilosophie und eine transzendentalphilosophisch ansetzende Geschichtsphilosophie miteinander zu verbinden, verspricht Aussicht auf Erfolg.

Die Form der hier vorgelegten Skizze gestattet es nicht, die Ergebnisse eines solchen Denkversuches vorwegzunehmen. Aber es läßt sich an Beispielen zeigen, auf welche Weise die eingangs entwickelten Teilprobleme der Geschichtsphilosophie sich stellen werden, wenn sie von dem hier zu erprobenden Ansatz her behandelt werden.

a) Das Problem „Natur und Geschichte"

Das Problem „Natur und Geschichte", mit dessen Darstellung die einleitende Topographie der geschichtsphilosophischen Fragen begann, schien zunächst auf die Formel zu bringen: Wie sind zwei voneinander verschiedene Ereignisabläufe dennoch aufeinander bezogen, von denen der eine zyklisch verläuft, von je vorausliegenden Bedingungen gesteuert wird und den Menschen nur als ein Glied unter anderen mitumgreift, während der andere irreversibel, zukunftsbestimmt und anthropozentrisch ist? Ansetzend bei der transzendentalen Reflexion wird statt dessen gefragt werden müssen: Unter welchen transzendentalen und historisch-gesellschaftlichen Voraussetzungen ist die mythische Einheit zerbrochen, die dieser Unterscheidung nicht bedurfte? Unter welchen Bedingungen war es möglich, den Menschen in der Weise als die Synthesis gegensätzlicher Wesensteile oder Existenzformen zu verstehen, wie dies durch die Entgegensetzung von Natur und Geschichte notwendig wurde? Welcher Verstehenshorizont und welche Form der historisch-gesellschaftlichen Intersubjektivität eröffnete die Möglichkeit, die Wirklichkeit des eigenen Lebens so zu sehen, daß „Dualismus" zum Titel für einen Vorwurf wurde, weil die Realität des Menschen und der Welt nun an deren Einheit geknüpft erschien? Von welcher Art ist die Wirklichkeit, der ein mythisches, ein dualistisches, ein evolutionistisches Verstehen entspricht — und von welcher Art sind die Strukturveränderungen des Bewußtseins, das für je eine dieser Realitätsformen geöffnet ist und sich jeweils durch sie bestätigt und ins Recht gesetzt findet?

b) Das Problem „Bewußtsein und Geschichte"

Das Problem „Bewußtsein und Geschichte" schien zunächst zu lauten: In welcher Weise und innerhalb welcher Grenzen beeinflußt das Bewußtsein als gestaltender Faktor den Ablauf der historischen Ereignisse? In welcher Weise und in welchem Maße ist es statt dessen seinerseits als Produkt des Geschichtsprozesses von ihm bestimmt? Die transzendentale Reflexion führt über diese Alternative hinaus, weil sie weder das Bewußtsein noch den Realprozeß als gegebene Größe hinnimmt, von der aus die herleitende Erklärung ihren Anfang nehmen könnte. Wenn nämlich die Vermittlung zwischen Subjekt und Objekten nicht sekundär zu deren zuvor konstituierter Wirklichkeit hinzutritt, sondern mit ihrem Konstitutionsprozeß zusammenfällt, dann wird das Problem „Bewußtsein und Geschichte" in folgenden Einzelfragen artikuliert werden müssen: Unter welchen transzendentalen und historisch-gesellschaftlichen Voraussetzungen gibt die Vermittlung von Subjekt und Objekt den Blick auf eine „dritte Größe" frei, die den „Geist" und die „Realität" zusammenjocht, so daß weder der Verstand der Natur noch diese dem Geist die Gesetze vorschreibt, sondern beide gemeinsam von einem Dritten bestimmt erscheinen? Unter welchen abweichenden Bedingungen erscheint das Vermittlungsverhältnis so, daß nun entweder das Bewußtsein oder die Realität als das Bestimmende erfahren wird? Welche transzendentalen und historischen Gründe bedingen eine Verstehensstruktur, in welcher die „Realität" als die bestimmende Macht erfahren wird, der das Bewußtsein seinen Inhalt und seine Form verdankt? Welche Erfahrungsweise läßt umgekehrt ein Selbstverständnis des Bewußtseins entstehen, kraft dessen der Geist in allen Objekten nur ein Medium seines indirekten Selbstwissens findet?

c) Das Problem „Wahrheit und Geschichte"

Das Problem „Wahrheit und Geschichte" schien in die Frage einzumünden: Ist „Wahrheit" nur ein Wort für diejenige Sicht der Erscheinungen, die sich jeweils an einer bestimmten Stelle des historischen Prozesses ergibt? Oder läßt sich trotz der Erfahrung von der Historizität des Bewußtseins der allgemeine Relativismus vermeiden und die Forderung nach einem Maßstab aufrechterhalten, an welchem die

Geschichte im ganzen kritisch gemessen werden kann? Die transzendentale Reflexion fragt zunächst nach dem Recht der Voraussetzung, daß Historizität der Wahrheit immer deren Relativität bedeute und daß nur eine Wahrheit, die von der Geschichte nicht betroffen sei, Kritik an der Geschichte möglich mache. Um das Recht oder Unrecht dieser Voraussetzung zu klären, muß zunächst gefragt werden: Unter welchen transzendentalen und historisch-gesellschaftlichen Voraussetzungen ändern sich die Verstehenshorizonte und Erfahrungsmöglichkeiten dergestalt, daß dadurch zugleich die Kriterien der Realität (und die Normen der Adäquation) sich verändern, die Bedingungen der Bewährung von Theorien (und damit die Kriterien der Geltung) sich verschieben und schließlich die sinnstiftenden Alternativen der Theorie und der Praxis (und damit die Aufgaben kritischer Intersubjektivität) sich verwandeln? Erst wenn geklärt ist, unter welchen Bedingungen und auf welche Weise jene Veränderungen geschehen, die zusammenfassend durch den Titel „Historizität der Wahrheit" bezeichnet werden, kann entschieden werden, ob damit die Wahrheit zu einer bloßen Funktion der Geschichte wird oder ob die Geschichte einem am Maßstab der Wahrheit orientierten kritischen Urteil unterworfen bleibt.

Doch macht die transzendentale Reflexion auch die zuletzt genannte Alternative fraglich. Denn wenn die Geschichte denjenigen Vorgang einschließt, in welchem Bewußtseinsformen und Erfahrungsinhalte sich aneinander entwickeln, dann ist Kritik an der Geschichte nicht die Anwendung ewiger Vernunfteinsichten auf zeitliche Erfahrungsinhalte, sondern die Unterscheidung der Wahrheit selbst von jedem Wissen und von allem Gewußten. Gerade die transzendentale Reflexion, die die Historizität jeder Form der Vermittlung von Subjekt und Objekt zutage brachte, macht diese kritische Unterscheidung von Wahrheit und Wissen auf veränderte Weise möglich. Denn jene „dritte Größe", die dem Denken die Kraft und den Gegenständen die Erkennbarkeit zuteilt, bleibt verschieden von jeder Form, wie sie gewußt wird, und von jedem Inhalt, der gewußt wird. Das gilt auch dann, wenn der Verstehenshorizont, der durch diese dritte Größe eröffnet wird, sich jeweils historisch öffnet, verändert oder schließt. Kraft dieser Verschiedenheit aber ermöglicht auch eine radikal historisch gewordene Wahrheit ein kritisches Selbstverständnis des Denkens und ein kritisches Urteil über alles Gewußte — auch über die Geschichte, so wie sie sich unserem Wissen gegenständlich darstellt.

Das Problem der Überwindung des Relativismus nimmt unter dieser Voraussetzung die Gestalt folgender Fragen an: Wie soll jener „transzendentale Konstitutionsvorgang“, kraft dessen sich je historisch spezifische Verstehenshorizonte öffnen, von denjenigen Vorgängen unterschieden werden, die wir als „objektive Ereignisreihen“ innerhalb je eines besonderen Verstehenshorizontes zu sehen bekommen? Wie ist es möglich, von der Bedingung zu sprechen, die die je historische Gestalt von Wahrheitshorizonten und Erfahrungsmöglichkeiten bestimmt, wenn jede Form solcher Rede sich immer schon innerhalb eines solchen spezifischen Horizontes bewegt? Wie kann die transzendentale Frage nach dem Grund der je historisch besonderen Vermittlung von Subjekt und Objekt gestellt werden, wenn bei jeder möglichen Antwort kategorial so gesprochen werden muß, als beschriebe man dadurch einen Gegenstand? Wie kann die kritische Unterscheidung zwischen transzendentaler Frage und notwendigerweise kategorialer Antwort offengehalten werden, ohne in die Skepsis des Verzichts auf jede Antwort und folglich auch auf die Frage selber zu verfallen?

So zeigt sich an dieser Stelle erneut, daß das Relativismus-Problem, das in verschiedenen Epochen als das Zentralproblem der Geschichtsphilosophie gegolten hat, nicht lösbar ist ohne gleichzeitige Antwort auf die transzendentale Frage.

d) Ontologische, ethische und sozialphilosophische Problem-Implikationen

Es hat sich gezeigt, daß in der Frage nach dem Verhältnis von Wahrheit und Geschichte zugleich ontologische, ethische und sozialphilosophische Probleme eingeschlossen sind. Aufgrund der transzendentalen Reflexion zeigen sich auch diese Problem-Implikationen in einem veränderten Licht.

α) Die Geschichte und das Problem der Wirklichkeit

Die Frage, was „Wirklichkeit“ sei und wie man sie von Trugbildern unterscheiden könne, ist einerseits im Problem der Wahrheit eingeschlossen. Denn die Forderung, Begriffe und Urteile müßten, um wahr zu sein, sich der Wirklichkeit „angleichen“, setzt voraus, was „Wirklichkeit" sei, sei bekannt. Nur so kann es als Maßstab dienen, an dem die Akte des Bewußtseins gemessen werden. Andererseits ist die Frage nach Wirklichkeitsbegriff und Wirklichkeitskriterium, auch abseits von aller Problematik der Erkenntniskritik, ein Thema der Ontologie. Hier konzentriert sich das Problem auf die Frage nach der „Seinsweise" des Idealen. Dieses ist einerseits nicht real, wenn Realität die Antreffbarkeit an einer bestimmten Raum- und Zeitstelle bedeutet; andererseits geht es nicht darin auf, Inhalt von Vorstellungen zu sein, weil gerade die Vorstellungen vom Idealen einer kritischen Prüfung bedürftig und auch zugänglich sind, d. h. von derjenigen Wirklichkeit, die sie intendieren, unterschieden werden müssen und können.

Die ontologische Frage nach der Seinsart des Idealen gehört zugleich in das Problemfeld der Geschichtsphilosophie. Denn einerseits verbietet die Disparatheit der historischen Erscheinungen deren Zurückführung auf „ewige Urgestalten", andererseits verlangen die historischen Phänomene selbst zu ihrer Erklärung eine Theorie des Idealen. Denn das Ringen um die angemessene Erfassung und Verwirklichung des Idealen, das zu den bewegenden Kräften der Geschichte gehört, setzt die kritische Unterscheidung zwischen der Idee einerseits, allen Erscheinungen und Vorstellungen andererseits voraus.

Die so veranlaßte ontologische Frage kann auf die Formel gebracht werden: In welcher Weise kann wirklich sein, was weder ewige Urgestalt noch zeitliche Erscheinung ist noch bloßer Inhalt einer in der Geschichte auftretenden Vorstellung?

Diese Frage, die sonst leicht den Anschein einer Aporie erwecken könnte, wird durch die transzendentale Reflexion lösbar gemacht. Denn diese Reflexion hat gezeigt: Der Bereich des Wirklichen erschöpft sich nicht in den Erscheinungen und in den Vorstellungen, die das Bewußtsein sich von ihnen macht. Diese beiden Größen selbst weisen auf jene „dritte Größe" hin, die die Vermittlung zwischen ihnen leistet. Was weder Erscheinung noch Vorstellung und dennoch Wirklichkeit ist, wird als das transzendentale Vermittlungsprinzip gesucht werden müssen.

Die Meinung freilich, diese „dritte Größe" müsse den Charakter einer ewigen Urgestalt haben, ist nur eine unter mehreren möglichen Antworten auf die transzendentale Frage. Und gerade diese Antwort scheint durch die Erfahrung von der Radikalität des historischen Wandels widerlegt zu sein. Da in der Geschichte nicht nur die Objekte der Erkenntnis wechseln, sondern vor allem auch die Formen der Subjekt-Objekt-Vermittlung sich verwandeln, muß auch die dritte Größe so gedacht werden, daß sie diese Historizität der Vermittlungen begründet. Ihre Funktion besteht dann nicht primär darin, durch die Unwandelbarkeit ihres Seins die Verläßlichkeit eindeutiger Begriffe zu begründen, sondern darin, durch die jeweils überraschende Neuheit ihres Erscheinens die beständige Umformung der Verstehenshorizonte zu verlangen. Wird die Idee gedacht (und das heißt immer: wird der Vermittlungsgrund nach Analogie eines Gegenstandes vor Augen gestellt), so kann sie deshalb nicht unter dem Bilde des bleibenden Seins, sondern nur unter dem des je neuen Anspruchs angemessen begriffen werden. Nicht als Gestalt für die betrachtende Theorie, sondern als Herkunft eines Anspruchs zur Umkehr des Denkens wird die Wirklichkeit der Idee zum Gegenstand für das Bewußtsein.

β) *Die Geschichte und das Problem der sittlichen Normen*

Die Frage, wie der Faktizität von Zuständen und Entwicklungstendenzen der Anspruch sittlicher Normen entgegenzuhalten sei, ist einerseits in dem Problem der Wahrheit eingeschlossen. Denn die Forderung, Geltungsansprüche müßten legitimiert und deshalb auf Wahrheit als ihren Geltungsgrund bezogen werden, bezieht sich nicht nur auf die theoretischen Geltungsansprüche von Aussagen, sondern auch auf die praktischen Geltungsansprüche von Imperativen. Andererseits gehört die Frage, ob Handlungsnormen gegenüber den faktischen Verhältnissen eigenständig und zugleich für sie gültig sein könnten, zu den zentralen Themen der Ethik.

Hier konzentriert sich das Problem auf folgende Fragen: Sind Normen etwas anderes als der Ausdruck tatsächlicher Verhältnisse? Ist insbesondere der erfahrbare Gegensatz zwischen Normvorstellung und Lebenspraxis etwas anderes als der Ausdruck für die Widersprüchlichkeit des faktischen Gesellschaftszustandes, in welchem materielle Interessen nur befriedigt werden können, indem sie sich ideologisch verschleiern, z. B. durch Normvorstellungen, die nicht der Selbstkritik der Herrschenden dienen, sondern der Disziplinierung der Beherrschten? Oder haben Normen einen Eigenstand gegenüber der Realität? Wie ist dann ihre Geltung zu begründen und zugleich ihre faktische Machtlosigkeit zu verstehen?

Die moralphilosophischen Fragen nach Eigenstand und Geltungsgrund der Normen und nach ihrem Verhältnis zum faktischen Zustand der Gesellschaft und des Bewußtseins gehören zugleich ins Problemfeld der Geschichtsphilosophie. Denn einerseits scheint die historische Erfahrung zu lehren, daß der Wandel der Normvorstellungen mit der Veränderung der Realverhältnisse gesetzmäßig verknüpft ist, was einen „historischen Relativismus" aller Normen wahrscheinlich macht. Andererseits würde ein konsequent durchgeführter Relativismus die Geschichte im ganzen zur Illusion erklären. Denn der Wille zur Emanzipation aus historisch-gesellschaftlichen Befangenheiten gehört zweifellos zu den Kräften der Geschichte, müßte aber vom Relativisten als vergebliche Jagd nach einer Unabhängigkeit des Geistes beurteilt werden, auf die derjenige verzichten muß, der die historische Relativität von allem erkannt hat.

Die so verstandene moralphilosophische Frage kann auf die Formel gebracht werden: Wie kann eine Norm gelten, die sich selber einerseits nur in der Form zur Geltung bringen kann, in welcher sie gewußt wird, und die andererseits ihrem Inhalte nach alle Formen des Wissens in Frage stellen muß, wenn sie von jenen faktischen Realverhältnissen unabhängig bleiben soll, die diese Wissensformen bestimmen?

Diese aporetisch erscheinende Frage erweist sich als strukturgleich mit dem transzendentalphilosophischen Problem: Wie kann das Bewußtsein jenen Anspruch des transzendentalen Prinzips, dem es nur durch einen Wandel des Verstehenshorizontes entsprechen kann, innerhalb des je schon bestehenden Horizontes als gültig erfahren, ohne ihn durch die „alte" Bewußtseinsform auch hinsichtlich seines Inhalts zu bestimmen und also zu verfälschen? Und dieses gemeinsame Problem der Ethik und der Transzendentalphilosophie erinnert seinerseits an die alte Frage der Religion: Wie soll der Ruf zur Umkehr dem „alten Menschen" verständlich und als gültig einsichtig gemacht werden, wenn doch diese Umkehr gerade deshalb nötig ist, weil erst der „neue Mensch" begreifen kann, wer ihn zur Umkehr ruft?

Gerade diese Verwandtschaft der ethischen, transzendentalphilosophischen und religiösen Fragestellung enthält jedoch zugleich einen Hinweis auf eine mögliche Lösung. Der religiöse Bußruf erweist seine Gültigkeit nicht dadurch, daß er in die Form desjenigen Bewußtseins paßt, an das er sich wendet, sondern dadurch, daß er nicht nur einzelne Vorstellungsinhalte, sondern die gesamte Struktur dieses Bewußtseins ihrer Unzulänglichkeit oder gar Verkehrtheit überführt. Gleiches gilt für den sittlichen Anspruch, sofern er nicht nur einzelne Taten oder Unterlassungen gebietet, sondern eine Erneuerung der gesamten Lebensform verlangt, oder für den transzendentalen Anspruch auf Veränderung des gesamten Verstehenshorizontes. Jedesmal erweist sich die Unausweichlichkeit dieser Ansprüche an dem „Fall“, der zunächst als sittlicher Skandal erscheint, bald aber seinerseits das Gefüge der praktischen Weltorientierung als skandalös erweist, oder dem zunächst alle Bedingungen möglicher Erkenntnis fehlen, der aber alsbald seinerseits die Regeln widerlegt, die ihn als „unmöglich“ haben erscheinen lassen. Es ist stets das Paradoxe, angesichts dessen uns „Hören und Sehen vergeht“, bis wir ein neues Hören und Sehen lernen. Nicht die architektonische Kunst des abschließenden Systems, sondern die Fähigkeit zur Paradoxieerfahrung ist die Bedingung dafür, daß die Geltung jener Normen evident wird, die uns weder gestatten, im vorgefügten System der Theorie und Praxis zu verweilen, noch erlauben, die Regeln der Weltauslegung und Lebensführung beliebig zu tauschen. Diese Normen machen es möglich, den Strukturwandel der theoretischen und praktischen Verstehenshorizonte verantwortlich zu vollziehen. Nicht die Bestätigung des Systemwillens, aber erst recht nicht die Euphorie der Systemzertrümmerung, sondern die Erfahrung, sich durch das Paradoxe widerlegt zu sehen, macht fähig, jenen „Ruf zur Umkehr“ zu verstehen, der in Religion, Moral und Transzendentalphilosophie die Verbindlichkeit des Anspruchs mit der Historizität seines Inhalts verbindet.

γ) Die Geschichte und das Problem der Gesellschaft

Die Frage, auf welche Weise sich zwischen dem Individuum und der Gattung die dritte Ebene je spezieller Intersubjektivitäts-Strukturen konstituiere, ist einerseits in dem Problem der Wahrheit eingeschlossen. Denn die Aussage, Wahrheit sei die Möglichkeitsbedingung kritischer Intersubjektivität, kann nur dadurch mit Inhalt gefüllt werden, daß beschrieben wird, in welchen besonderen historisch variablen Formen sich die intersubjektive Kommunikation und Kooperation tatsächlich vollzieht. Andererseits ist diese Frage, auch abgesehen von den Problemen der Erkenntnisermöglichung, ein zentrales Thema der Sozialphilosophie. Denn bei aller Vielgestaltigkeit seiner Bedingungen vollzieht sich das Leben der Gesellschaft doch immer als Intersubjektivität, d. h. als Wechselbeziehung bewußter Subjekte. Sozialphilosophisch konzentriert sich das Problem der Intersubjektivitätsbedingungen auf folgende Fragen: Auf welche Weise formieren sich jene Alternativen theoretischer Weltauslegung, die die gemeinsame Bedingung sind für den gesellschaftlichen Konsens und Dissens? Wo dagegen endet die Möglichkeit sozialer Kommunikation, weil der Dissens übergeht in das gegenseitige Mißverstehen des gemeinsamen Streitpunktes? Wie entstehen entsprechend jene Alternativen praktischer Weltgestaltung, die alle Formen der Kooperation, aber auch des Konflikts erst möglich machen? Wo findet die Möglichkeit sozialer Kooperation dadurch ihre Grenzen, daß der Konflikt übergeht in das gegenseitige Verkennen der Handlungsabsichten und in die Disparatheit der Kriterien, nach denen sich für die verschiedenen Beteiligten die Relevanz des eigenen und des fremden Verhaltens bemißt? In solchen Fällen kann die Formel „Ich verstehe Sie nicht" besagen, daß der soziale Kontakt sogar in der Gestalt des theoretischen Streites und des praktischen Konfliktes abgebrochen wird, weil der so Angesprochene „nicht mehr mitzählt", nämlich unter denen, die sich um eine gemeinsame Sache theoretisch und praktisch bemühen.

Die sozialphilosophische Frage nach dem Möglichkeitsgrund und nach den Grenzen konkreter Intersubjektivität gehört zugleich in das Problemfeld der Geschichtsphilosophie. Denn einerseits ist Geschichte nur dadurch möglich, daß Menschen bei aller Verschiedenheit der Meinungen sich darüber verständigen, wovon zwischen ihnen die Rede sei, und daß sie bei aller Divergenz ihrer Interessen sich über die Relevanz der eigenen Handlungen für die fremden Absichten, der fremden Verhaltensweisen für die eigenen Ziele im klaren sind. Andererseits zeigt sich die Radikalität historischer Epochendifferenzen und sozialer Klassengegensätze besonders deutlich dort, wo diese Möglichkeit von Kommunikation und Kooperation (und sei es in Gestalt von Dissens und Konflikt) endet, so daß die fremde Zeit oder die andere Gruppe nur noch „schlechthin unverständlich" erscheint. Geschichte beruht auf Intersubjektivität; Geschichte zeigt sich unter anderem darin, daß sie die Möglichkeit der Intersubjektivität bedroht.

Aus dieser Einsicht resultieren weitere Fragen. Ist das geschichtliche Wirken, da es auf Kommunikation und Kooperation angewiesen ist und also die Gemeinsamheit eines Verstehenshorizontes voraussetzt, auf die epochen-immanente und gruppeninterne Intersubjektivität beschränkt? Ist der Mensch so sehr Kind seiner Zeit und Glied seiner Gesellschaft, daß er den Prozeß, in welchem Subjektivitätsstrukturen und Erfahrungshorizonte sich verändern, nur wie ein Geschick erfahren kann, das ihn ohne sein Zutun in neue Horizonte versetzt und in veränderte gesellschaftliche Strukturen einrücken läßt? Die sozialphilosophische Frage, im Hinblick auf die Geschichte gestellt, läßt sich daher auf die Formel bringen: Wie soll der Mensch gesellschaftlich und historisch wirken können, wenn doch die Geschichte und die Gesellschaft es sind, die ihrerseits ihm erst die Möglichkeiten intersubjektiven Verstehens und Handelns einräumen, begrenzen oder auch entziehen?

Diese aporetisch erscheinende Frage klingt wie eine bloße Neuformulierung des alten Problems, wie sich in der Geschichte Notwendigkeit und Freiheit zueinander verhalten. Aber in ihrer hier gestellten Form läßt diese Frage ihre Herkunft aus dem transzendentalen Problemzusammenhang erkennen. Jene Notwendigkeit, die über den Geschichtsverlauf zu herrschen und deren Macht die Freiheit des Menschen auszuschließen scheint, ist nicht eine gegenständlich beschreibbare Kraft, die sich dem Wirken des Menschen entgegenstellt; sie ist aber auch keine List, die ihn mit seinen freien Entschlüssen fremden Absichten untertan macht; sie ist vielmehr der Zusammenhang derjenigen Bedingungen, die immer schon erfüllt sein müssen, wenn Menschen sich intersubjektiv verstehen und miteinander handeln wollen. Notwendig für alle menschliche Intersubjektivität (und darum auch für alle historisch und gesellschaftlich wirksam werdende Freiheit) ist die je konkrete Gestalt derjenigen apriorischen Struktur, innerhalb derer allein alle Kommunikation und Kooperation geschehen kann.

Ist aber auf diese Weise die Wurzel des Problems freigelegt, so wird auch der Weg zu seiner Lösung sichtbar. Denn wenn jene Notwendigkeit, die die Freiheit des Menschen nicht ausschließt, sondern einschließt, darauf beruht, daß für jedes intersubjektive Verhalten eine je konkrete Form der Subjekt-Objekt-Vermittlung schon vorausgesetzt ist, dann muß das Verhältnis dieser Notwendigkeit zur menschlichen Freiheit sich ablesen lassen an dem Verhältnis von transzendentaler Bedingung und Eigenleistung des Subjekts.

Von hier aus erklärt sich zunächst das, was wir als historische Notwendigkeit erfahren. Es steht uns nicht frei, die Epoche zu wählen, in der wir leben und die unser Denken und Handeln bestimmt. Auch wer sich um ein Verständnis früherer Zeitalter bemüht, versteht diese in der Weise, wie sie von seiner Gegenwart aus zum Gegenstand der Interpretation werden. Denn wir können jenen Horizont nicht willkürlich verlassen, der in unserer Epoche die Eigenart möglicher Erfahrung und möglicher Intersubjektivität vorzeichnet.

Es steht uns aber auch nicht frei, uns dem Wandel dieses Horizontes zu entziehen. Auch der Konservative, der ein in der Vergangenheit ausgeformtes Muster der Intersubjektivität ausdrücklich bewahren will, gibt eben dadurch zu erkennen, daß er nicht mehr in dieser Vergangenheit lebt. Denn ein Horizont des Verstehens ist nicht mehr, was er war, wenn er zum Gegenstand geworden ist — und sei es zum Gegenstand bewahrender Bemühung. Andererseits können wir die Strukturen, innerhalb derer wir uns intersubjektiv verständigen und miteinander kooperieren, nicht frei erfinden. Denn auch noch unsere Utopien sind in die Verstehensformen unserer eigenen Epoche eingeschrieben und durch die Weise geprägt, wie wir uns in dieser Gegenwart mit denen verständigen, die durch ihre Denk- und Verhaltensformen unsere Zeitgenossen sind. Jene Notwendigkeit, mit der wir auch und gerade in unseren freien Urteilen und Entschlüssen „Kinder unserer Zeit sind" und vom Wandel der Zeit mitverwandelt werden, beruht auf jenem historischen Apriori, kraft dessen die konkrete Form der ein Zeitalter bestimmenden Vermittlung von Subjekt und Objekt allen unseren Vorstellungen und Unternehmungen ermöglichend, aber auch begrenzend vorangeht.

Aus der transzendentalen Reflexion erklärt sich aber auch das, was wir als Freiheit in der Geschichte suchen. Denn wenn wir auch nicht frei sind, uns dem historischen Wandel der Vermittlungsstrukturen und Verstehenshorizonte zu entziehen oder ihn nach unsern Vorstellungen zu steuern (weil eben diese Vorstellungen selbst jenen Horizonten eingezeichnet bleiben), so ist dieser Vorgang doch nicht schicksalhaft über uns verhängt. An früherer Stelle hat sich gezeigt, daß es die Erfahrung ist, die uns aus alten Horizonten in neue versetzt. Und dasjenige Prinzip, von dem der Wandel der Intersubjektivitätsbedingungen abhängt (mag es im übrigen ein Gott sein oder der Weltmarkt, ein Seinsgeschick oder eine Gesetzmäßigkeit im Fortschritt der Wissenschaft), muß jedenfalls gegenwärtige Erfahrung vermitteln, wenn es die Möglichkeiten der Zukunft verändern soll. Erfahrung aber wirkt, unbeschadet ihrer Unverfügbarkeit, auf uns nur in der Weise, wie wir sie beachten und auslegen, einander bezeugen und ihr intersubjektive Relevanz zusprechen. Wir sind also für den historischen Wandel der Wahrheitshorizonte verantwortlich, weil wir für die Art verantwortlich sind, wie wir fähig werden, Erfahrungen zu machen und anzueignen.

Jene Freiheit in der Geschichte, die wir suchen und von der wir im Gegensatz zur historischen Notwendigkeit sprechen, füllt nicht die

Resträume aus, die der historische Prozeß ausgespart läßt. Sie beruht vielmehr darauf, daß auch die apriorischen Bedingungen für Erfahrung überhaupt unser Denken und Handeln nur jeweils in der Weise bestimmen, wie wir sie selbst als Anspruch und Herausforderung erfahren und verantwortlich beantworten.

e) Die mögliche Fruchtbarkeit des Problem-Ansatzes „Transzendentalphilosophie und Geschichte"

Die philosophische Frage nach der Geschichte verwies in mannigfacher Weise auf das transzendentale Problem, d. h. auf die Frage, wie die Vermittlung von Subjekt und Objekten sich konstituiere, und wie die je historisch konkrete Weise dieser Vermittlung zugleich die Möglichkeit intersubjektiver Verständigung und Wechselwirkung begründe. So legte der Versuch sich nahe, umgekehrt bei der transzendentalen Frage zu beginnen und von hier aus die Vielfalt geschichtsphilosophischer Probleme in den Blick zu rücken.

Im engen Rahmen einer ›Einführung‹ konnte dieser Versuch nicht durchgeführt werden. Aber es sollte wenigstens an Beispielen gezeigt werden, daß und wie von diesem Ansatz aus das Feld geschichtsphilosophischer Fragen überschaubar wird, geläufige Antwort-Alternativen einer Kritik zugänglich werden und bisherige Aporien sich für mögliche Lösungen öffnen. Das Problem der Geschichte konnte auf solche Weise ebensowenig abschließend beantwortet werden wie die transzendentale Frage selbst. Für eine ›Einführung‹ aber mag es genügen, eine Perspektive aufgezeigt zu haben, die es gestattet, von der Geschichte der Fragestellungen und Methoden belehrt, das Feld der Probleme auf neuem Wege zu betreten.

REGISTER
DER ZITIERTEN ODER ERWÄHNTEN QUELLEN

Die im Folgenden aufgeführten Anmerkungsziffern verweisen auf diejenigen Fußnoten der vorliegenden Untersuchung, in welchen die entsprechende Quelle zitiert oder erwähnt wurde.

RICKERT, Heinrich
Kulturwissenschaft und Naturwissenschaft. Tübingen [5]1921: Anm. 192
ROUSSEAU, Jean-Jacques
Du contrat social, ed. Gernier Frères. o. O. 1962: Anm. 52. 73—75. 77. 80—82
Discours sur l'origine et les fondements de l'inégalite parmi les hommes (dt.: Über den Ursprung und die Grundlagen der Ungleichheit unter den Menschen, in: J. J. Rousseau, Schriften zur Kulturkritik, hrsg. v. K. Weigand. Hamburg [2]1971): Anm. 51. 76—79. 83—86
RUPERT VON DEUTZ
De trinitate et operibus eius (1117): Anm. 35
SCHELLING, Friedrich Wilhelm Joseph
Werke, hrsg. v. M. Schröter. Nachdruck München 1965
Hauptband II: *Erster Entwurf eines Systems der Naturphilosophie*: Anm. 128
Hauptband II: *System des transzendentalen Idealismus*: Anm. 18. 48. 105. 122. 126. 127. 129—132. 144
Hauptband III: *Vorerinnerung zur Darstellung meines Systems*: Anm. 129
Hauptband IV: *Philosophische Untersuchungen über das Wesen der menschlichen Freiheit und die damit zusammenhängenden Gegenstände*: Anm. 138. 139
Hauptband IV: *Die Weltalter*: Anm. 13. 134. 143
Hauptband VI: *Philosophie der Offenbarung*: Anm. 135—137. 141. 142. 158
Nachlaßband: *Die Weltalter*: Anm. 133
SPENGLER, Oswald
Der Untergang des Abendlandes. München 1917: Anm. 195
SPINOZA, Benedictus de
Opera, hrsg. v. C. Gebhardt, Nachdruck Hamburg 1965
Band I: *Kurze Abhandlung von Gott, dem Menschen und seinem Glück*: Anm. 49
Band II: *Ethica*: Anm. 47. 50. 54
THOMAS V. AQUIN
De ente et essentia: Anm. 45
Summa theologica: Anm. 46. 61. 65
TOYNBEE, Arnold Joseph
The study of history, London 1934: Anm. 195
TROELTSCH, Ernst
Der Historismus und seine Überwindung. Nachdruck Aalen 1966: Anm. 20
VICO, Giambattista
Principii di una scienza nuova d'intorno alla natura delle nazioni, per i quali si ritruovano altri principii del diritto naturale delle genti. Neapel 1725 (dt.: [nach dem Text der 3. Aufl. v. 1744]: Prinzipien einer neuen

[illegible] über die gegenwärtige Natur der Völker, hrsg. v. E. Auer [illegible] München 1924. Nachdruck Berlin [illegible]; Anm. 2 Bd. [illegible]

Vogel, Jost

Wege zum antiken [illegible]. Vom Rationalen [illegible]. [illegible] 1964

Voltaire, François-Marie:

Essai sur les moeurs et l'esprit des nations et sur les principaux faits de l'histoire depuis Charlemagne jusqu'à Louis XIII. 1756 [illegible] Die Erscheinung unter dem Titel: Philosophie de l'histoire 1765 [illegible] [illegible]

Vorsokratiker, Fragmente der:

Diels-Kranz, Die Fragmente der Vorsokratiker, Band II. Zürich-Berlin 1964; Anm. 60

DAS KAISERTUM KARLS DES GROSSEN

Herausgegeben von Gunther Wolf. Etwa 400—500 S., Gzl.
Reihe: Wege der Forschung, Band XXXVIII
Nr. 4549 **ISBN 3-534-04549-1**

Inhalt: **Classen,** Romanum gubernans Imperium (1952). **J. Déer,** Die Vorrechte des Kaisers in Rom (1957). **H. Beumann,** Nomen imperatoris (1958). **W. Schlesinger,** Kaisertum und Reichsteilung (1958). **A. Borst,** Kaisertum und Namentheorie im Jahre 800 (1964). **J. Déer,** Zum Patricius Romanorum-Titel Karls des Großen (1965). **H. Beumann,** Das Paderborner Epos und die Kaiseridee Karls des Großen (1966). **W. Schlesinger,** Beobachtungen zur Geschichte und Gestalt der Aachener Pfalz in der Zeit Karls des Großen (1968).

KÖNIGSWAHL UND THRONFOLGE IN OTTONISCH-FRÜHDEUTSCHER ZEIT

Herausgegeben von Eduard Hlawitschka. 1971. XVIII, 528 S., Gzl.,
Reihe: Wege der Forschung, Band CLXXVIII
Nr. 4166 **ISBN 3-534-04166-6**

Inhalt: **H. Heimpel,** Bemerkungen zur Geschichte König Heinrichs I. (1936). **M. Lintzel,** Zur Designation und Wahl König Heinrichs I. (1943). **F. Rörig,** Geblütsrecht und freie Wahl in ihrer Auswirkung auf die deutsche Geschichte (1948). **H. Beumann,** Die sakrale Legitimierung des Herrschers im Denken der ottonischen Zeit (1948). **W. Schlesinger,** Rezension zu: Mitteis, Die Krise des deutschen Königswahlrechts (1952). **M. Lintzel,** Zu den deutschen Königswahlen der Ottonenzeit (1948). **H. Mitteis,** Die Krise des deutschen Königswahlrechts (1950). **M. Lintzel,** Miszellen zur Geschichte des 10. Jahrhunderts (1953; nur Miszellen I—IV). **K. Schmid,** Neue Quellen zum Verständnis des Adels im 10. Jahrhundert, Abschnitt I: Heinrich I. in Schwaben und die Vermählung Ottos mit Edgith (1960). **K. Schmid,** Die Thronfolge Ottos des Großen (1964). **H. Jakobs,** Zum Thronfolgerecht der Ottonen (Originalbeitrag 1970).

ZUR KAROLINGISCHEN KÖNIGSWAHL

Herausgegeben von Eduard Hlawitschka. Etwa 350—400 S., Gzl.
Reihe: Wege der Forschung, Band CCXLVII
Nr. 4685 **ISBN 3-534-04685-4**

Inhalt: **E. Hubrich,** Fränkisches Wahl- und Erbkönigtum zur Merowingerzeit (1889). **W. Sickel,** Zum karolingischen Thronrecht (1903). **J. Dhondt,** Election et hérédité sous les Carolingiens et les premiers Capétiens (1939). **G. Tellenbach,** Auszug aus: Königtum und Stämme in der Werdezeit des deutschen Reiches (1939). **W. Schlesinger,** Karolingische Königswahlen (1958). **L. Boehm,** Rechtsformen und Rechtstitel der burgundischen Königserhebungen im 9. Jahrhundert (1961). **H. Keller,** Zum Sturz Karls IIII. (1966). Wegen weiterer Beiträge wird noch verhandelt.
